中国金融科技发展概览
（2016）

《中国金融科技发展概览》编写组　编著
陈　静　主编

電子工業出版社
Publishing House of Electronics Industry
北京 · BEIJING

内 容 简 介

本书首次明确提出金融科技内涵和生态体系架构；重点介绍了当前全球炙手可热的云计算、大数据、物联网、人工智能、区块链、网络空间安全等现代科技在我国金融领域应用与创新发展的情况，以及金融科技监管态势；勾画了2016年我国金融科技发展概貌和全景图；同时分析了国外金融科技的最新进展和创新成果、具有代表性的应用案例，梳理了2016年全球金融科技发展的主要特征；并从技术、投资、生态三个层面对2017年我国金融科技发展趋势进行了展望。

本书是截至目前国内首次发布的我国金融科技发展情况的报告，具有较强的时效性、专业性和参考价值，是金融机构、科技企业从业人员，互联网金融、金融科技创新创业人员，以及监管机构、研究机构、金融科技相关投资机构等的必备参考读物。

图书在版编目（CIP）数据

中国金融科技发展概览．2016/《中国金融科技发展概览》编写组编著．陈静主编．—北京：电子工业出版社，2017.4

ISBN 978-7-121-31193-2

I. ①中… II. ①中… ②陈… III. ①金融－科技发展－概况－中国－2016 IV. ①F832

中国版本图书馆CIP数据核字（2017）第057538号

策划编辑：王志宇

责任编辑：王志宇

印　　刷：三河市鑫金马印装有限公司

装　　订：三河市鑫金马印装有限公司

出版发行：电子工业出版社

北京市海淀区万寿路173信箱　　邮编　100036

开　　本：720×1 000　1/16　印张：14.75　字数：250千字

版　　次：2017年4月第1版

印　　次：2017年4月第1次印刷

定　　价：80.00元

凡所购买电子工业出版社图书有缺损问题，请向购买书店调换。若书店售缺，请与本社发行部联系，联系及邮购电话：（010）88254888，88258888。

质量投诉请发邮件至zlts@phei.com.cn，盗版侵权举报请发邮件至dbqq@phei.com.cn。

本书咨询联系方式：（010）88254523，wangzy@phei.com.cn。

《中国金融科技发展概览（2016）》编写组

（按姓氏笔画排序）

主　　编	陈　静	国家信息化专家咨询委员会委员、中国人民银行科技司原司长、中国互联网协会互联网金融工作委员会常务副主任
副 主 编	马智涛	微众银行副行长兼首席信息官
	王世辉	中国银行金融技术创新办公室主任
	王建伟	工业和信息化部信软司两化融合推进处处长
	朱建明	中央财经大学信息学院院长、教授、博士生导师
	刘　钊	中国金融出版社金融文化研训院执行院长
	江艾芸	中国互联网协会互联网金融工作委员会执行秘书长
	杜晓宇	中国支付清算协会综合部副主任
	李朝晖	中国邮政储蓄银行信息科技部总经理
	杨一心	中国互联网协会副秘书长
	吴金海	阿里云政府事务总监
	张　艳	中国工商银行信息科技部副总经理
	邵江宁	微软（中国）首席安全官
	崔晶晶	GEO 集奥聚合 CEO

	赵　鹞	中国社科院金融研究所支付清算研究中心特约研究员、中国政法大学金融创新与互联网金融法治研究中心副秘书长、博士
	俞　枫	国泰君安证券信息技术部总经理
	郭　强	平安银行总行贸易金融事业部总裁
	唐文剑	安永（中国）企业咨询有限公司合伙人
统　稿	杨春立	中国电子信息产业发展研究院信息化研究中心主任、研究员
	周永林	中国工商银行金融市场部资深经理、博士
第一章　金融科技的概念、发展与生态	周永林	中国工商银行金融市场部资深经理、博士
	王子淼	对外经济贸易大学研究生
	张　雷	对外经济贸易大学研究生
	唐文剑	安永（中国）企业咨询有限公司合伙人
	冀海建	对外经济贸易大学研究生
第二章　金融云计算	吴金海	阿里云政府事务总监
	徐　敏	阿里云金融云总经理
	傅　杰	阿里云架构师
	刘　刚	阿里云金融云首席架构师
	戴飞飞	阿里云保险业总监
	何小朝	阿里云金融云首席数据架构师
	吴　旭	阿里云架构师
	蔡永保	蚂蚁金服架构师
	胡利明	腾讯云金融云总经理
	曹　骏	腾讯云资深技术架构师
	孔繁强	易诚互动产品中心副总经理
第三章　金融大数据	谢尔曼	中国工商银行博士后研究人员
	于　喆	GEO 集奥聚合副总裁
	左俊义	苏宁金服理财事业部高级经理
	李　勇	网信云行科技技术总监
	吴海斌	GEO 集奥聚合首席运营官

	张敏翀	上海数据交易中心副总裁
	张熠婧	中国金融出版社博士
	陈　阳	GEO 集奥聚合行销事业部经理
	陈　雷	TalkingData 高级总监
	崔晶晶	GEO 集奥聚合 CEO
	殷振兴	国泰君安网络金融部大数据总监
	谢国忠	阳光保险大数据中心总经理
	鲍忠铁	TalkingData 首席布道师
	薛洪言	苏宁金融研究院互联网研究中心主任
第四章　金融智能	李姜元鸿	北京因果树网络科技有限公司创始人
第五章　金融物联网	刘　芳	平安银行总行贸易金融事业部副总裁
	许祖楠	平安银行总行贸易金融事业部供应链金融中心渠道营销室产品经理
	李　冕	微软大中华区云计算及企业产品业务群物联网高级产品经理
	张志甜	平安银行总行贸易金融事业部物联网金融中心技术应用室产品经理
	陈　佳	平安银行总行贸易金融事业部物联网金融中心市场营销室产品经理
	郭灿金	平安银行总行贸易金融事业部供应链金融中心渠道营销室副经理（主持工作）
第六章　金融区块链	高　胜	中央财经大学信息学院讲师、博士
	段美姣	中央财经大学信息学院讲师、博士
	蔡维德	北京航空航天大学数字社会与区块链实验室主任
第七章　金融网络安全	李　洋	中央财经大学信息安全系主任、副教授
	梅继雄	国泰君安证券信息技术部规划发展总监
	邵晓东	蚂蚁金服安全管理部总经理
	郝东林	青藤云安全合伙人兼副总裁

第八章 2017 年中国金融科技监管	赵　鹞	中国社科院金融研究所支付清算研究中心特约研究员、中国政法大学金融创新与互联网金融法治研究中心副秘书长、博士
	杜晓宇	中国支付清算协会综合部副主任
其他参与人员	王　越	中国银行金融技术创新办公室经理
	王卫东	安恒信息解决方案组安全专家
	王　蒙	航天信息金融产业本部业务创新部主管
	计大鹏	中国工商银行信息科技部高级经理
	曲　丁	网信集团慧牛理财负责人
	刘志锋	杭州安存副总经理
	汤奇峰	上海数据交易中心 CEO
	巫飞宇	中国银行金融技术创新办公室高级技术经理
	李　强	中国农业银行科技与产品管理局副处长
	李瑞荣	陆金所信息安全部总经理
	杨唯实	中国农业银行科技与产品管理局高级专员
	吴　瑞	苏宁金融总裁助理
	吴君朋	安恒信息金融事业部负责人
	沈庆春	中国互联网协会互联网金融工作委员会秘书
	宋洪荣	航天信息金融产业本部副总经理
	张　升	中国农业银行科技与产品管理局处长
	张　龙	中国邮政储蓄银行电子银行部
	陈龙强	京东金融战略总监
	陈　进	对外经济贸易大学金融科技中心和现代服务业研究中心主任
	陈晓桦	中国网络空间安全协会副秘书长
	赵　瑜	中国人寿保险（集团）公司信息技术部电子商务处高级经理

董　宁　IBM 商业资深顾问
赵开山　中国工商银行信息科技部高级经理
赵　军　中银香港网络金融中心
胡安子　宜信公司宜信研究院总监
姚辉亚　微众银行创新研究负责人
秦成德　西安邮电大学教授
秦　国　中国工商银行信息科技部副处长
夏建伟　中国银行信息安全管理团队主管
徐　飞　中金云金融（北京）大数据科技股份有限公司副总经理
徐　涵　中国互联网协会互联网金融工作委员会秘书
高志民　中关村可信计算产业联盟副理事长
谈剑峰　众人科技创始人
黄　浩　安永（中国）企业咨询有限公司咨询顾问
黄健青　对外经济贸易大学现代金融科技中心副主任
曹　岳　国家信息技术安全研究中心二处副处长
常　江　合众人寿运营总监
程光伟　北京太一云金融事业部总监
靳　婵　北京因果树网络科技有限公司市场总监
甄乐丹　GEO 集奥聚合金融事业部高级业务总监
廖常如　中金数据总裁助理、大数据业务中心总经理
樊阳初　北京农商银行信息科技部高级经理
戴　蕾　中国建设银行北京数据中心副处长

序　一

继“互联网金融”之后，“金融科技”（FinTech）引起了金融业、信息产业及社会各方面的广泛关注。据了解，互联网金融这一概念属于“中国创造”，金融科技源于“国外引进”；但两者的本质相同——无论互联网金融还是金融科技，其本质都是信息技术等现代科技在金融领域的应用和创新。科技发展迅速，但并没有改变金融的本质。

互联网金融的落脚点在金融，以金融业务模式和服务方式创新为己任，信息技术在其中起到关键性作用。互联网金融从一开始就涉及金融风险和合规性问题。从互联网金融风险暴露最多的 P2P 和互联网理财两个领域看，有些所谓的互联网金融服务企业，根本就是披着互联网的外衣，从事着非法集资和诈骗活动，与技术创新没有半点关系。金融科技的落脚点在先进信息技术的应用。技术本身不涉及金融监管，只有应用于金融领域、可能带来新的金融风险时，才需要监管部门的介入。因此，从技术的角度审视金融创新，使我们可以更加专注于技术的发展以及技术对金融的潜在创新能力，更加从容地把握技术与金融融合创新的发展。《中国金融科技发展概览（2016）》正是从这一角度，为我们展示了云计算、大数据、区块链、物联网、人工智能等当今热门科技在金融领域应用创新的情况。

金融机构一直是信息技术最积极的应用者。面对快速发展的现代科技，金融机构遇到了新的挑战。一些新的技术仍然处于探索或快速发展阶段，金融机构不一定能够像过去那样在市场上找到现成的解决方案和技术提供商。在这种情况下，金融机构势必要提高自身技术追踪和前瞻性研发能力，增强金融从业人员的技术素养和敏感性。另一方面，一些科技公司致力于自身在金融领域的创新，力图更好地为金融机构的创新与发展服务，也参与服务的竞争。越来越多的人认识到技术运用于金融业并没有改变金融的本质，应该对各类金融产品的本质属性有准确、全面的了解，对金融的法律红线必须有敬畏之心。因此，为推动我国金融科技创新发展，必须进一步加强金融业与科技界的合作与交流——加强金融业界新技术普及，加强科技界金融风险与合规性教育。

在中国互联网协会互联网金融工作委员会的组织下，我国的金融机构、互联网金融服务企业、信息技术企业以及有关科研单位、高校的专家们，主动、自愿地聚集在一起，完全是尽义务，加班加点，深入调研分析，经过艰苦努力，最后撰写出《中国金融科技发展概览（2016）》。真是难能可贵！

该概览的数据和案例可能不全面，但真实、生动、及时反映了2016年前我国在金融科技领域的发展情况，在我国尚属首次。该书的出版为推动我国的金融科技发展做出了积极的贡献。

是为序。

全国人大常委、财经委副主任委员

中国人民银行原副行长

2017年3月29日

序　二

当前，以信息技术为代表的新一轮科技革命方兴未艾，以数字化、网络化、智能化为特征的信息化浪潮蓬勃兴起，创造了人类生活新空间，加速了信息技术与经济社会各领域各行业融合创新，推动着全球进入数字经济新时代。数字经济正成为全球经济增长日益重要的驱动力，在加速经济发展、提高现有产业劳动生产率、培育新市场和产业新增长点、实现包容性增长和可持续增长中正发挥着重要作用。

党的十八大以来，以习近平总书记为核心的党中央，坚持创新、协调、绿色、开放、共享的发展理念，大力实施网络强国战略、国家大数据战略、“互联网+”行动计划等重大战略部署，积极拓展网络经济空间，促进互联网和经济社会融合发展，为转变经济发展方式、调整经济结构发挥了积极作用，为我国经济增添了全新的动力。2016 年发布的《国家信息化发展战略纲要》和《“十三五”国家信息化规划》，明确了我国信息化发展方向和路径。

近年来，现代科技在金融领域应用不断深化，金融与科技融合创新加速，金融科技（FinTech）成为金融界与科技界共同关注的热门话题。在这一背景下，一批从事金融与科技一线工作的专家，怀着对金融科技的共同兴趣和责任感，在中国互联网协会互联网金融工作委员会的组织下，自愿发起编撰有关我国金融科技发展情况的报告。经过多方共同努力，《中国金融科技发展概览（2016）》终于出版，难能可贵也恰逢其时！

未来，我国金融科技的发展，有赖于金融界与科技界的共同努力。一是切实提升现代科技研发实力。金融科技的基础是科技创新，没有先进的技术就没有领先的金融科技。云计算、大数据、区块链、人工智能等现代技术，已相继列入我国相关信息化发展规划之中，但我国与国际先进水平还有一定差距。正如习总书记所说，“核心技术要取得突破，就要有决心、恒心、重心”。既要发挥我国集中力量办大事的优势，把更多人力、物力、财力投向核心技术研发，集合精锐力量，做出战略性安排；也要发挥市场的力量，大力推动大众创业、万众创新深入开展，努力占领世界先进科技制高点。二是加快金融与科技融合创新。金融科技是金融与科技的交汇地，需要金融界、科技界携手合作。技术要发展，必须要使用。先进技术只有应用到经济金融领域，才能促进金融创新、推动经济发展。要发挥科技公司在技术研发、善于利用数字技术等优势，以及金融机构在资金、风险管理等方面的优势，提倡推动强强联合、协同攻关。三是注重金融科技安全与风险防范。金融科技使金融面临来自网络等方面的安全威胁，使客户面临新的风险因素。我们需要始终牢记和遵循恪守习近平总书记在中央网络安全和信息化领导小组会议上的讲话精神，处理好创新与稳定的关系。把安全与风险防范作为金融科技发展的重要原则和最后底线。在鼓励创新发展的同时，要切实保护好消费者权益，积极发挥金融科技的普惠性，让金融科技真正造福社会、造福人民。

希望本书的出版，对于促进我国金融界与科技界的交流、合作，加快我国金融与科技融合创新发挥积极作用！

国家互联网信息办公室信息化发展局局长

中国互联网协会互联网金融工作委员会主任

徐愈

2017年4月11日

序 三

近年来，互联网、云计算、大数据、人工智能等新技术的蓬勃兴起，对经济发展和社会进步产生了深刻影响。其中，金融科技异军突起，通过信息技术与金融业务的深度融合，加快了金融创新步伐，降低了金融交易成本，提升了金融服务的质量和效率。

我国金融科技发展势头迅猛，已逐渐成为全球金融科技领域的领跑者。人民银行高度重视发展金融科技，积极稳妥地开展相关研究与应用工作，促进金融科技健康有序的发展。当前，全球数字化进程不断加快，我们要充分发挥信息技术对金融业的引领驱动作用，处理好安全与发展、继承与创新的关系，认真分析总结金融科技发展过程中的经验教训，加强金融科技领域交流合作，进一步提升信息技术在金融领域的应用能力。

我们高兴地看到，在中国互联网协会互联网金融工作委员会的组织下，《中国金融科技发展概览（2016）》出版了，为我们研究金融科技提供了难得的素材和第一手资料。这是一份由金融机构、科技公司、行业组织、高等院校等单位共同完成的阶段性总结报告。参与编写的专家正从事金融科技的探索、研发和应用等工作，凭借对金融科技的巨大热情，牺牲休息时间，通力合作完成了报告编写，这种精神令人感动。

这份凝聚了专家组智慧和心血的报告，使我们得以一窥当前我国金融科技发展的基本情况，对从事金融科技的机构和人员具有较大的参考价值。希望本书的出版，对于推动我国金融科技的发展有所裨益。

中国人民银行科技司司长

2017 年 4 月 14 日

序　四

物联网、云计算、大数据、区块链、人工智能等新一代信息技术，正加速向社会生活的各领域渗透融合，催生数字经济蓬勃发展，成为全球经济复苏的重要驱动力。当前，我国正在实施制造强国和网络强国战略，支撑战略实施的根本途径是加速推动信息技术产业发展，促进信息化水平持续提升。信息技术产业特别是软件和信息技术服务业的进步与发展至关重要，是推动我国供给侧结构性改革的重要抓手。

金融是国民经济的心脏，也是新一代信息技术应用创新最积极、最活跃的行业。近年来，我国金融行业每年在信息技术领域的支出超过千亿元，成为推动软件和信息技术产业发展的重点领域。大力推动信息技术产业发展，加快信息技术在金融领域的应用与创新，是金融科技（FinTech）的关键所在，需要科技界与金融界的跨界合作，共同应对金融科技带来的新机遇和新挑战。

作为国内首份反映我国金融科技发展情况的报告，《中国金融科技发展概览（2016）》一书，从技术的角度提供了一幅我国金融科技发展的全景图，为加深科技界和金融界对金融科技概貌的了解，推动我国金融科技发展，提供了一份有价值的参考资料。报告由来自金融界与科技界的专家共同编撰，也体现了金融与科技跨界合作、协同创新的融合发展趋势。

随着《“十三五”国家信息化规划》、《促进大数据发展行动纲要》、《国务院关于积极推进“互联网+”行动的指导意见》、《国务院关于深化制造业与互联网融合发展的指导意见》，以及工信部、人民银行、银监会《加强信息共享　促进产融合作行动方案》等一系列政策出台，“十三五”时期，我国关键信息技术将加快创新步伐，与各行业的融合将不断深入，产业与金融的融合创新也将取得新的进展，金融科技领域大有可为！

工业和信息化部信息化和软件服务业司司长

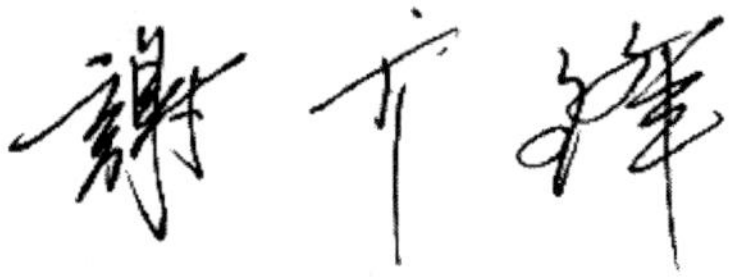

2017年4月26日

前　言

当今世界，科技发展日新月异，移动互联、云计算、大数据、人工智能等新一代信息技术不断取得新突破，全球信息化进入全面渗透、跨界融合、加速创新、引领发展的新阶段，金融科技（FinTech）浪潮席卷全球。传统金融机构积极利用新技术推动业务创新和经营转型，一大批新兴科技企业、互联网金融服务企业成功融入金融领域，作为一个新的产业逐渐发展壮大。新兴金融科技企业与传统金融机构、风险投资机构、监管机构等共同构成一个生态体系，共同推动着金融业的创新、变革与发展。

随着国家“互联网+”及“双创”战略深入推进，现代科技与旺盛的金融需求相结合，迸发出巨大的创新动力，推动我国金融科技飞速发展，为我国金融机构、科技企业带来了新机遇和新挑战，也为我国金融监管提出了新课题。

为准确把握当前金融科技发展态势，科学反映云计算、大数据、物联网、人工智能、区块链等技术在金融领域的应用发展情况，推动金融科技健康发展，在中国互联网协会互联网金融工作委员会的组织下，一批来自国内金融机构、互联网金融服务企业、科技企业、咨询公司等行业和机构的专家，满怀对金融科技的兴趣和热情，历经半年时间撰写完成了《中国金融科技发展概览（2016）》（以下简称《概览》）。

《概览》介绍了金融科技的内涵、构成要素和生态体系架构；系统梳理了 2016 年我国金融科技发展的基本情况，重点分析了金融云、金融大数据、金融物联网、金融智能、金融区块链、金融网络安全和金融科技监管七大领域的发展特征，勾画了 2016 年金融科技发展概貌和全景图；同时分析了国外金融科技的最新进展和创新成果、具有代表性的应用案例，梳理了 2016 年全球金融科技发展的主要特征；并从技术、投资、生态三个层面对 2017 年我国金融科技发展趋势进行了展望。

《概览》是截至目前国内首次发布的我国金融科技发展情况的报告，具有较强的时效性、专业性和参考价值。《概览》由从事金融科技工作的一线人员参与编写，收集整理了大量鲜活的最新金融科技应用创新和实践的案例，为政策制定者、金融与科技从业人员、研究人员提供了较为鲜活、翔实的参考资料。由于受条件所限，这部《概览》在数据和案例方面尚不全面。未来，我们希望有更多的金融机构、互联网金融服务企业、科技企业及相关专家，积极参与到《概览》的编撰之中，使《概览》能够更加全面、准确、及时地反映我国金融科技发展状况，为推动我国互联网金融与金融科技健康发展，共建优质金融科技生态做出应有的贡献！

国家信息化专家咨询委员会委员

中国人民银行科技司原司长

中国互联网协会互联网金融工作委员会常务副主任

2017 年 4 月 26 日

目　录

第一章

金融科技的概念、发展与生态

一、金融科技的概念

当前，现代科技与金融快速融合发展，迸发出巨大的创新动力，推动金融科技迅猛发展。“金融科技”（Financial Technology，FinTech）这一新概念得到高度关注并快速传播，成为金融界、科技界的热门话题。

在这里，首先界定几个经常被混用的概念：互联网金融、科技金融和金融科技。互联网金融的落脚点在“金融”，是传统金融机构与互联网企业利用信息技术实现资金融通、支付、投资和信息中介服务的新型金融业务模式。互联网金融本质仍是金融，没有改变金融风险隐蔽性、传染性、广泛性和突发性的特点。因此，互联网金融作为新兴金融业务和金融业态，理应接受金融监管。科技金融的落脚点也在“金融”，指的是金融如何支持和服务科技产业，包括通过丰富银行、证券、保险、信托、融资租赁、创业风险投资、产业投资基金等形成多元化的金融业态，以及金融专营机构（如科技银行、投贷联动公司）和多层次资本市场体系，支持科技创新创业企业发展。金融科技的落脚点在“技术”，是应用于金融领域并产生融合创新效应的技术。技术本身不涉及金融监管，只有应用于金融领域、可能带来新的金融风险时，才需要监管部门的介入。

“金融科技”一词源于美国，是一个创造的新词，由“Financial Technology”合成而来，从字面上理解即“应用于金融的技术”。目前，人们对于金融科技的理解不尽相同，从产业、业务、技术等角度分别有不同的解释。

一是将金融科技理解为应用现代科技从事金融业务创新的初创公司（或

成熟科技企业）。美国和一些国际咨询公司均采用这一定义，并从产业角度研究金融科技发展。例如，美国商务部认为，利用软件和技术提供创新金融服务的金融科技公司（financial technology companies）简称为 FinTech。这些公司通过降低金融成本、拓展服务范围，不断改善和重塑金融业发展格局。普华永道（PWC）认为，金融科技是金融与科技的交汇地，是专注于技术的初创公司和市场闯入者通过创新推出的本属于传统金融服务业的产品和服务。这一定义将金融科技限定在一个较窄（初创公司）的范围。毕马威（KPMG）也持有相似观点，其发布的全球金融科技 100 强及中国金融科技 50 强，都是选择从事金融服务创新的初创科技企业。而安永（EY）在其《全球金融科技前沿展望》中则将那些具备高成长性，并且融入创新型商业模式和技术手段从而使其有条件进入、扩展乃至颠覆金融服务业的组织机构定义为“金融科技企业”。该定义并不局限于初创或新兴企业，同时也包括那些发展成熟的企业，甚至还包括一些非金融领域服务企业，如电信运营商、电子商务零售商等。然而，传统金融机构一直是金融科技的主要参与者与实践者。随着金融科技初创公司业务模式的不断创新发展，传统金融机构也越发重视利用现代科技加快金融创新。因此，仅仅把金融科技的主体限定为初创公司或成熟科技企业，而把传统金融机构排除在外，既不符合事实和实践，也不符合金融与科技未来深度融合的发展趋势。英国贸易与投资总署将金融科技划分为传统金融科技与新兴金融科技。传统金融科技主要指大的技术厂商为金融机构提供技术服务，新兴金融科技主要指致力于替代传统金融机构中介服务，并通过新技术解决方案提供创新金融服务的新兴企业。

二是将金融科技理解为金融与科技相结合所形成的创新业务模式，包括移动支付、网络借贷、网络保险、股权众筹、人工智能辅助投资理财顾问（Robo-Advisor，简称智能投顾）等。例如，投资百科（Investopedia）认为，金融科技是金融与科技的合成词，用来描述 21 世纪新出现的一些金融服务类别。英国政府首席科学顾问发布的《金融科技未来》报告认为，金融科技通过金融与科技的融合，有望创新和颠覆传统金融模式和业务，为企业和个人提供一系列全新的金融服务。我国互联网金融的概念也是从业务模式的角度进行界定，即互联网金融是传统金融机构与互联网企业利用互联网技术和信息通信技术实现资金融通、支付、投资和信息中介服务的新型金融业务模式。

三是将金融科技理解为一种现代科技在金融领域的应用和创新，特别是云计算、大数据、人工智能、物联网、区块链等现代信息技术在金融领域的应用和创新，但不包括印钞、金库安全等传统技术。例如，牛津词典将金融科技定义为用于支持或促进银行和金融服务业发展的计算机程序和其他技术。

本《概览》从科技角度，通过追踪国内外金融科技最新进展和创新成果、具有一定代表性的应用案例，展现我国金融科技应用和创新发展情况。本《概览》提出了一个更具包容性、能够涵盖国外金融科技与我国金融实践的“金融科技”新解释，认为**金融科技是指科技在金融领域的应用，旨在创新金融产品和服务模式、改善客户体验、降低交易成本、提高服务效率，更好地满足人们的金融需求；其参与者不仅包括通过科技提供创新金融服务的金融科技公司（FinTech）和通过科技应对金融合规和监管的监管科技公司（RegTech），也包括传统金融机构、为金融业提供技术服务的科技公司、投身于该领域的投资公司与孵化器，以及金融业不可或缺的监管机构；这些参考者共同组成一个生态体系，在竞争与合作中，共同推动着金融业的创新、变革与发展。**

有关金融科技的上述观点，贯穿了本《概览》，并通过技术在金融领域的应用把各参与者及其典型应用案例串接起来，以此展现整个行业发展情况。根据美国第一资本金融公司（Capital One）在拉斯维加斯举办的支付与金融业创新“2015 年 Money20/20 大会”上的一份调查认为，在未来 3～5 年内对金融业影响最大的技术创新，排名第一的是大数据（27%），其次是不同形式的支付和借贷（26%），区块链位居第三（19%），接下来是物联网（17%）、人工智能（9%）。结合普华永道、毕马威、麦肯锡（Mckinsey & Company）等咨询公司的研究以及《概览》编写组初步调查，本《概览》以互联网技术为背景，选取当前最前沿也最受关注的云计算、大数据、人工智能、物联网、区块链、网络空间安全等七大技术领域，汇集了这些新技术在我国金融领域当前应用的创新状况和典型案例，勾勒了由相关金融机构、科技企业、互联网金融公司等组成的金融科技产业生态发展情况，并对 2017 年我国金融科技发展趋势进行了展望。

二、金融科技的发展历程

金融是数据密集型行业。从早期利用穿孔卡片辅助数据处理到使用计算机实现会计电算化，从借助大型机进行综合业务处理到利用互联网开拓各类新业务模式，在其发展历程中，金融机构一直是信息技术最积极的应用者。从这个意义上说，金融科技并非始于当今，而是早已有之。早期阶段的金融科技，主要由金融机构发起和主导，以金融电子化和信息化为主要特征，科技企业一般扮演技术服务或解决方案提供商角色。金融科技发展历程如图 1.1 所示。

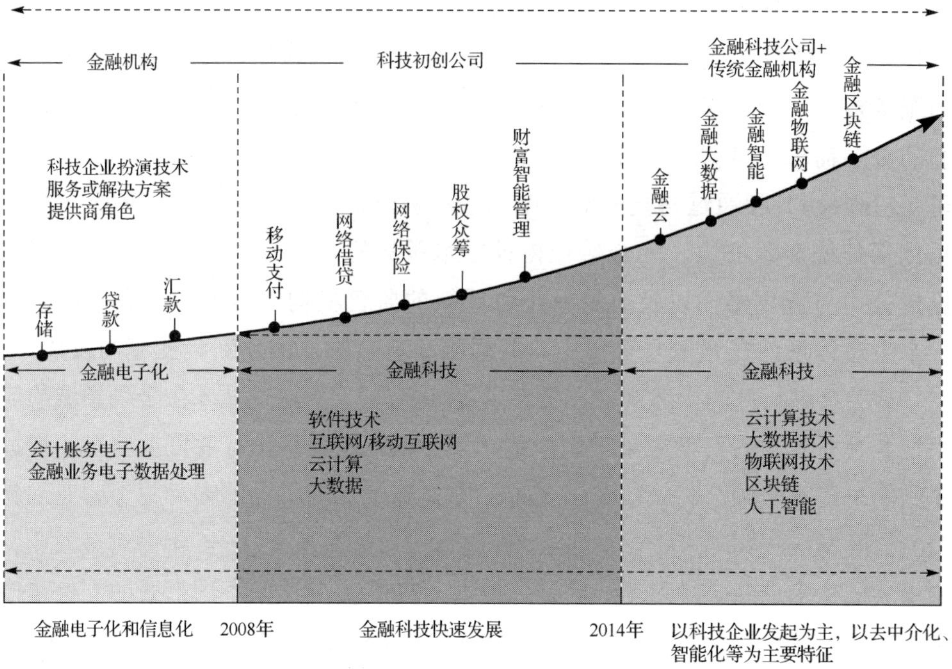

图 1.1　金融科技发展历程

2008 年国际金融危机成为金融科技发展历史上的分水岭，金融科技进入了一个新的发展时期。一些科技初创公司不再满足于为现有金融机构提供技术支持，它们试图拓展传统金融服务，甚至在某些领域和传统金融公司展开竞争。不依附于传统金融机构与体系的金融信息技术（Information Technology，IT）力量逐渐形成并独自发展起来。到 2014 年，这一领域吸引了监管者、产业界、消费者的高度关注。据统计，2014 年全球金融科技领域风险投资达到 122.1 亿美元，是 2013 年的 3 倍。大量金融科技初创企业不仅成功闯入金融领域，而且作为一个新的产业逐渐壮大。更重要的是，金融科技向各类客户和细分领域渗透，对人们的金融行为产生越来越大的影响，甚至有可能颠覆整个金融行业。金融科技引发的金融创新，迸发出巨大的金融业变迁能量，也带来了新的风险因素和监管要求。金融科技给金融企业带来的机遇或挑战目前仍然难以估量。这一阶段的金融科技，以科技企业发起为主，以去中介化、智能化等为主要特征。

金融科技初创企业之所以能够迅速发展，主要有四方面的原因。一是面对金融危机后更严厉的全球监管环境，金融机构更加重视合规与金融风险的防控，这使得中小企业和个人获得贷款的机会减少，而我国中小企业融资难融资贵、个人金融需求无法得到有效满足等金融供给不足始终存在，这为科技公司创新金融服务提供了机遇。二是随着移动互联、云计算、大数据等技术的迅速发展，初创公司进入金融服务领域的门槛大大降低。三是与传统金融机构相比，这些科技公司由于规模小，无须维护复杂而成本高昂的遗留系统，较少有监管合规方面的负担；同时，因其带有“互联网基因”，既易于创新，又能够更快地利用数字技术开发用户界面更加友好、交付成本更低、更适合数字渠道的金融产品。四是消费者特别是伴随着互联网成长起来的年轻一代，已经习惯于手机等终端简单、方便、实时获得更佳的服务场景和客户体验，对复杂、冗长的传统金融服务过程逐渐失去耐心。

由此可见，金融科技顺应现代科技发展和数字化时代客户需求变化，为金融业注入了新的创新动力，也为传统金融机构带来了新的机遇和挑战。

三、金融科技的生态体系

金融科技作为一个生态体系不断发展，其中，科技企业逐渐向金融业渗透，蚕食传统金融企业的领地；与此同时，传统金融机构也加快应用新技术，通过现代科技加快金融创新步伐。例如，美国高盛号称自己就是一家科技公司，其技术工程师占所有员工的三分之一，总数比 Facebook 还要多。

金融科技生态体系如图 1.2 所示。金融科技的落脚点是科技，科技在这一生态中发挥着基础作用。**互联网**（包括移动互联网、物联网）成为金融创新的重要源泉。**云计算**推动信息技术能力实现按需供给，促进信息技术和数据资源充分利用，有利于分享信息知识和创新资源，极大地降低了金融业进入和创新门槛。**大数据**是以容量大、类型多、存取速度快、应用价值高为主要特征的数据集合，正快速发展为通过对数量巨大、来源分散、格式多样的数据进行采集、存储和关联分析，从中发现新知识、创造新价值、提升新能力的新一代信息技术和服务业态。大数据与**人工智能**的结合，开辟了金融服务新范式，在客户身份认证、精准营销、融资授信决策、金融预测与风险防范、辅助量化交易、智能投资顾问、智能客服等领域发挥着越来越大的作用。**区块链**本质上是一种分布式的公共账本，由参与者共同负责核查、记录和维护，具有点对点直接价值交换、交易透明不可篡改、安全可靠等特点，已在数字货币、跨境支付、证券清算、贸易融资等领域开始探索应用，未来有可能形成一种全新的金融基础设施，彻底改变现有金融生态。金融网络安全是互联网时代确保网络空间安全和国家金融安全的重要保障。互联网、云计算、大数据、人工智能、区块链、网络空间安全等新技术，为金融创新提供了不竭动力，推动金融业快速演变，促使金融科技繁荣发展。

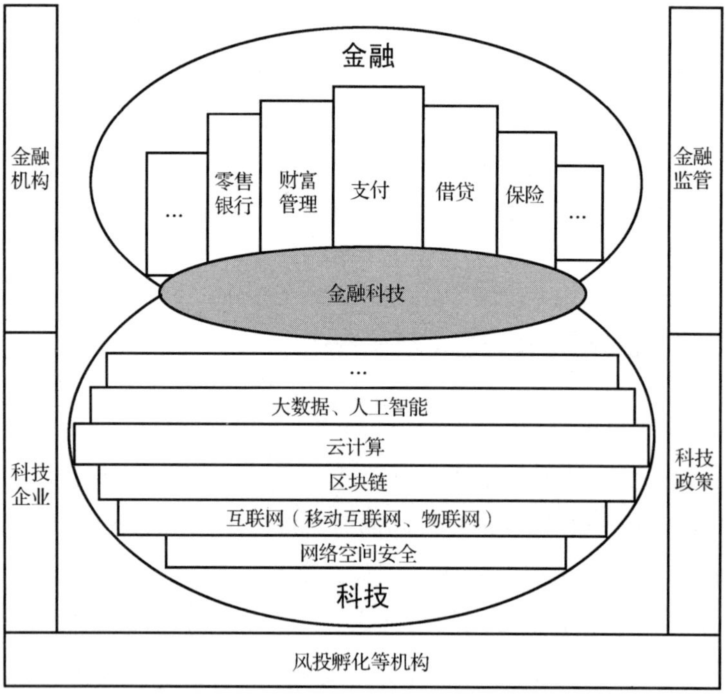

图 1.2　金融科技生态体系架构图

在金融生态体系中，新兴金融科技企业、传统金融机构以及风险投资、监管机构等都发挥着重要作用。它们共同推动支付、资产与财富管理、借贷与融资、保险等金融细分领域持续变革创新，但同时也带来了新的风险和监管需求。

支付是金融科技创新的重要领域。金融科技企业的支付业务不同于传统金融机构，前者以云计算、大数据、区块链等技术为依托，打造更加场景化和便捷的支付平台，并通过对海量交易数据进行精准分析来开展其他相关业务。当今时代，谁掌握了支付入口，谁就能顺势控制融资场景和投资场景，形成汇、贷、存的金融生态闭环。目前，百度、阿里、腾讯（以下简称BAT）及第三方支付等非传统金融机构占据了很大一部分前端客户市场份额，如蚂蚁金服的支付宝、腾讯的财付通、京东支付、百度钱包、万达快钱等，而银行逐渐演变为支付的后端通道。随着区块链技术的发展应用，银行甚至有可能失去支付后端通道。

网络借贷促使资金需求方与供给方直接对接，极大地释放了中小企业和个人消费者的投资与融资需求。网络借贷的优势在于借款方式灵活简便、借款条件宽松、门槛低。网络借贷打破了传统金融机构信贷业务模式和框架，通过收集更为广泛的数据信息，采用大数据分析和机器学习算法进行信用评级，能够为客户提供更加便捷和个性化的信贷服务。

财富管理通过向客户提供现金、信用、保险、投资组合等一系列金融服务，对客户的资产、负债、流动性进行管理，以满足客户不同阶段的财务需求，帮助客户降低风险、实现财富增值。随着云计算、大数据、人工智能等新兴技术的应用，财富管理正逐渐从银行等传统金融机构向科技公司转移。

财富管理领域的商业模式创新主要集中在降低投资门槛和交易费用，简化投资决策流程，并保证交易的便利性和安全性。以智能投顾为例，它通过最基础的资产组合理论和其他衍生模型，利用云计算、大数据等技术，低成本、快速、精确地获得市场信息，结合投资者的风险偏好、财务状况与理财目标，通过算法自动为用户提供资产配置建议。智能投顾改变了客户和理财顾问面对面的传统服务模式，其优势在于成本低、易操作，可以避免投资人情绪化的影响，分散投资风险，信息相对透明，使普通客户也能够享受到过去只有金融机构高端客户才能享受到的服务。以物联网、云计算、大数据、人工智能为代表的新兴技术发展对于**保险**行业发展革新具有巨大的推动和促进作用。物联网技术的应用孕育了车联网保险等物联网保险新模式；云计算为互联网保险提供了安全、可靠、高效的基础技术平台。将大数据分析应用于保险产品设计、自动化出单、车险理赔、精准营销和风险管理等业务环节，可以针对网民定制个性化的互联网保险产品；人工智能使保险营销、服务、运营以及风险控制（以下简称风控）流程得到全面提升。**零售银行**一直是银行业最赚钱的业务之一。而在近几年，金融科技创新企业正在一步步侵蚀零售银行业务，很大一部分原因是银行实体网点投资回报率正在逐渐下降，人力成本逐渐上升，而大部分业务成本是可以通过自动化节省下来的。零售银行针对消费者和中小企业，具有交易金额小而分散的特点，主要通过银行网点、ATM、网上银行、手机银行等方式进行。在当前技术和制度环境下，科技与金融深度融合，新型零售银行正在探索纯线上的数字银行，不设立任何物理网点，实现远程开户，借助现代科技提供体验更佳的金融服务。

四、全球金融科技发展态势

全球金融科技的发展始于2008年次贷危机之后的美国，后来逐渐在欧洲（以英国、德国、法国为主）、亚洲（以中国内地及香港地区、新加坡为主）获得飞速发展。美国知名商业新闻网站“商业内情”（Business Insider）对部分金融科技业务领域进行了分类。

从金融科技投资情况看，根据美国商务部的统计，2010—2014年的5年间全球金融科技投资达到503亿美元。其中北美是金融科技投资最活跃的地区，达到323.6亿美元，占全球的64%以上，其次是欧洲和亚洲，如图1.3所示。

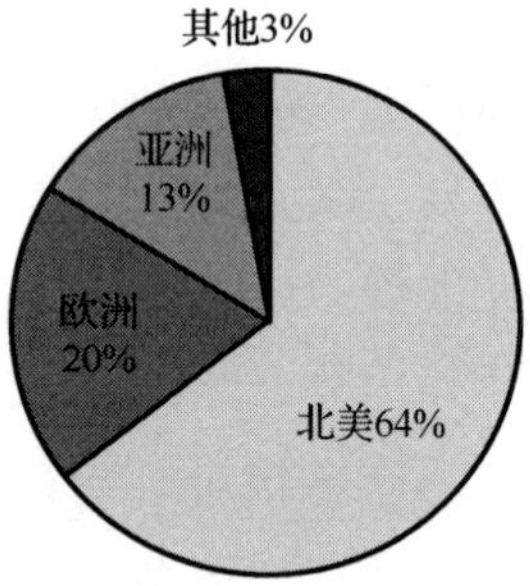

图1.3　2010—2014年全球金融科技投资情况

近年来，亚洲金融科技投资增速加快。根据毕马威统计，2015年全球金融科技风险投资进一步增加，达到138亿美元，比上年翻倍。美国继续领先全球达到70亿美元，亚洲达到创纪录的45.2亿美元（超过前4年的总和且一半以上的投资发生在中国），超过欧洲的15亿美元。进入2016年，亚洲金融科技投资进一步增加，从前三季度看，全球总投资达 98 亿美元，其中亚洲达 46 亿美元，首次超过北美的 40 亿美元和欧洲的 9 亿美元，占全球总投资的 47%，成为金融科技投资最多的地区，如图 1.4 所示。投资领域也从传统的支付和借贷，扩展到智能投顾、保险科技（InsurTech）和监管科技（RegTech）等领域。

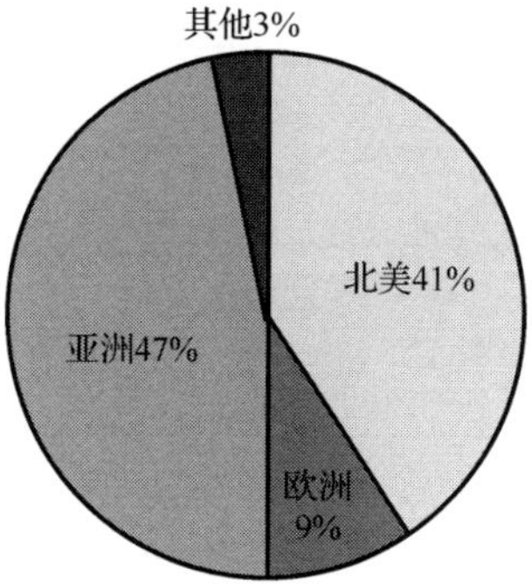

图 1.4　2016 年前三季度金融科技投资情况

亚洲金融科技主要集中于中国内地、中国香港地区、新加坡、印度、日本等国家和地区。其中，我国第三方支付和网络借贷市场规模已经居于全球领先地位。例如，2015 年在非银行支付机构方面，仅支付宝一家的交易量就是美国最大的支付公司贝宝（Paypal）的 3.3 倍，如图 1.5 所示；在个人网络借贷方面，虽然出现了少数不规范甚至诈骗跑路的“互联网金融公司”，但 2015 年整个网络借贷交易量远超英、美，是美国的 4 倍、英国的 10 倍，如图 1.6 所示。

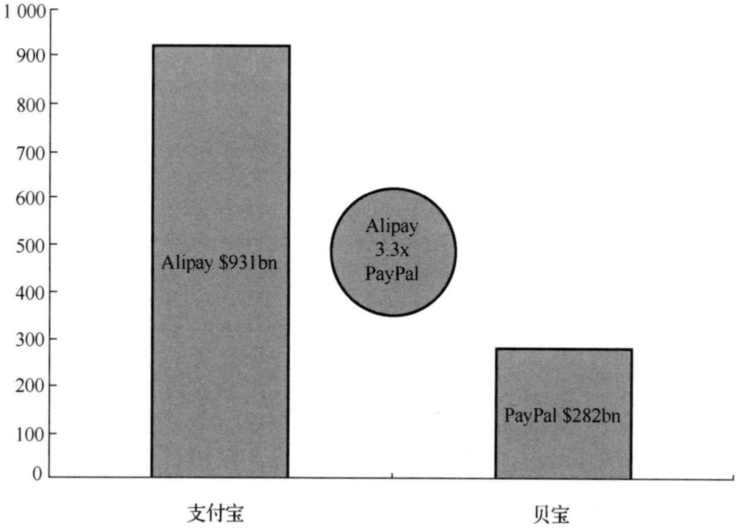

图 1.5　2015 年中国支付宝与美国贝宝支付交易量比较

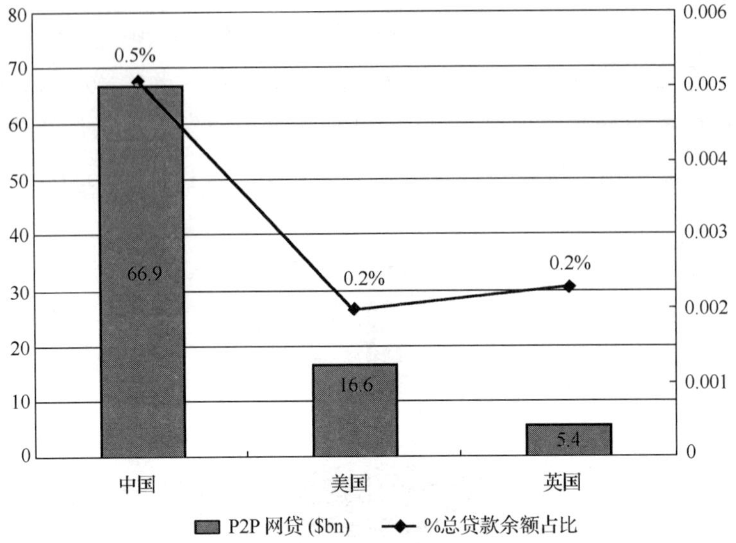

图 1.6　2015 年中国、美国、英国个人网络借贷交易量比较

亚洲金融科技快速发展可以归结为以下几个原因。一是巨大的消费市场。亚洲是全球最大的金融消费市场之一，特别是拥有大量难以获得金融服务的中小企业和没有银行账户的群体，这对于初创金融科技企业来说，亚洲无疑是巨大的蓝海市场。二是金融供给不足给金融科技以巨大的成长机会。欧美国家和地区的金融市场经过长期发展，市场及监管体系相对完善，金融科技最初只是起到补充传统金融服务的作用。亚洲金融基础设施相对薄弱，商业银行无法给他们提供有效服务。金融科技可以自由发展的空间较大，受到的监管阻碍也相对较小。此外，政府和金融监管层的宽容和政策支持，对于推动亚洲金融科技发展也起到积极作用。

从金融创新的业务领域看，全球金融科技的兴起在支付、保险、存贷款、融资、投资管理、市场服务等方面均造成了一定程度的变革，如图 1.7 所示（扫描其旁边二维码可查看原彩图，下同），主要包括以下六个方面。

一是在支付方面，随着信息技术的发展以及智能手机的普及，新兴金融科技企业不断简化运营模式，通过将支付从传统的实体渠道中脱离，发展为数字化、移动化的服务模式，加速蚕食传统支付领域市场份额。近年来，比较有代表性的创新支付方式包括手机支付（手机钱包）、一体化账单（一体化的手机购物 APP）、新一代的安全技术（用于用户身份认证的生物识别技术）以及区块链技术，等等。在无现金支付的背景下，去中心和非传统支付方案的出现（如加密货币、P2P 支付）使得支付更加快速、便捷、低廉和透明。

（资料来源：World Economic Forum）

图 1.7 全球金融科技创新业务领域

二是在保险方面，金融科技不断变革保险销售（互联网保险）、承保（自动化交通工具和传感器的应用）和资产管理（保险连接型证券业务的推出）方式，催生自助化、个性化的保险服务模式。这也成为保险行业当前最重要的发展趋势。企业通过金融科技，可以实时收集、分析投保人的数据资源，通过数据挖掘、关联分析等，实现对风险进行更加细致的分析，帮助保险公司开发新的产品，如互联网健康险、互联网车险等。

三是在存贷款业务方面，互联网平台帮助金融实现脱媒，释放了过去始终未被满足的中小企业和个人消费者的融资需求。

四是在融资方面，随着网络行业的兴起以及人们消费习惯的改变，传统的融资方式也随之改变。各类新型融资平台的出现，推动金融脱媒，同时，也丰富了融资的产品种类，为诸多初创企业和项目提供了大量资金。各类众筹机构应运而生，且不断壮大，其方式也层出不穷，如股权众筹、公益众筹等。

五是在投资管理方面，智能投顾进一步降低了传统投资机构的投资管理成本，使更多客户可以享受专业投资管理服务，极大地提升了投资管理公司的服务能力。智能投顾通过量化模型进行资产分配和风险管理，为顾客提供量身定做的资产组合建议，为投资者提高收益率，或者增加超额收益，并根据每一个客户的属性、风险偏好、个人投资目标、设定的投资限制条件等，实时地为客户提供便捷、高效、高质量的服务。

六是在市场服务方面，人工智能的出现，通过基于大数据的分析与机器学习，可以自动做出交易决策并进行自我修正；通过阅读海量新闻，进行观点深度挖掘。新兴的交易平台消除了中介机构的撮合交易，并且覆盖传统交易所未覆盖的金融资产，有效地将买方与卖方进行对接和整合。

此外，PWC2016 年全球金融科技调查显示，未来 5 年整个金融服务业将受到金融科技的较大冲击。其中消费金融、转账支付业务可能受到的冲击最大，其次是投资与财富管理、中小企业金融服务，如图 1.8 所示。

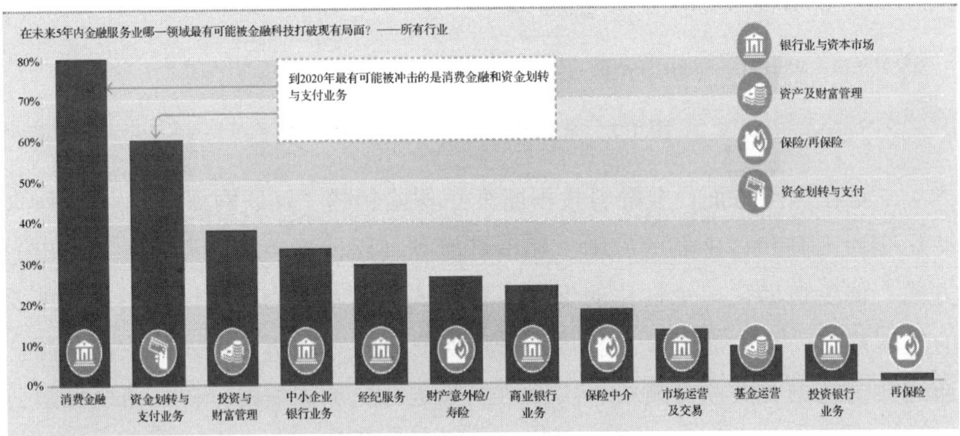

（资料来源：PWC2016 年全球金融科技调查）

图 1.8　未来全球金融科技可能带来重大影响和变革的金融领域

近年来，我国金融科技发展迅猛。根据毕马威等发布的《全球金融科技

100 强》，美国的金融科技公司多达 35 家，我国金融科技公司在榜单前 10 中占据了一半。这些金融科技公司涉及的业务领域包括借贷、支付、保险、监管科技、数据与分析、财富管理、数字货币、区块链、资本市场、众筹、账务，如图 1.9、图 1.10 所示。

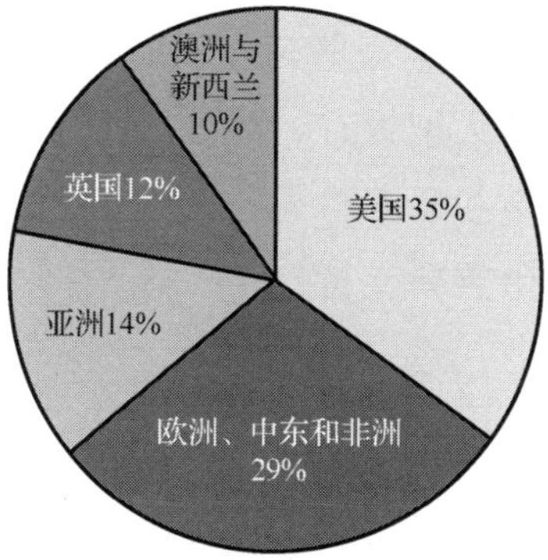

图 1.9　全球金融科技公司 100 强地域分布图

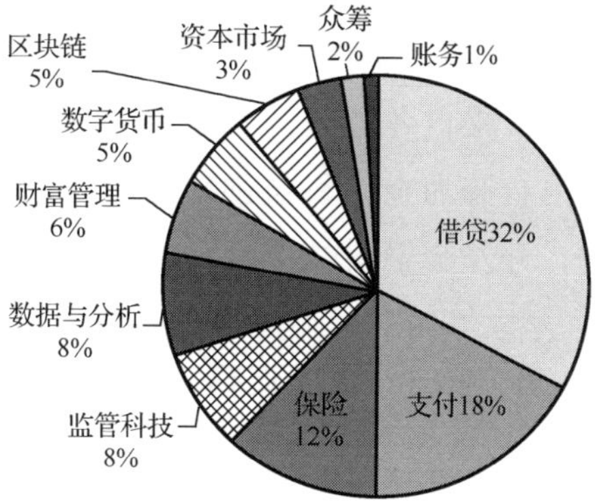

图 1.10　全球金融科技公司 100 强创新领域分布图

五、世界主要国家金融科技发展概况

（一）美国金融科技发展概况

1. 居于全球领导地位

美国在次贷危机后，最先开始发展金融科技，并一直处于全球领先地位，同时带动了全球金融科技创新的热潮。美国凭借其领先的科技、成熟的法律监管、大量专业的金融人才、相对完善的征信和成熟的金融服务体系以及雄厚的资金基础等在全球金融科技领域处于领先地位。美国的金融科技行业主要集中在作为全球金融中心的纽约和作为全球科技中心的硅谷。

2. 吸引资金和人才最多

美国是企业家和高科技人才的大磁场，以硅谷、纽约等金融科技中心为主吸引了全球最多的金融科技投资并建立了最多的金融科技初创企业。美国拥有价值 10 亿美元以上的独角兽金融科技初创企业至少 25 家，硅谷有超过 1.5 万个初创企业、200 万名高科技人员和经验最丰富的初创企业员工。可以看到，来自各方面的参与者包括政府、公司、大型银行、风险投资机构和众筹平台等为金融科技创新创业提供资金；大学和研究机构通过设立创新实验室、开发金融科技课程和孵化计划等方式提供重要支持。

3. 政府大力支持

与世界其他任何金融科技生态体系相比，美国更加支持金融科技企业的培育和发展，为把有发展潜力的初创企业培育发展为龙头企业，其支持政策始终把“拆除监管障碍、扩大受益面和授权”作为重点方向。白宫在 2011 年启动了鼓励创业的“创业美国”（Startup America）行动，明确提出纽约的初创企业在成立的前 10 年内可以获得 100%的税收优惠，以此推动科技创新创业。此外，美国政府积极放松、消除个人向金融科技投资的监管壁垒。例如，2015 年 10 月，美国证券交易委员会（SEC）批准相关监管规则，允许美国公司通过股权众筹的方式进行融资，这些规则将进一步扩大投资者群体，为成长中的中小企业获得资金带来积极影响。

（二）英国金融科技发展概况

1. 金融科技发展水平全球领先

英国作为历史悠久的全球金融中心，以其高度数字化互联互通、本地化的金融服务人才和良好的融资环境，着力打造全球金融科技最有吸引力的中心。金融危机后，英国作为全球金融中心的地位更加巩固，并形成了强大的金融科技生态体系。英国的金融科技行业主要集中在伦敦这一金融中心。金融科技传统上集中在借贷、众筹、汇款、外汇、预付卡、移动支付等为消费者和小企业提供的商业模式创新上，近年来更多集中于企业与企业之间（Business to Business，B2B）及后台金融系统领域，如数据分析、反欺诈（监管科技）。

2. 政府大力支持金融科技发展

英国政府从融资支持、税收优惠、培训教育、行业监管等多方面促进金融科技发展。在融资支持方面，自 2014 年以来，英国政府鼓励金融机构参与金融科技。同时，政府发布了多项资助计划，例如，2015 年 10 月英国政府发布了研究促进计划，为数字货币和分布式账本技术提供资助，解决了金融科技企业融资难题。在税收方面，英国制定了专门针对金融科技小企业的税收优惠政策（Small Business Rate Relief），明确规定从 2017 年 4 月起金融科技小企业的税率从原来的优惠 50%直接调整为免税，2015 年 7 月还为金融科技行业任命了形象大使，同时为金融科技的发展建立了咨询部门，帮助解决经营发展中的问题。此外，英国政府高度注重建立金融科技全球技术伙伴关系，构建强大的数字资产和知识库。例如，通过建立英国-以色列技术中心、英国-新加坡合作等方式，加强与全球金融科技生态系统开展合作。在培训教育方面，实施了开放大学与创新金融计划（Open University and Innovate Finance），组织开展金融科技课程培训，提升学生技术能力，培养技术力量。在监管方面，英国在信息披露、消费者保护规则和风险管理等方面制定了相关规范，进一步增强对行业监管的支持。英国金融行为监管局（Financial Conduct Authority）开展了一项金融“创新计划”（Innovate Project），旨在促进金融创新，并在 2015 年 11 月开创性地提出对金融科技实施“监管沙盒”（Regulatory Sandbox）计划。

（三）新加坡金融科技发展概况

1. 致力于成为金融科技领导者

新加坡是世界上拥有最高人均国民收入的国家之一，智能手机普及率（80%以上）为亚洲最高。新加坡经商环境优越，以透明且运行良好的监管体系以及高效的政府服务而知名。新加坡在金融服务、技术和通信领域具有优势地位，并且拥有完善的数字化基础设施。一些跨国企业和银行纷纷将亚洲总部设立在新加坡，这为新加坡培育发展金融科技提供了大量优秀人才、全球专业知识和经验。例如，花旗（Citi）等国际银行和毕马威等全球咨询公司，都在新加坡设立了创新实验室，这明显促进了金融科技服务领域的技术创新。近年来，新加坡致力于吸引投资者和外国企业参与金融科技发展，力图成为金融科技全球领导者。

2. 政府大力支持

新加坡金融监管局（MAS）作为新加坡的金融监管机构和中央银行，出台了一系列关于金融科技发展的政策，鼓励国内创业公司发展金融科技创新。金融管理局还计划引进更多的监管制度和支持计划，为初创金融科技企业提供更加宽松便利的生存环境，保障金融科技在新加坡快速发展。2015 年成立了金融技术创新小组，推出金融服务技术与创新计划，并于 2016 年 6 月推出新加坡版的监管沙盒。新加坡还和英国签署合作协议，以分享和使用英国金融行为监管局和新加坡金融监管局的金融服务创新信息；还签署了一项监管合作协议，帮助企业获得在两地创新产品、服务和商业模式的授权。

（四）日本金融科技发展概况

由于国内需求长期疲软，日本金融科技的发展相对缓慢。但是随着金融科技的巨大潜力日益显现，日本政府也逐渐意识到其重要性，并着手推行了一系列改革，涉及法律、金融监管、非金融机构管理等方面。2016 年，日本法律废除了禁止银行拥有科技类公司 5%股权以上的规定，这促使许多日本大型银行加大对金融科技类公司的投资，并向金融科技领域拓展。例如，日本电子商务公司乐天株式会社发起成立了 10 亿美元的基金，投资方向为金融科技类公司。日本金融集团思佰益集团建立了 29.9 亿美元的金融科技风险基金。该机构也是亚洲最大的风险投资、私募股权资产管理机构之一。瑞穗银行 2016 年在美国设立了创新办公室，组建了创新产品团队，对新兴金融科技公司进行投资。

六、2017 年我国金融科技展望

展望 2017 年，全球信息化进入全面渗透、跨界融合、加速创新、引领发展的新阶段。物联网、云计算、大数据、人工智能、机器深度学习、区块链等新技术驱动网络空间从人人互联向万物互联演进，数字化、网络化、智能化服务将进一步拓展。世界各国纷纷把加快信息技术创新、最大程度释放数字红利，作为应对“后金融危机”时代增长不稳定性和不确定性、深化结构性改革和推动可持续发展的关键引擎。

2017 年是我国实施“十三五”规划的重要一年，是供给侧结构性改革的深化之年。经济下行压力依然较大但坚持稳中求进、坚持创新发展的宏观政策环境，有利于我国金融科技的发展。随着《“十三五”国家信息化规划》的推进，我国金融科技将继续保持快速发展。从投资规模看，由于巨大的市场潜力以及政府支持、风险投资追捧、银行投贷联动助力，预计我国金融科技投资规模将继续保持稳步增长，投资领域将从传统的支付和借贷，扩展到区块链与数字货币、智能投顾、保险科技和监管科技等领域。从生态发展角度看，BAT 等互联网巨头以及科技及互联网金融初创企业将继续保持积极进取和不断创新的姿态，但金融机构面对转型压力将会对金融科技给予更多期望，在云计算、大数据、区块链、人工智能与生物识别等领域预计会有更多的行动。而在推进金融科技发展战略过程中，金融机构又会面临三方面的挑战：一是改变金融机构现有技术和系统，面对较大阻力；二是新技术创新应用的速度难以适应市场需要；三是金融科技人才和相应企业文化缺乏。为此，提出以下对策建议。

（一）利用自身力量，加强重点领域金融科技研发

我国各金融机构科技开发和创新能力差距较大，且研发力量注重解决当前业务问题较多、投入未来创新发展相对较少。新形势下，金融机构要高度重视金融科技，建立创新机制并拿出一部分研发力量，专门从事金融科技前沿研究。

选择一些重点领域，开展具有一定超前性的创新研发，结合金融机构的品牌和基础设施优势增强竞争能力。一些大的银行机构已经开始行动，例如，工商银行把人工智能、区块链、大数据等作为重点创新应用领域，开展超前性研发；端银集团（UBS）在伦敦位于金丝雀码头的著名金融科技孵化中心（Level 39）开设了办公室，从事区块链等金融科技应用研究；中国银行成立金融技术办公室，专门从事未来3～5年金融科技创新研发；花旗银行在2015年11月成立“花旗金融科技”（Citi Fintech），这个新部门不仅招募了大量来自亚马逊、贝宝等科技公司的员工，还与其他金融科技公司合作，开展创新研发，其首要任务是使APP用声音和面部识别取代密码。

（二）秉承开放共赢精神，金融机构加强与金融科技初创企业合作

金融机构要学习开源、开放的互联网文化，在加强自身人才培养和技术储备的同时，坚持开门创新。一方面，要勇于开放一些自身的数字化资源。这方面国外已经有一些先例。例如，德国一家数学化银行（Fidor Bank）建立了一个专门的带有一定开放应用接口（API）的中间件，用于为合作伙伴提供支持，以进一步为本行客户提供更丰富、更个性化的金融服务；高盛、摩根大通等金融机构不仅使用开源软件，也向开源社区贡献自己的开源项目。另一方面，要加强与领先科技或金融科技公司合作。例如，瑞士信贷、巴克莱、UBS等众多银行宣布与纽约一家区块链技术初创公司（R3CEV）合作，共同投资开发企业级区块链技术标准，以便使这一技术能够为金融业提供区块链解决方案。

（三）加大金融科技投资力度，融入金融科技浪潮

风险投资一直以来是金融科技初创公司融资的主要途径。近年来，国际上一些金融机构如高盛、花旗、桑坦德、摩根士丹利、美国银行、三菱日联金融集团等在投资并购金融科技公司方面相当活跃。在我国，金融机构投资科技公司，不仅可以完善科技金融服务模式，支持科技创新创业企业发展，而且可以获得金融科技相关人才和技术，能够较快推进自身金融科技发展。

中国银监会、科技部、中国人民银行联合发布《关于支持银行业金融机构加大创新力度开展科创企业投贷联动试点的指导意见》，为我国银行业参与金融科技投资提供了难得的新机遇。

从更长远的角度看，面对数字化生活浪潮和客户需求的巨大变化，金融机构迫切需要重新思考自身在新金融生态中的位置和经营管理模式，制定更彻底的数字化转型战略，迎接金融科技带来的新挑战。

参考文献

[1] IIF. RegTech in Financial Services: Technology Solutions for Compliance and Reporting[R/OL]. March 2016. http://www.iif.com/publication/research-note/regtech-financial-services-solutions-com-pliance-and-reporting.

[2] The UK Government Chief Scientific Adviser. FinTech Futures—The UK as a World Leader in Financial Technologies[R/OL]. http://www.gov.uk/government/uploads/system/uploads/attachment_data/file/413095/gs-15-3-fintech-futures.pdf.

[3] PWC. Blurred lines: How FinTech is shaping Financial Services[R/OL]. Global FinTech Report, March 2016. http://informes.pwc.es/fintech/assets/pwc-fintech-global-report.pdf.

[4] Ernst & Young. UK FinTech on the cutting edge：An evaluation of the international FinTech sector[J/OL]. 2016. https://www.gov.uk/government/uploads/system/uploads/attachment data/file/502995/UK FinTech—On the cutting edge—Full Report.pdf.

[5] Accenture. The Future of Fintech and Banking[J/OL]. 2015. https://www.accenture.com/_acnmedia/Accenture/Conversion-Assets/DotCom/Documents/Global/PDF/Dualpub_11/Accenture-Future-Fintech-Banking.pdf#zoom=50.

[6] H2 Ventures, KPMG. 2016 Fintech 100—Leading Global Fintech Inventors[R/OL]. https://assets.kpmg.com/content/dam/kpmg/xx/pdf/2016/10/fintech100-2016.pdf.

[7] KPMG. Fintech India[R/OL]. June 2016. https://assets.kpmg.com/content/dam/kpmg/pdf/2016/06/FinTech-new.pdf.

[8] 毕马威中国. 中国领先金融科技公司 50[R/OL]. 2016(9). https://assets.kpmg.com/content/dam/kpmg/cn/pdf/zh/2016/09/2016-china-leading-fintech-50.pdf.

[9] Citi GPS. Digital Disruption—How FinTech is Forcing Banking to a Tipping Point[R/OL]. March 2016. https://www.privatebank.citibank.com/home/fresh-insight/citi-gps-digital-disruption.html.

[10] 陈静. 历史的脚步——互联网金融服务及其在我国的发展（1998—2001）[M]. 北京: 中国金融出版社, 2015.

[11] 中国人民银行等十部门. 关于促进互联网金融健康发展的指导意见(银发〔2015〕221 号) [S/OL]. 2015(7). http://www.gov.cn/xinwen/2015-07/18/content_2899360.htm.

[12] 中国互联网金融协会. 2016 中国互联网金融年报[M]. 北京: 中国金融出版社, 2016.

第二章

金融云计算

一、金融云计算综述

云计算是一种 IT 资源的交付和使用模式，是指通过网络以按需、易扩展的方式获得所需的硬件、平台、软件及服务等资源。2015 年 1 月，国务院发布《关于促进云计算创新发展培育信息产业新业态的意见》(国发〔2015〕5 号)，明确指出，云计算是推动信息技术能力实现按需供给、促进信息技术和数据资源充分利用的全新业态，是信息化发展的重大变革和必然趋势。发展云计算，有利于分享信息知识和创新资源，降低全社会创业成本，培育形成新产业和新消费热点，对稳增长、调结构、惠民生和建设创新型国家具有重要意义。当前，云计算已引发金融领域重大变革，是金融科技的重要组成部分。

（一）云计算加速金融行业 IT 架构转型

受多种因素的影响，长期以来我国金融业的关键核心业务信息系统、灾备系统等主要基于国外高端软硬件。这些高端软硬件有力地推动了我国金融业的发展。然而，在“互联网+”时代，业务的转型发展对 IT 系统的安全性、可用性与业务持续性提出了更高的要求，基于上述因素，国外高端软硬件技术架构的弊端逐渐显现。

一是建设和运维成本偏高。多数金融机构一直以来采用最成熟、可靠的 IT 技术路线，通常使用国外主流厂商提供的信息技术和商业产品进行集中式部署，在信息技术实施、支持和保障上很大程度依赖于信息技术供应商，存在技术标准不统一、新技术应用和技术创新缓慢、投入产出比低下等问题，也使得金融机构自身缺乏核心技术积累，在技术路线选择上受制于国外厂商，被几大国外公司垄断。随着基础设施规模不断扩大，数据中心建设成本不断攀升。

二是资源交付效率低。在金融服务互联网化、移动化发展趋势下，以及互联网金融公司竞争、利率市场化等挑战下，金融机构从战略和战术层面积极应对，提出了互联网金融、大数据、电子商务等新的战略目标，并以此加速业务模式创新。但这些目标所需要的海量信息技术处理能力往往无法通过传统 IT 基础设施解决方案有效满足，即使传统方案能够实现，企业也难以承受漫长的建设周期。因此，要满足新业务发展的响应速度，探索、采用新技术已经成为必然选择。

三是资源调整不灵活。金融机构在传统系统架构下资源分配往往是固定的，是按照单个应用系统资源需求进行建设和部署，资源之间形成孤岛，不能灵活调整，例如在淘宝“双 11”促销和电商秒杀等业务需求中，传统技术架构只能按照业务峰值配置基础设施资源，造成巨大的资源浪费。随着互联网金融、电子商务等业务快速发展，对基础设施资源的灵活调整、弹性伸缩提出了更高的要求。

四是运行风险日益突出。金融机构数据中心作为“金融业跳动的心脏”，稳定运行和控制风险是第一要务。一方面，基础设施故障、突发业务压力、频繁变更上线等均可能影响系统的稳定和服务质量，而随着业务部门和金融监管机构要求的不断提高，对数据中心高可用性的要求日益严格；另一方面，数据中心对外部基础设施、外部技术和服务的依赖性不断增强，网络入侵、信息泄露等安全风险日益突出。

相反地，近几年来国内外云计算发展十分迅猛，除了新兴的云计算厂商在大力推动云计算发展之外，一些传统 IT 厂商也纷纷向云计算转型，云计算技术和服务越来越成熟、越来越开放和标准化，逐渐在多个领域广泛应用。

正是在这种新旧技术交替发展的过程中，我国金融业也在悄然发生改变，一些新兴金融机构迫于成本、人力的压力，直接使用云计算服务，有力支撑了业务快速增长，与此同时，一些传统金融机构为应对移动互联网时代下的金融业务发展需求，也在探索向云计算、分布式架构转型。

（二）金融云计算部署模式

根据使用云计算平台的客户范围的不同，云计算部署模式可以分为公共云、行业云（如金融云）、专有云和混合云。公共云指不限制客户范围的云计算平台。专有云指专为某个机构服务的云计算平台。混合云指前述几种部署模式的组合。金融云（属行业云）主要指仅限于为金融行业服务的云计算平台，包括金融机构自建的专有金融云、云服务商为金融业提供的公共金融云，以及上述两种模式组合的混合金融云。本章重点描述金融行业云的有关情况。

（三）金融云计算服务模式

同其他领域的云计算服务模式一样，金融云计算服务模式也是由云服务商提供的资源类型来决定的，主要分为软件即服务（Software as a Service，SaaS）、平台即服务（Platform as a Service，PaaS）、基础设施即服务（Infrastructure as a Service，IaaS）三种模式。在 SaaS 模式下，云服务商向客户提供的是运行在云基础设施之上的应用软件。在 PaaS 模式下，云服务商向客户提供的是运行在云计算基础设施之上的软件开发和运行平台。在 IaaS 模式下，云服务商向客户提供虚拟计算机、存储、网络等计算资源，提供访问云计算基础设施的服务接口。关于三种服务模式的详细说明，可以参考《GB/T 31167 信息安全技术——云计算服务安全指南》。

（四）金融机构应用云计算服务的好处

金融机构应用云计算服务，可获得如下四大益处。

一是减少开销和能耗。采用云计算服务可以将硬件和基础设施建设资金投入转变为按需支付服务费用，客户只对使用的资源付费，无须承担建设和维护基础设施的费用，避免了自建数据中心的资金投入。云平台使用虚拟化、动态迁移和工作负载整合等技术提升运行资源的利用效率，通过关闭空闲资源组件等降低能耗；多租户共享机制、资源的集中共享可以满足多个客户不同时间段对资源的峰值要求，避免按峰值需求设计容量和性能而造成的资源浪费。资源利用效率的提高可以有效降低运营成本，减少能耗，实现绿色 IT。

二是增加业务灵活性。对于使用公共云服务的客户，不需要建设专门的基础设施，缩短业务系统建设周期，使客户能专注于业务的功能和创新，提升业务响应速度和服务质量，实现业务系统的快速部署。对于部署专有云平台的企业，通过云服务供给方式，提高了资源的交付效率，而且通过一键式部署，也提高了应用部署的效率，从而提升了业务的灵活性。

三是提高业务系统可用性。云计算的资源池化和快速伸缩性特征，使部署在云平台上的客户业务系统可动态扩展，满足业务对 IT 资源的迅速扩充与释放，从而避免因需求突增而导致客户业务系统的异常或中断。云平台的备份和多副本机制可提高业务系统的健壮性，避免数据丢失和业务中断。

四是提升团队专业性。云计算技术发展迅速，需要有专业技术团队及时更新或采用先进技术和设备，以提供更加专业的技术、管理和人员支撑，使用户能获得更加专业和先进的技术服务。通常只有公共云服务商或大型金融机构具备这些技术能力。

当前我国仍有大量小型或微型金融机构，缺乏完善的基础设施和充足的科技人员，使用公共云服务可以使这些机构在短时间内具备原先只有大机构才能具备的技术能力。

二、金融云计算发展情况

近年来，我国金融监管部门逐步明确对云计算的支持，公共云服务商进一步加大在金融领域的投入，越来越多的云服务商建设了专门为金融机构服务的金融行业公共云。同时，越来越多的金融机构开始考虑使用公共云服务或自建专有云平台，金融业的云计算市场在逐步扩大。此外，由于多种原因，不少金融机构对公共云服务仍存疑虑或误解，云计算在金融业的推广依然任重道远。

（一）金融业云计算部署模式

行业云为主，公共云、专有云、混合云并存。

2016年，在使用云计算的金融机构中，多数机构选择使用金融行业云，以进一步提高安全可靠性，满足金融监管的要求。一些大型机构尝试使用专有云，以提高自身对云平台的可控性。一些互联网金融公司由于长期没有受到严格的监管而选择使用公共云。个别机构尝试混合云，在提高核心数据安全可控性的前提下通过混合云来达到资源弹性伸缩的目的，灵活应对“流量洪峰”。

（二）金融业云计算服务模式

IaaS为主，PaaS、SaaS为辅。

2016年，金融机构在采购云计算服务时，仍然以IaaS服务模式为主，实现资源虚拟化。一些机构也在尝试使用 PaaS 服务，为网络金融相关的业务系统构建分布式和服务化系统架构，支撑弹性伸缩和敏捷IT。一些云服务商还通过云市场的方式为金融机构提供第三方的SaaS服务。

（三）金融业云计算服务的主要场景

保险业已有全面应用，银行业、证券业多在外围应用。

1. 保险业核心业务系统

由于保监会发布了明确支持云计算的指导文件，因此一些网络保险公司或新兴保险公司已把核心业务系统运行在了具有较高安全保护等级的云平台上。

2. 非核心系统

对于云计算，金融机构（尤其是银行业金融机构）多数还处于试水的阶段，尚未把核心业务系统和数据库部署到云平台上。大部分金融机构选择采用X86服务器搭建云计算平台，将原来承载在主机或小型机上的一些外围应用服务改造为集群化部署方式，使其不会因硬件故障导致系统运行中断，之后得以将改造后的应用服务迁移到云计算平台。而核心系统仍采用相对传统的部署方式。

3. 互联网业务接入的前置系统

近年来，由于电子商务等互联网相关业务的快速发展和爆发特性，金融机构内部 IT 系统越来越难以支撑相关业务。例如，“双 11”大促销，部分金融机构为了支撑“秒杀”类的业务，只能将部分业务压力进行转移。为了缓冲系统压力，降低系统风险，金融机构开始将部分网络业务的前置系统转移到云计算平台上来抵抗峰值压力，才能更为从容地应对业务的峰值冲击。

4. 企业互联网网站系统

互联网网站由于技术相对简单、受众覆盖范围广、不涉及太多金融交易、需要高质量的互联网网络平台来提升用户体验，所以一些机构将企业的互联网网站部署在云计算平台。利用云计算平台高质量的网络环境和全方位的地理覆盖，能够为这些机构带来更好的用户体验，同时降低这些机构的互联网带宽需求，节约 IT 运行成本。

5. 证券业务行情系统

由于证券业务的行情系统只有公开信息，不涉及客户隐私，且对互联网资源要求很高，特别适合使用云计算方式来提供服务。一方面是云平台通常具有很高的带宽，另一方面使用云计算能满足行情淡季和旺季对资源弹性伸缩的需求。

6. 互联网金融服务系统

互联网金融系统包含微贷、P2P、消费金融等相关业务系统。对于互联网金融服务初创企业，由于其系统需要新建，没有历史技术包袱，通过云服务商提供的云服务，可以快速搭建业务系统，降低前期投入，并且天然的互联网业务特性适用于云计算相关技术。

7. 网络学习等辅助系统

企业的网络学习系统是企业内部员工的培训系统，需要通过互联网进行访问，并不涉及金融业务，安全等级要求较低，但对用户访问量和系统性能要求较高，因此部分金融机构将此类系统部署在云平台上，不仅提高了系统管理的灵活性，降低了运营成本，还大幅改善了用户体验。与网络学习相类似的辅助系统均可考虑部署在云平台上。

8. 企业开发测试环境

一些金融机构（尤其是银行业金融机构）在试水云计算时，早期仅仅把云计算系统用于开发测试环境，进行应用系统的开发和测试。通过云计算平台的搭建，这些机构的 IT 部门开始逐步体会到云计算平台实现 IT 资源服务化带来的好处，能够大幅降低系统环境准备的时间和应用上线周期，使得整个开发测试过程更为敏捷。

（四）金融云计算多层次发展方向

云计算将促进金融信息技术和数据资源的充分利用，并推动金融服务的持续创新。金融行业云计算服务下一步的重要发展方向是实施架构转型、提升资源效率、推进业务创新、提升用户体验、增强安全防控。其整体发展将包含三个层次。

第一个层次是金融机构实施架构转型，并完成开发测试及运行环境、金融服务场景、金融应用的云化。

第二个层次是形成金融机构的开放服务平台。金融机构要有策略、有计划、有针对性、安全合规地对金融服务进行开放。通过金融机构自身的信用、认证、接口等公共服务应用程序接口（Application Programming Interface，API）、第三方合作伙伴 API 的开放和融合，将金融服务结合或植入合作伙伴所提供的服务场景中，形成多种创新的金融 SaaS 服务，提升金融机构业务创新、数据分析、安全防控的能力。

第三个层次是形成金融机构间共建共享的云生态。通过金融机构间、互联网企业、云服务商、第三方金融软件应用提供商的合作，实现服务资源集中共享，建立灵活高效的金融应用市场。通过金融机构服务能力的输出和外部服务能力的引入，实现合作共赢，形成有利于各参与方的生态化体系。以阿里云为例，其于 2016 年 4 月重磅推出阿里云开放生态体系（也称“云市场”），提供不满意退款、全程担保交易与软件交付全程监管支持，努力打造公平、便利的软件市场环境，实现云计算生态各方的能力和资源共享。截至 2016 年 8 月，已有近千家软件服务提供商提供了超过 3 000 款软件，涵盖企业应用、服务市场、网站建设、云安全、基础软件、数据市场和行业解决方案 7 种市场类目，全面覆盖创业、上云、电商、金融、直播等 20 个行业市场，实现了云软件统一的交付标准，支持镜像、编排、容器、API、SaaS、服务、下载 7 种交付方式，实现了近百种阿里云产品、4 000 多个渠道商和 230 多万用户之间的资源共享，提供了一键开通“软件+云计算资源”的功能，使软件开发商转变为一站式集成、实施、交付服务提供商。

多个金融机构尤其是中小型金融机构可以采用“合作建立、共同经营”的机制建立联盟云（行业云联盟）：一方面，在提升自身机构的云化开发、升级、部署、管理、创新效率的同时切实降低成本；另一方面，利用基于联盟云的生态体系，既聚合机构间力量，又能够根据自身特点获取所需外部资源，形成差异化竞争优势。

金融行业云计算服务的多层次发展，以及云生态及联盟云的建立和演化，将有助于不同规模金融机构的协同、健康发展，更好地推动金融机构创新和中国经济的发展。

（五）金融业云计算风险管控

虽然应用云计算服务具备多种优势，但是金融作为关系国计民生的重点行业之一，稍有不慎就可能影响到社会大众的“钱袋子”。因此，要想充分发挥云计算的各种优势，至少要具备两个前提：一是云服务商要具备先进的云计算技术和服务能力、完善而严密的风险管理和内控体系；二是金融客户需要具备云服务模式下的科技风险管理能力。

1. 云服务商方面的风险和应对措施

如果云服务商能力不足或者体系不够健全，可能产生多种风险。以下列举一些常见的风险。

（1）不具备可靠的多租户隔离技术，攻击者可能伪装成客户，利用云计算环境中的漏洞打破隔离机制。

（2）对云服务的核心代码缺乏掌控力，导致云服务自身的安全基本“靠天吃饭”，依赖安全漏洞发生的低概率。

（3）针对云平台发起的安全攻击缺乏完备的产品解决方案、人才储备，导致面对分布式拒绝服务（Distributed Denial of Service，DDoS）攻击和黑客入侵束手无策。

（4）物理基础设施资源的灾备和冗余设计不足，云服务不支持分布式、高可用架构，无法有效应对自然灾害和金融行业的业务连续性要求。

（5）没有充足的售后服务能力，在面对大量用户售后服务需求时无法保证快速响应和服务质量，难以满足 SLA 的要求。

（6）面对云平台的系统复杂性，缺乏全流程、全链路、全覆盖、全自动的监控体系。故障诊断和定位能力弱。

要有效化解以上风险，需要从三个角度发力：一是云服务商主动完善自身实力，获取各种第三方专业资质认证和监控部门的审查，不但可以“自证清白”，同时也可以印证自身在信息安全、运维管理、业务连续性方面的合规能力；二是监管部门建立云服务商管理机制，应用同一套标准对云服务商的服务能力进行审查测评和认证，公开审查测评结果，避免不达标的云服务商“招摇撞骗”，损害用户利益；三是云服务商的物理基础设施及云服务架构和功能必须支撑金融行业“两地三中心”的业务连续性要求。

2. 用户方面的风险和应对措施

用户在使用云计算服务时必须清醒地认识到以下问题。

（1）使用云计算服务并不会解决所有 IT 问题，也不是由云服务商承担所有安全生产的责任，用户仍然需要承担一些安全管理责任。

（2）云计算平台自身可能存在风险并引发平台级故障，但用户对云平台自身进行控制和监测的手段比较有限，从而在遇到云平台故障时只能被动应对。

（3）用户对数据、系统的控制管理能力相对减弱。

（4）用户将数据和业务迁移到云计算平台后容易形成对云服务商的依赖。

因此，为了有效管理上述风险，用户首先要提高思想认识，选择具有权威性的第三方检测认证的云服务商。在管理上可通过校验云服务商提供的资质、认证、审查结果的覆盖范围和服务类型及种类，从而明确双方的责任边界。在技术上借助云服务商或第三方提供的监控工具实现对所使用云服务的全链路、全自动的监控和预警体系，各负其责，共生共长。

（六）金融云计算的监管要求

近几年来，在国家出台文件促进云计算创新发展的大背景下，金融业在云计算方面的监管要求逐渐清晰。

1. 国务院文件对促进金融业云计算发展具有重要作用

2015 年 1 月，国务院发布《国务院关于促进云计算创新发展培育信息产业新业态的意见》（国发〔2015〕5 号）。文件指出，云计算是推动信息技术能力实现按需供给、促进信息技术和数据资源充分利用的全新业态，是信息化发展的重大变革和必然趋势。

2015 年 7 月，国务院发布《国务院关于积极推进“互联网+”行动的指导意见》（国发〔2015〕40 号），明确提出：**探索推进互联网金融云服务平台建设**。支持银行、证券、保险企业稳妥实施系统架构转型，鼓励探索利用云服务平台开展金融核心业务，提供基于金融云服务平台的信用、认证、接口等公共服务。

2. 保险行业率先突破云计算限制、推动云计算发展应用

2013 年 9 月，保监会发布《中国保监会关于专业网络保险公司开业验收有关问题的通知》（保监发〔2013〕66 号），指出：依托于云计算模式的电子商务系统等应用系统，应明确与虚拟化资源相对应的具体物理机器设

备，以满足保险监管机关检查工作的需要。公司应与云计算服务提供商签订书面协议，确保数据安全和业务连续性。2014 年 8 月，国务院发布《国务院关于加快发展现代保险服务业的若干意见》（国发〔2014〕29 号），支持保险公司积极运用网络、云计算、大数据、移动互联网等新技术促进保险业销售渠道和服务模式创新。

3. 银行业逐渐明确应用云计算实现主动转型

2016 年 7 月，中国银监会向社会公开征求对《中国银行业信息科技“十三五”发展规划监管指导意见（征求意见稿)》的意见，其中明确提出：“十三五”期间，银行业金融机构要深入贯彻落实《国务院关于促进云计算创新发展培育信息产业新业态的意见》（国发〔2015〕5 号），积极开展云计算架构规划，制定云计算标准，联合建立行业云平台，主动实施架构转型。

2016 年 9 月 9 日，中国人民银行副行长范一飞在 2015 年度银行科技发展奖评审领导小组会议上指出，各机构应主动探索系统架构转型，积极研究建立灵活、可延展性强、安全可控的分布式系统架构。

4. 证券期货业的监管指导意见仍在酝酿

目前，证监会尚未公开发布证券公司、基金公司、期货公司应该如何应用云计算的文件，相信将来也会出台相关标准规范。

（七）金融云计算发展面临的主要问题

虽然云计算理念在金融业逐步获得认可，但在推广过程中仍然遇到了很多实际问题，导致相关技术和理念普及难度大。

1. 监管规则尚未明确

目前，银行业和证券期货业的信息科技监管规范中尚未明确对云计算的管理要求和技术规范，公共云或行业云仅仅界定为科技外包的一种形式。部分监管文件或行业标准规范中仍旧要求使用传统 IT 技术，比如强制要求使用专用物理设备、要求网络物理隔离等，已经难以适应当前的技术架构和管理实践，不利于金融云产业的快速发展。

2．金融机构处于探索阶段

由于金融业在安全性、可靠性、稳定性上的要求较高，存在风险厌恶特性，因此在创新领域多采取谨慎、观望的态度，导致金融业（尤其是银行业）仍然处于探索阶段，大都希望行业内出现成功案例后再进行相关的实践，使得公共云平台短期内在金融业难以大面积铺开。

3．对“自主可控”的过分追求

由于对国家提出的“自主可控”战略的过度解读，很多金融机构希望自己全部掌握云计算底层技术，全部采用开源技术或者获取平台全部源代码。但是由于开发和维护能力有限，确实难以维护一个真正能够支撑核心业务的云计算平台，也导致了大量宝贵 IT 资源全都投入到纯技术开发，而不是专注金融业务应用上，帮助业务实现发展，也影响了云计算的推广。

4．未充分发挥云计算的价值

云计算最核心的两个特点：一是集中式计算转变为分布式计算带来计算能力的大幅提升；二是 IT 管理模式服务化带来 IT 资源可以随时按需获取，全面实现敏捷化，IT 管理效率大幅提升。这两种提升会帮助金融业 IT 架构的全面转型，并且能够发挥极大的价值为业务提供服务。但是仍然有部分金融机构只是采用了虚拟化技术，同时采用一些自动化手段提升 IT 运维效率。这样虽然少量提升了 IT 资源使用率，但没有真正发挥云计算的价值，没有有效地助力企业的全面转型。

（八）我国金融公有云服务概况

为了满足金融行业严格监管以及审慎经营的要求，一些云服务商建设了专门为金融业提供服务的公共金融云。目前，公共金融云是金融业使用云计算服务的主要模式。截至目前，国内专门提供公共金融云服务的有阿里金融云、腾讯金融云、百度金融云、宜信金融云等。

1. 阿里金融云

阿里云（www.aliyun.com）创立于 2009 年，是我国最大、全球领先的云计算服务平台，为全球 200 多个国家和地区的创新创业企业、政府机构等提供服务。截至 2016 年第一季度，阿里巴巴集团财报显示，阿里云客户达到 230 万个，其中付费云计算客户为 50 万个。阿里云致力于提供安全、可靠的计算和数据处理能力，让计算成为普惠科技和公共服务，为万物互联的 DT（Data Technology）世界，提供源源不断的新能源。目前，阿里云拥有云操作系统飞天、云服务器 ECS、云数据库 RDS、开放存储服务 OSS、负载均衡 SLB、开放数据处理服务 ODPS 等共上百款云技术专利或产品。阿里云在全球各地部署高效、节能的绿色数据中心，利用清洁计算支持不同的互联网应用。目前，阿里云在中国（华北、华东、华南、香港）、新加坡、美西、美东、日本等地域设有数据中心，未来还将在欧洲、中东、俄罗斯等地设立新的数据中心。

阿里云按照国际信息技术标准和最佳实践要求，持续改进、不断完善信息安全管理和技术体系，目前已符合以下标准和最佳实践：

- ISO/IEC 27001:2013　信息安全管理体系认证
- ISO/IEC 20000:2011　信息技术服务管理体系认证
- ISO/IEC 22301:2012　业务连续性管理体系认证
- CSA STAR 云安全国际认证金牌
- 信息安全等级保护测评第三级
- 数据中心联盟组织的可信云测评和认证
- CNAS 云计算国家标准测评
- PCI DSS 支付卡行业数据安全标准认证
- Service Organization Control（SOC）审计
- 国家互联网信息办公室云计算安全审查（增强级）

阿里金融云是阿里云于 2013 年起专为金融行业量身定制的云计算服务，具备低成本、高弹性、高可用、安全合规的特性，帮助金融客户实现传统 IT

向云计算的转型，可为金融机构提供弹性计算、数据库（传统关系型数据库、分布式关系数据库）、分布式存储、大数据计算、分布式中间件、网络安全等服务。阿里金融云目前在上海、杭州、深圳和青岛四个地域共有九个高等级绿色数据中心，可为金融机构提供实现“两地三中心”架构的基础设施，可为金融机构提供金融行业云、专有云、混合云等多种部署模式。**除了继承阿里云的各项资质认证外，阿里金融云平台在2016年10月正式通过了信息安全等级保护第四级的测评。**

阿里金融云拥有强大的业务连续性保障能力。阿里金融云为适应金融行业对灾备的硬性管理规定，提供“两地双中心”和“两地三中心”的容灾方案，为一般业务提供“两地双中心”、核心业务提供“两地三中心”独立专属定制的物理集群，享有独立网络带宽资源，避免性能争抢，提供高性能、稳定的云服务。同时，阿里金融云与公共云集群实现网络隔离、单独管理，提供更高级别的安全稳定性能。按照金融云的服务等级协议（Service-Level Agreement，SLA），整个业务系统全年可用率能够达到99.96%，并有达到国家五级灾备标准的恢复点目标（Recovery Point Objective，RPO）和恢复时间目标（Recovery Time Objective，RTO）。需要注意的是，虽然阿里金融云提供的基础设施具备容灾能力，但还需要金融机构上层应用系统的配合，才能使容灾能力真正生效。阿里金融云在“同城双中心”部署模式下可以实现实时复制和秒级自动恢复，能够做到RPO=0、RTO<30秒；在“两地三中心”部署模式下，异地容灾通常采用异步数据复制模式，如果发生地域级灾难，通常情况下RPO<5分钟、RTO<3小时，业务服务恢复在人工确认就绪的前提下需要手动切换成异地服务。

2016年10月，阿里云与蚂蚁金服集团共同发布了“蚂云计划”，整合阿里金融云和蚂蚁金服在云计算方面的能力和技术产品，并统一以“阿里金融云”的名义对广大金融机构提供云计算、大数据、中间件、网络安全等多项技术产品和服务。

阿里金融云拥有广大的客户基础。目前阿里金融云拥有2 000多家客户，其中银行、证券、保险客户超过200家，包含70多家证券客户、60多家保险客户；P2P、小贷、众筹、资产管理公司等微金融客户超过2 000家。阿里金融云拥有保险全系统上云的案例。典型用户包括：中信建投证券、国泰君安证券、申万宏源证券、海通证券、华泰证券、银河证券等证券业客户，网商银行、中国银行、渤海银行、广发银行、民生银行、光大银行、汇丰银行、乌鲁木齐银行等银行业客户，阳光保险、永安保险、国华人寿、珠江人寿、正德人寿等保险业客户，另有峰值日交易量超过1亿笔且全系统上云的金融机构天弘基金、众安保险。

2. 腾讯金融云

腾讯公司成立以来，第一个产品 QQ 其实就是一朵云。从个人电脑（Personal Computer，PC）时代第一版的QQ到现在，腾讯云从解决如何稳定服务、让用户的QQ不掉线；到解决如何满足用户越来越丰富的需求——更多的社交、更好玩的娱乐、更丰富的在线生活；再到如何开放、如何实现一个中国最大互联网生态平台的价值。2013年9月，腾讯云全面开放，所有用户都有机会使用腾讯的云服务，借助云计算加速成功之路。多年来，腾讯云基于QQ、QQ空间、微信、腾讯游戏等真正海量业务的技术锤炼，从基础架构到精细化运营，从平台实力到生态能力建设，腾讯云将之整合并面向市场，使之能够为企业和创业者提供集云计算、云数据、云运营于一体的云端服务体验。

随着云计算的高速发展，腾讯云机房当前已遍布全国数十个节点，全面覆盖了华北、华东、华南、北美、东南亚等地区，腾讯云的全球云服务版图也在进一步扩张，美西、美东、欧洲、日本、南美洲、悉尼、俄罗斯、韩国、我国台湾等地区即将陆续开放，面向中国出海企业以及海外本土企业提供云服务。

腾讯云目前已为客户提供了近百种云服务产品，涵盖包括计算、网络、存储、安全、大数据、监控管理、域名服务、移动通信、视频服务等在内的丰富能力，并开放连接着亿万个用户的QQ、微信、开放平台等渠道。

腾讯金融云服务是面向金融行业客户开放的行业解决方案，结合金融行业的特点，为客户解决行业安全合规性的要求。目前，腾讯金融云已服务于包括银行、保险、证券、交易所、互联网金融、消费金融等领域在内的2 000多家金融行业企业。

随着云计算的发展，金融行业对云计算的应用已经从最初的外围业务部署转向了核心系统上云，以微众银行、富途证券、安心财险为例，它们分别是银行、证券、保险领域内全业务系统部署在“云”上的银行、保险、证券企业，还有像泰康人寿、广发证券、分期乐、泛华保险等行业标杆客户，均已成为腾讯金融云的应用典范。

对于严格受监管机构监管的金融企业，主管机构对于数据中心环境、系统、高可用与灾难备份、系统运维等都有着严格的规定。腾讯云金融机房严格遵循国标 GB 50174-A 类机房要求，数十项合规要求细节处均是行业领先水平。当前，腾讯金融云已通过了一系列国际、国内最高标准的认证，包括 ISO 27001（信息安全管理体系国际认证）、ISO 22301（企业服务连续性能力标准）、ISO/IEC 20000-1（IT 服务管理标准）、ISO 9001（IT 服务质量管理标准）、可信云认证、等保三级评测（国家信息安全管理要求）、大数据产品能力等体现全方位实力的标准认证。

针对不同的金融企业，腾讯金融云为客户提供三种服务模式，包括公共云、金融专区及金融专有云，以满足客户对合规性、隔离性的不同要求。腾讯数据中心作为承载腾讯所有海量业务的运营基石，在其专业领域起步较早，有丰富的实践与运营经验。目前，腾讯金融云在上海、深圳两地建有多个金融专区，专区均完全按照银行数据中心的建设标准，机房大楼作为独立建筑位于独立园区内，专区网络和公共云内网隔离，保障金融客户的网络独立性，多个金融专区之间可内网互通，支持跨中心和跨地域的数据同步以及容灾能力。2017 年，腾讯云还将陆续开放北京、天津等更多地区的金融专区。另外，腾讯金融云还为单客户提供专有云服务，满足自建/合建金融机房的要求，提供专有物理隔离、独立网络核心的合规 IDC，支持统一管控，共享腾讯网络基础设施及安全防护能力。

安全合规的金融机房配套腾讯十多年互联网运营积累的高并发处理、海量数据存储、大数据挖掘及分析、高安全可靠的基础能力，保障金融客户能够享有腾讯金融云高安全性、高可靠性、高扩展性的特点，灵活适配业务增长。此外，腾讯金融云还和包括中科软、金证、金微蓝、迪蒙、威富通、广电汇通在内的数百家金融软件服务商携手合作，为金融客户提供更丰富、更契合金融业务场景的软件服务，使金融企业能够专注于核心业务，搭建互联的行业新生态，实现生态互联，改变传统生活方式，促进金融行业跨界转型升级。

3．百度金融云

2016年9月，百度金融宣布百度“金融云”将向业界开放，并向金融机构输出人工智能、安全防护、智能获取客户（以下简称获客）、大数据风险控制（以下简称风控）、IT系统和支付技术的金融解决方案。

近年来，围绕人工智能、大数据等核心技术，百度金融与金融行业的合作探索一直在进行中。以百度大数据风控实验室为例，目前已与浦发银行、买单侠等多领域合作伙伴达成合作，在电子产品消费分期、车分期、房分期以及现金贷、黑名单及反欺诈规则等方面，通过百度数据及技术定制模型，帮助合作伙伴进行信用评分、辅助决策。

4．宜信金融云

宜信金融云是宜信依托云计算和知识图谱建立的一个金融服务云平台，拥有分布式计算框架、分布式存储和虚拟化环境。宜信通过数据采集、数据挖掘、机器学习、规则导入，把金融的一些基本逻辑抽象出来统一部署在云平台中，向外提供开放的、可随时接入的反欺诈、风控、实时授信与获客等功能。

在宜信内部，金融云系统用于整合宜信的各个业务端能力，为各个团队提供大数据支持，减少重复工作。对宜信的客户来说，金融云可实现快捷的实时授信。例如，客户在申请商通贷时，只要绑定其在eBay或者其他平台的电商账号，30秒钟之内金融云就能计算出授信额度。

宜信金融云的架构包括云计算、数据建模、知识图谱和服务接口四个层次。其中云计算为整个系统的基础设施，利用服务器集群和虚拟化环境支持海量存储和分布式计算，保障整个系统的柔性和伸缩性，提供强大的存储云计算能力。数据建模包括数据可视化、机器学习和规则引擎三大子系统。数据可视化子系统依托海量数据采集和数据挖掘，揭示数据之间的关联，通过可视化工具帮助业务人员洞察数据内涵、制定和调整相关规则。同时，机器学习引擎自动对数据进行分类和建模，自动提供相应的决策规则或决策模型。在数据建模之上，利用知识图谱技术，结合金融逻辑可实现模块化的金融服务，涵盖客户业务的整个生命周期，包括客户精准画像、反欺诈、实时授信、个性化产品定制、贷后管理和精准营销等功能。服务接口则用于金融云系统向外提供功能，接入机构可在自己的产品里嵌入一个宜信金融云模块并授予相应的权限，在需要使用时访问相应客户的数据，该模块将自动调用服务接口，提供所需要的客户业务生命周期管理服务。与此同时，通过服务接口，合作机构的数据还可以与宜信金融云平台的数据实现互联共通。

三、金融业云计算服务的典型应用案例

（一）银行业典型应用

1. 业务背景

银行业作为信息化程度非常高的行业，也是对 IT 系统依赖度非常高的行业，对 IT 系统的高可用性要求也非常高。近几年来，互联网金融的快速发展促使银行加快科技转型步伐，构建“云上银行”，降低运营成本，提供计算弹性。云上银行不依赖物理网点，突破网点辐射范围限制，让偏远地区的用户也可以获得金融服务，实现普惠金融，同时可大幅降低网点和人工成本。

2. 应用部署架构

云上银行核心系统由客户、产品和账务三个平台构成“瘦”核心。在平台规划上，客户和产品平台均应具有融合打通全集团范围内客户和产品的能力，同时能通过映射、集成等技术手段实现和外部金融行业客户的匹配。

云上银行的系统架构基于分布式服务化进行应用解耦，使用柔性事务确保数据一致性，实现大平台微应用。通过开放平台接入各种场景，实时数据总线支持秒级风控、智能营销。

云上银行的平台通常覆盖了金融业务系统研发、运行与管理所需要的整套技术服务，包括金融级的云计算基础设施即服务（IaaS）、平台即服务

（PaaS）、数据即服务（DaaS）、移动互联即服务（MPaaS）等。通过这些 IT 服务大大降低了分布式环境下金融系统的研发与管理的难度，同时将金融级系统标准的安全性、一致性、连续性、可靠性等特性，以及移动互联网时代所需要的高度并发、随时在线、实时互动能力，集成为技术平台的基础能力。

架构图通常如图 2.1 所示。

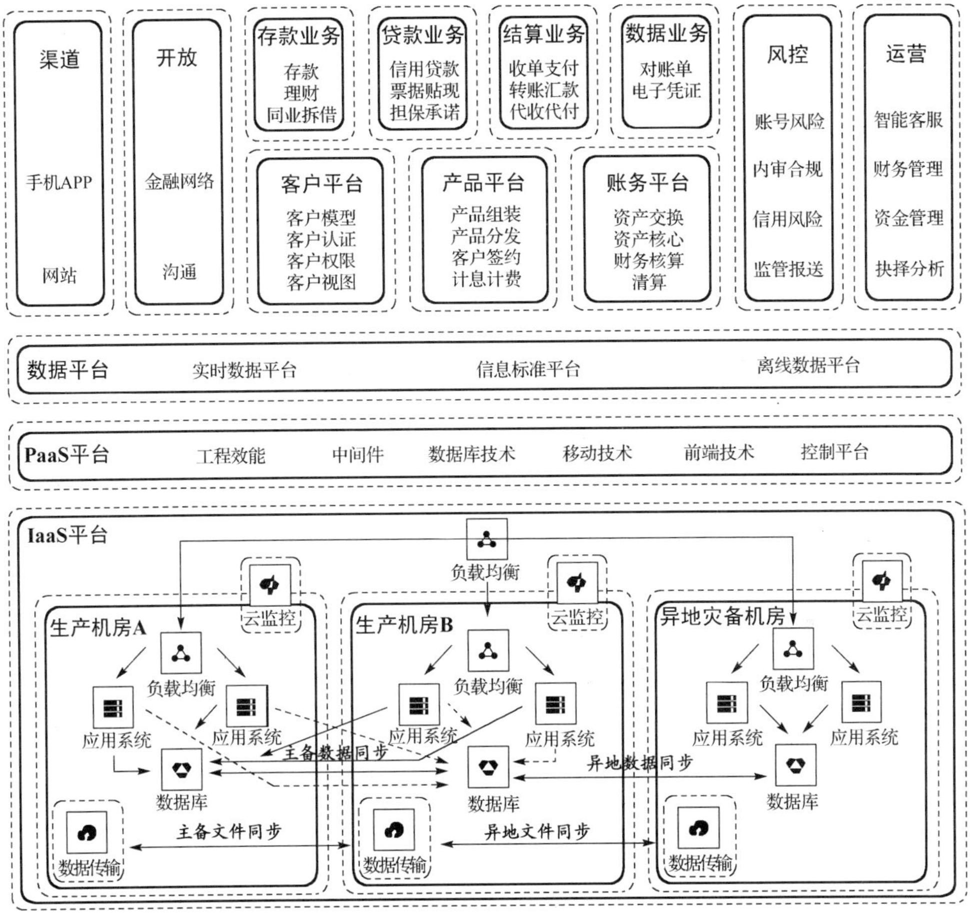

图 2.1　云上银行应用部署架构

3. 客户案例：浙江网商银行股份有限公司

浙江网商银行股份有限公司（以下简称网商银行）于 2015 年 6 月正式开业，是中国首批完全跑在“云”上的银行。网商银行系统由蚂蚁金服专家团队自主研发，将最先进的核心银行系统思想与互联网金融理念相结合，采用全分布式的金融架构，完全基于自主研发的金融云计算平台、移动互联平台、金融大数据平台和金融级分布式关系数据库（OceanBase）数据库开发。在不到半年的时间内，通过金融云技术成功地自主研发了网商银行系统，充分证明金融云具备高度的业务扩展性，足以支撑银行核心级别的复杂金融级业务。这些 IT 服务大大降低了分布式环境下金融系统的研发与管理的难度，同时将金融级系统标准的安全性、一致性、连续性、可靠性等特性，以及移动互联网时代所需要的高度并发、随时在线、实时互动能力，集成为技术平台的基础能力。

（二）证券业典型应用

1. 业务背景

证券业务具有时效性强、行情分发面临数据传输速度和稳定性的瓶颈，用户分布广，而国内网络情况复杂，网络接入质量难以保证。目前证券业云上系统以网上证券服务商为主，其中绝大多数券商都部署了行情系统，其次是交易和网站。行情/资讯是证券公司最基础的服务，也是访问压力最大的服务，并且随着行情的起伏，波动非常大。部署在云端的计算资源可以根据使用量进行弹性扩容，适合证券行业业务波动的特性，可以提供更为灵活的基础设施和更高的回报。

2. 应用部署架构

证券公司将行情业务部署在金融云合规机房里，由于证券行情业务时效性强，可以按需使用，按量付费，避免了自己建设需要投入巨额资金用于建设和维护数据中心，大大降低了成本，也避免了在闲时资源的闲置浪费。

架构图通常如图 2.2 所示。

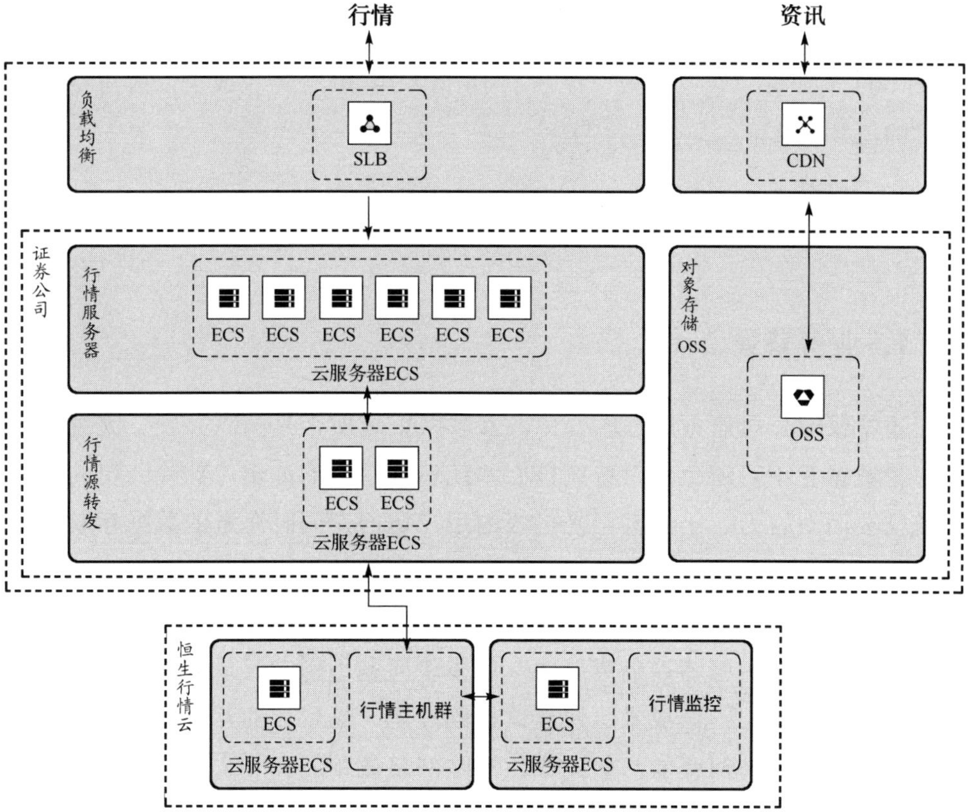

图 2.2　证券公司应用部署架构

3．成功案例：天弘基金

天弘基金与支付宝在 2013 年 6 月合作推出了“余额宝”理财支付产品。“余额宝”上线以后，短短几个月内，余额宝资金规模便突破千亿元，用户数突破 3 000 万户，成为中国基金史上第一个规模突破千亿元的基金。

“余额宝”是互联网金融的一个典型案例，是天弘基金管理有限公司与支付宝网络技术有限公司在基金支付领域的一个创新。同时也是第一个使用云计算支撑基金直销和清算系统的成功案例。“余额宝”为超过 3 000 万个的互联网用户提供了货币基金理财服务，基于云计算的基金清算系统每天可以处理超过 3 亿笔的交易数据。“余额宝”在业务模式和技术架构上的创新，对金融行业产生了巨大影响，成为互联网金融的标杆案例。

天弘基金借助互联网中间件技术实现水平扩展，很好地支撑了余额宝业务的指数性增长，化解了原先使用传统架构遇到性能瓶颈的问题，每秒可以处理 11 000 笔业务，较以往效率提升了 16 倍，用 30 分钟完成了以前需要 8 个小时的清算工作。

（三）保险业典型应用

1. 业务背景

随着保险公司业务形态的变化，互联网渠道所带来的高并发、大规模以及海量数据正不可避免地对传统核心系统造成巨大的冲击。保险公司的支撑系统需要面对百万、千万甚至是亿级的用户访问，同时海量的数据存取和访问也越来越成为一座难以逾越的大山。新一代的基于云计算的保险核心系统要求能够支持：互联网高并发的用户访问时，大规模弹性系统的扩展；海量的业务数据处理；强错误隔离能力，单模块问题不影响其他功能运行；快速报价、核保、承保；低成本、快速试推碎片化、场景化的互联网保险产品；来自全国各地的访问都能高效完成，消除网络瓶颈。

2. 应用部署架构

一般保险上云的业务系统包括渠道接入平台、保单处理系统、电子保单系统、财务系统、B2C 系统、官方网站系统、OA 系统、IT 监控管理系统、IT 运维服务系统等各种系统，并且还在不断地进行扩展。核心系统通过“两地三中心”的部署实现高可用性和容灾的管理，并通过生产环境、预生产/性能测试环境、用户验收测试环境、开发和集成测试环境的部署实现全生命周期的开发和运行管理。

（1）服务横向扩展

首先根据功能模块，分模块部署，将主要功能模块单独部署：保单管理、理赔管理、收付费管理、客户管理、查询模块等；其次根据业务场景，将部分实时服务调用变成异步调用，例如，改造后：写财务数据用异步 Message Broker，查询采用远程 RPC 调用。

（2）风控能力提升

将大数据作为控制风险的手段，提高安心保险的风险识别、风险管控、反保险欺诈的能力。传统保险行业的风险查勘都是人工来做，效率很低，在云上，保险公司可以根据客户上传的数据和系统中用户的信息辅助核保，大大提高了风控能力和加快了用户响应速度。

架构图通常如图 2.3 所示。

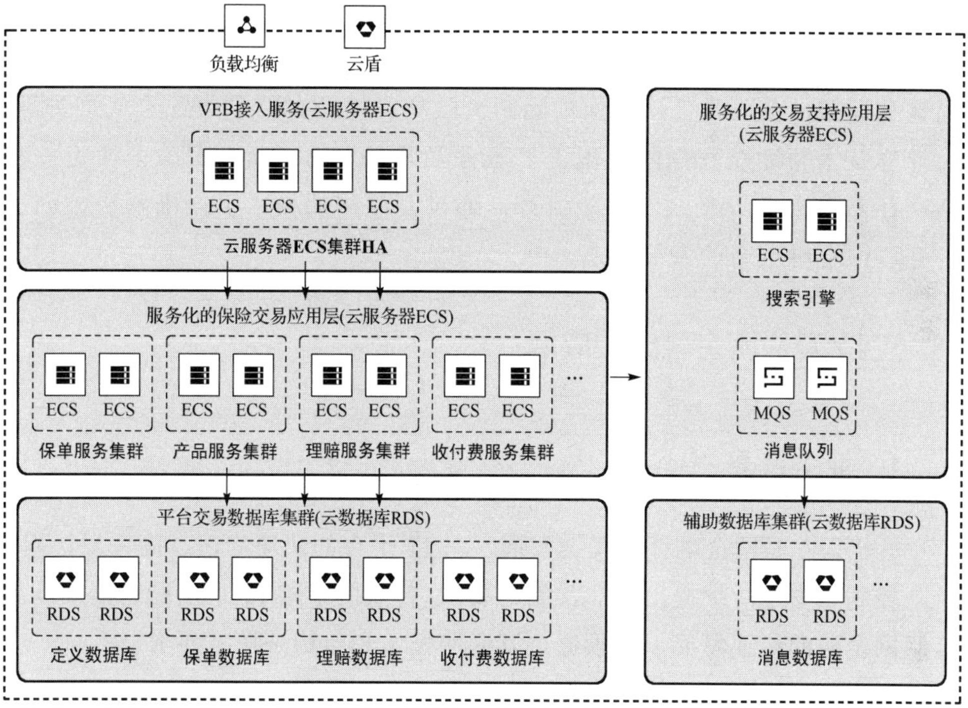

图 2.3 基于云计算的保险架构

3. 成功案例：众安在线财产保险股份有限公司

众安在线财产保险股份有限公司（以下简称众安保险）是首批互联网保险公司，也是首家将全部系统搬上云的金融企业。众安保险通过使用云计算技术，仅花了 5 个月的时间就实现了“两地三中心”的容灾部署，通过了保监会对于 IT 系统的开业检查和合规管理验收，支撑了 3.78 亿个用户、每天 2 亿笔的交易量。

众安保险上云的业务系统包括：渠道接入平台、保单处理系统、电子保单系统、财务系统、B2C 系统、官方网站系统、OA 系统、IT 监控管理系统、IT 运维服务系统等各种系统，并且还在不断地进行扩展。核心系统通过“两地三中心”的部署实现高可用性和容灾的管理，并通过生产环境、预生产/性能测试环境、用户验收测试环境、开发和集成测试环境的部署实现全生命周期的开发和运行管理。

通过全部核心系统上云，众安从多个方面取得了显著成效。

一是能够得以用低成本、高灵活性的计算能力支持互联网业务的拓展，众安突破了国内现有保险营销模式，不设分支机构，完全通过互联网进行销售和理赔，主攻责任险、保证险两大险种。二是实现了业务的全面创新，云计算技术帮助众安保险实现了“服务互联网”的创新型保险公司定位，其产品需求来自于互联网保险流程，通过互联网的技术手段来解决，创造了互联网金融全新的发展形态。

（四）互联网金融典型应用

1. 业务背景

近年来互联网金融行业飞速发展，对 IT 平台的快速构建、高并发访问、风险控制和安全防护提出了非常高的要求。传统的金融 IT 系统已经很难满足互联网金融的快速发展，必须通过互联网技术和架构来满足要求。

2. 部署架构描述

对于互联网金融系统的技术架构中，需要能支持高并发的用户访问，需要采用去中心化的企业级分布式应用服务（Enterprise Distributed Application Service，EDAS）集群架构，结合分布式关系型数据库服务（Distribute Relational Database Service，DRDS）及分库分表策略，以彻底解决架构中的单点和热点问题，实现全链路监控并根据用户流量动态扩容和高峰限流。同时实现以下方面：

（1）根据系统特点，采用同城容灾架构；

（2）前端接入高防集群，提供海量的抗攻击能力；

（3）通过 EDAS 和 DRDS 实现应用和数据库层的弹性扩展，随时应对更大、更具偶发性的业务压力；

（4）关系型数据库服务（Relational Database Service，RDS）、消息通知服务和键值存储服务等更多服务化的云产品，让业务构建更简单、更快速、更稳定。

架构图通常如图 2.4 所示。

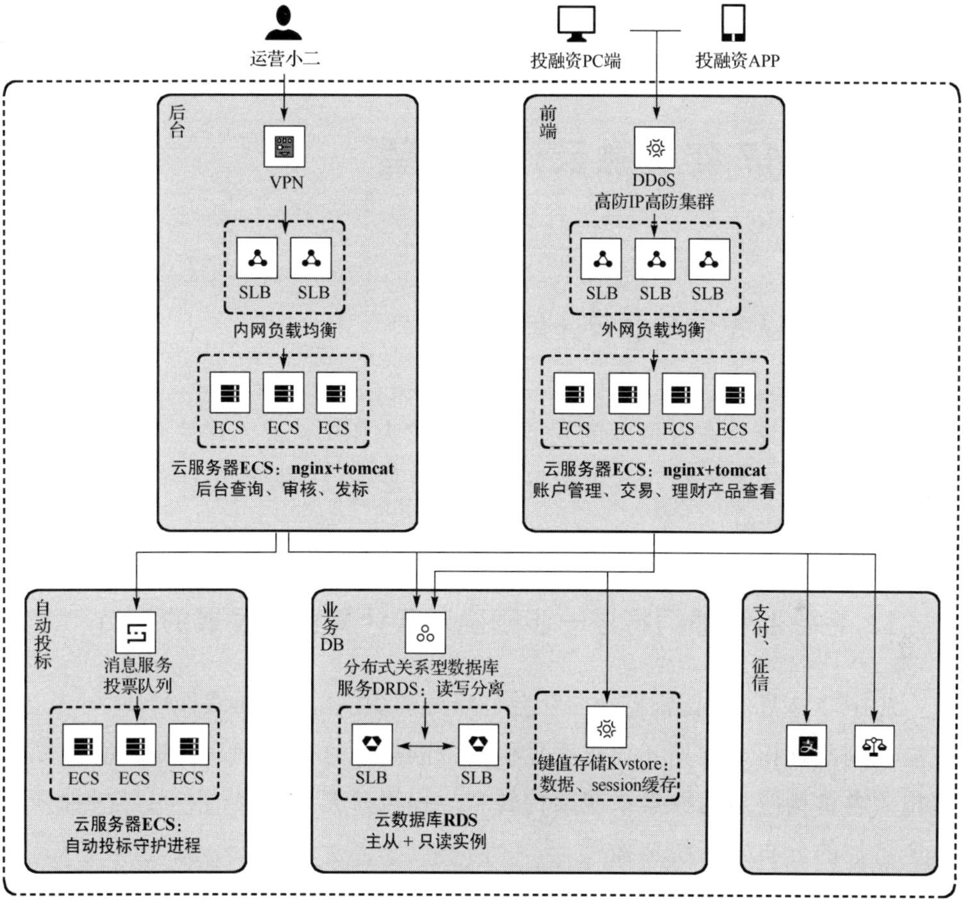

图 2.4 互联网金融架构

3. 成功案例：红岭创投电子商务股份有限公司

红岭创投电子商务股份有限公司（以下简称红岭创投）是 P2P 行业领跑者。一直以来，红岭创投网站总交易量及月均交易量都远远高于同行其他网站。随着红岭创投步入了快速发展的轨道，为满足日益增长的需求，平台需要新的系统架构以保证网站安全高效地运行。为此，红岭创投联手云服务商，运用全新的云计算技术和去中心化的互联网分布式集群架构，对现有系统进行全面深度的改造，彻底解决了原有架构中的单点和热点问题，实现全链路监控并根据用户流量动态扩容和高峰限流。在 2015 年“双 11”期间，红岭创投平台在短短 35 分钟就突破 1 亿元的成交量，全天最终交易额达到 29.34 亿元，全天成功投标 96 099 次，成交 49 410 笔借款，平均每 1.7 秒就有一个满标。

四、2017 年金融云计算展望

（一）2017 年金融业云计算发展趋势

2017 年云计算在金融业的发展将发生重大变化，云计算从原来的一种可能性变成了必然的趋势，各机构将不再讨论是否应该使用云计算，而是应该如何用好云计算技术。

1. 金融监管部门将进一步明确对云计算创新发展的支持

2016 年 7 月，中国银监会向社会公开发布《中国银行业信息科技“十三五”发展规划监管指导意见（征求意见稿）》。同年 9 月，中国人民银行有关领导提出“各机构应主动探索系统架构转型，积极研究建立灵活、可延展性强、安全可控的分布式系统架构”。

证监会也正在积极研究制定关于云计算技术应用的安全规范。预计 2017 年，有关金融云计算的政策法规将陆续出台，有利于金融业云计算健康快速发展。

2. 金融机构将进一步扩大云计算技术的应用范围

随着监管部门态度的逐渐清晰，金融机构将更加放心地使用云计算来构建新型 IT 系统，主动探索利用云计算技术实现架构转型，逐渐从辅助系统、外围系统扩大到关键系统甚至核心系统。

3. 公共云服务商将继续加大投入

随着金融业云计算市场的逐渐升温，云服务商在 2017 年必将加大在金融业的投入，IaaS 服务竞争将逐渐白热化，PaaS 服务的竞争将逐步开始，部分企业还将开始提供 SaaS 服务。

4. 云计算领域新技术将继续演化

由于研发运维一体化（DevOps）逐渐深入人心，2017 年容器技术将成为最大的热门并快速普及，它能带来快速部署和持续交付的能力。虽然容器技术在隔离性和成熟度方面仍不完善，但已经成为云计算技术领域未来的发展趋势之一。微服务和分布式技术架构将逐渐成为未来应用架构发展的趋势。同时，亚马逊推出的无状态事件驱动计算服务让大家看到无状态计算的潜力，以及对未来云计算发展方向的影响。

（二）金融业云发展的对策建议

1. 鼓励金融行业云发展

鼓励云计算企业按照金融业要求建设金融行业云，鼓励金融机构与云计算企业共建符合要求的行业云，鼓励充分的市场竞争，充分发挥骨干云计算企业对金融科技发展的促进和支撑作用。

2. 实施分级管理

金融业多年来遵循国家信息安全等级保护制度，对信息系统进行定级和安全保护，在保障金融业信息安全方面起到重要作用。信息系统使用云计算技术后，其系统重要性和数据重要性并未发生改变，因此信息系统的定级不应变化，以保持管理体系的连贯性。

云计算平台作为多套系统共用的基础设施，应该根据所服务系统的重要性和影响面的总和单独定级，安全等级应等于或高于所服务系统的最高安全等级。云服务商应该以云计算平台的安全等级和安全控制要求作为建设和运营依据，为用户提供合适的服务能力、安全能力和风险控制能力。不管是专有云、行业云、公共云，还是混合云，都应该满足相应等级的安全控制要求。

3. 鼓励分级应用推广

鼓励信息安全等级为一级的信息系统优先使用金融行业云平台；允许信息安全等级为二级的信息系统尝试使用金融行业云平台，优先选择通过国家互联网信息办公室安全审查的云服务商的云平台；支持信息安全等级为三级的信息系统在确保安全合规、风险可控的前提下探索使用金融行业云，优先选择具有更高安全等级的金融行业云平台。逐步摸索云计算服务使用经验，锤炼云服务商在金融业的服务能力，培育金融业骨干云计算服务企业。

4. 建议统筹建立一套综合的云计算服务监管体系

目前，国家互联网信息办公室建立了一套云计算安全审查体系，公安部正在完善适应云计算技术的信息安全等级保护体系，工信部正在建立云计算服务测评体系。对于金融业而言，人民银行、银监会、证监会、保监会也可能分别出台关于云计算的指导意见或标准规范。这给云服务商造成了很高的合规成本。

建议参考美国美国联邦风险和授权管理程序（Federal Risk and Authorization Management Program，FedRAMP）的管理机制，统筹考虑银行、证券、保险行业对云计算平台的要求，尽量避免出现由于金融分业监管而迫使金融云平台也需要分业建设的局面（如一个金融云平台为了满足金融合规要求而不得不拆分为银行云、证券云、基金云、保险云等形态），充分发挥云计算平台的规模优势。加快制定或明确金融行业适用的云计算标准，统筹建立一套综合的云计算服务监管体系，减轻云服务商的合规成本，降低金融机构选择云服务商的成本和风险，确保在风险可控的前提下推动云计算市场健康、有序发展。

参考文献

[1] 中国保监会. 中国保监会关于专业网络保险公司开业验收有关问题的通知（保监发〔2013〕66 号）[EB/OL]. http://www.circ.gov.cn/web/site0/tab5225/info3841965.htm.

[2] 国务院. 国务院关于加快发展现代保险服务业的若干意见（国发〔2014〕29 号）[EB/OL]. http://www.gov.cn/ zhengce/content/2014-08/13/content_8977.htm.

[3] 中网办. 关于加强党政部门云计算服务网络安全管理的意见（中网办发文〔2014〕14 号）[EB/OL]. http://www.cac. gov.cn/2015-07/14/c_1115916403.htm.

[4] 中华人民共和国国家标准. GB/T 31167-2014 信息安全技术云计算服务安全指南[S/OL]. http://www.gb688.cn/bzgk/gb/newGbInfo?hcno=09688362A71B05A46B4E3E73DCBACAAD.

[5] 国务院. 国务院关于促进云计算创新发展培育信息产业新业态的意见（国发〔2015〕5 号）[EB/OL]. http://www.gov.cn/ zhengce/content/2015-01/30/content_9440.htm.

[6] 国务院. 国务院关于积极推进“互联网+”行动的指导意见（国发〔2015〕40 号）[EB/OL]. http://www.gov.cn/ zhengce/content/2015-07/04/content_10002.htm.

[7] 银监会. 中国银监会关于《中国银行业信息科技“十三五”发展规划监管指导意见（征求意见稿）》公开征求意见的通知[EB/OL]. http://www.cbrc.gov.cn/chinese/home/docView/1940BD4B2D7740 CC90F4FE4C6B3CD316.html.

[8] 国家互联网信息办公室: 通过审查的云计算服务[EB/OL]. http://www.cac.gov.cn/2016-09/19/c_1119587504.htm.

第三章

金融大数据

一、大数据及其产业概述

“大数据”这一概念的提出可以追溯到2008年。当年9月，《自然》(*Nature*)杂志出版了《大数据》(Big Data)专刊。2011年2月，《科学》(*Science*)期刊联合其姊妹刊推出了一期关于数据处理的专刊——“Dealing with data”，从互联网技术、互联网经济学、超级计算、环境科学、生物医药等多个方面介绍了海量数据所带来的技术挑战。与此同时，麦肯锡、IBM等知名跨国商业机构纷纷提出“大数据”概念和行业展望。

在国内外相关领域的共同推动下，“大数据”已从概念演化为集科学原理、信息技术、数据理念为一体的集合体。中国信息通信研究院发布的《大数据白皮书（2016)》从资源、技术、理念三个方面，对大数据进行了“再认识”。

1. 从资源视角来看，大数据是新资源，体现了一种全新的资源观

自2000年以来，以Hadoop为代表的分布式存储和计算技术迅猛发展，极大地提升了互联网数据管理能力，引发全社会开始重新审视“数据”的价值，开始把数据当作一种独特的战略资源来对待。未来5年，全球数据量将成指数级增长，根据国际数据公司（International Data Corporation，IDC）统计，2014年全球数据总量为8 ZB，预计2020年达到44 ZB。同期，我国数

据总量为 909 EB，占全球数据总量的 13%。其中，媒体、互联网数据量占比为 1/3，政府部门、电信企业数据量占比为 1/3，其他的金融、教育、制造、服务业等数据量占比为 1/3。2020 年，我国数据量将达到 8 060 EB，占全球数据总量的 18%。

2. 从技术视角看，大数据代表了新一代数据管理与分析技术

传统的数据管理与分析技术以结构化数据为管理对象，在小数据集上进行分析，以集中式架构为主，成本高昂。与“贵族化”的数据分析技术相比，源于互联网的、面向多元异构数据、在超大规模数据集上进行分析、以分布式架构为主的新一代数据管理技术，与开源软件潮流叠加，在大幅提高处理效率的同时，成百倍地降低了数据应用成本。例如，Hadoop 技术可将数据存储和分析的成本由原来的 3 万 USD/TB，压降到 300～1 000 USD/TB，新一代计算平台 Spark 进一步将 Hadoop 的性能提升了 30 多倍，类似的开源技术，在极大提高了数据分析效能的同时，大大降低了数据分析的技术门槛，为企业提供了低成本的大数据技术方案。

数据管理技术图谱如图 3.1 所示。

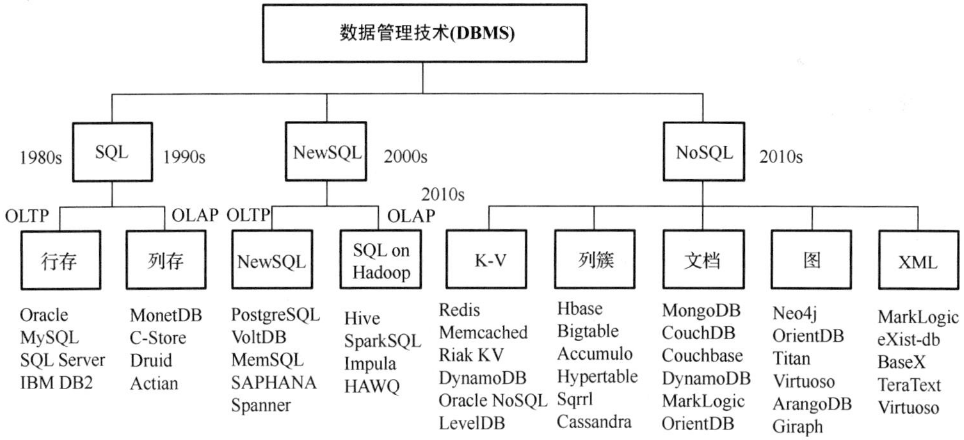

图 3.1　数据管理技术图谱

3. 从理念视角看，大数据打开了一种全新的思维角度

大数据的应用，赋予了“实事求是”新的内涵，其一是“数据驱动”，即

经营管理决策可以自下而上地由数据来驱动；其二是“数据闭环”，互联网行业往往能够构建包括数据采集、建模分析、效果评估到反馈修正各个环节在内的完整“数据闭环”，从而能够不断地自我升级、螺旋上升。

当前，国内外缺乏对大数据产业的公认界定。**从技术体系的角度来看，**市场普遍认同的大数据技术体系，包括以 Docker 为代表的容器微服务技术、以 Hadoop 为代表的大规模分布式存储计算技术、以 Spark 为代表的大规模数据分析建模技术、以 Kafka 为代表的数据总线技术、以 HBase 为代表的非结构化查询语言（No Structured Query Language，NoSQL）技术、以 Redis 为代表的内存数据库等。**从数据应用的角度来看，**大数据产业既包括在大数据采集、存储、管理、挖掘等环节提供数据资源供给、数据分析服务、数据应用产品的“核心大数据企业”，也包括诸多非信息技术领域中，运用大数据理念、技术来提升运作效率、提高决策水平的“大数据生态企业”。

根据 IDC、Wikibon 等咨询机构预测，2016 年，全球大数据核心产业规模约为 300 亿美元；中国信息通信研究院预计，2016 年我国大数据核心产业的市场规模将达到 168 亿元，2017—2018 年将维持 40%左右的高速增长；华沙经济研究院预计，欧盟 27 国因大数据生态的建立，至 2020 年将获得 1.9%的额外 GDP 增长；美国麦肯锡咨询公司预计，到 2020 年，美国大数据应用带来的增加值将占当年 GDP 的 2%～4%；中国信息通信研究院预计，到 2020 年大数据将带动中国 2.8%～4.2%的 GDP 增长。

未来，大数据技术将呈现出数据源更丰富、处理技术更强大、分析技术更精准等趋势。**数据源方面，**经过行业信息化建设，医疗、交通、金融等领域已经积累了大量的数据资源；而随着物联网的应用、移动互联网的普及，来自社交网络、可穿戴设备、车联网、物联网以及政府公开信息平台的数据，将成为大数据增量数据资源的主体。**数据处理技术方面，**谷歌文件系统（Google File System，GFS）、Hadoop 分布式文件系统（Hadoop Distributed File System，HDFS）技术的出现，奠定了大数据存储技术的基础；而日后出现的 MapReduce（映射规约模型）、Storm、Dremel、Spark、Pregel 等各类大数据技术，进一步提升了大数据处理能力，在开源社区的不断努力之下，性能更高的新技术将不断涌现、快速更新。**数据分析技术方面，**大数据为人工智能、深度神经网络的研究突破提供了技术和数据保障，未来，大数据技术不但能够大大降低企业部署联机分析处理（On-line Analytical Processing，OLAP）、数据挖掘等数据分析工作的成本，更可在大体量结构化/半结构化数据以及文字、图片、音频、视频等非结构化数据中获得更多的价值。大数据核心产业构成，如图 3.2 所示。

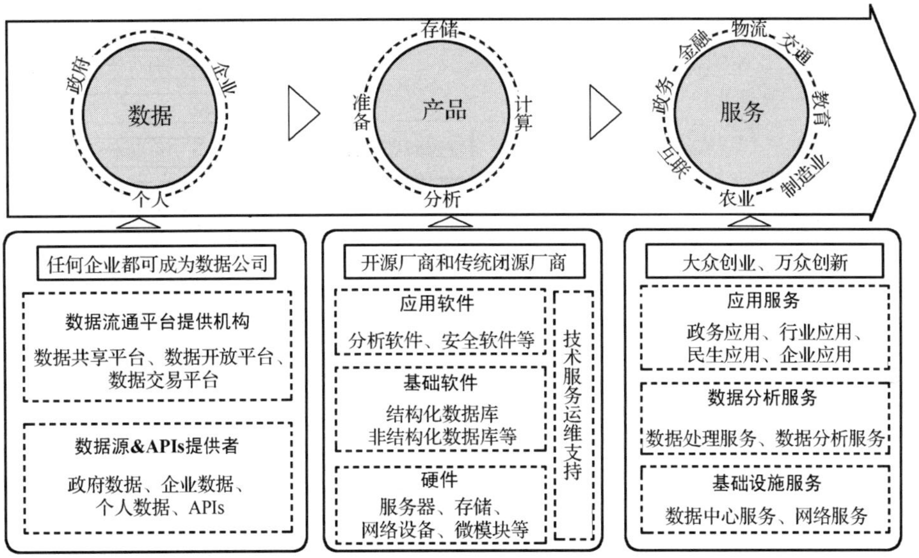

图 3.2　大数据核心产业构成

二、金融行业大数据现状

随着大数据技术的快速发展，大数据在金融业的应用场景正在逐步拓展，在风险控制、运营管理、销售支持和商业模式创新等细分领域都得到了广泛的应用。

（一）金融行业数据源概览

金融行业内部积累的大数据资源、行业外部获取的大数据资源均可为金融行业所用。按照具体的业务场景，可将金融行业内的大数据源划分为银行业数据、证券期货业数据、保险业数据和互联网金融平台数据等方面。金融大数据框架说明如图 3.3 所示。

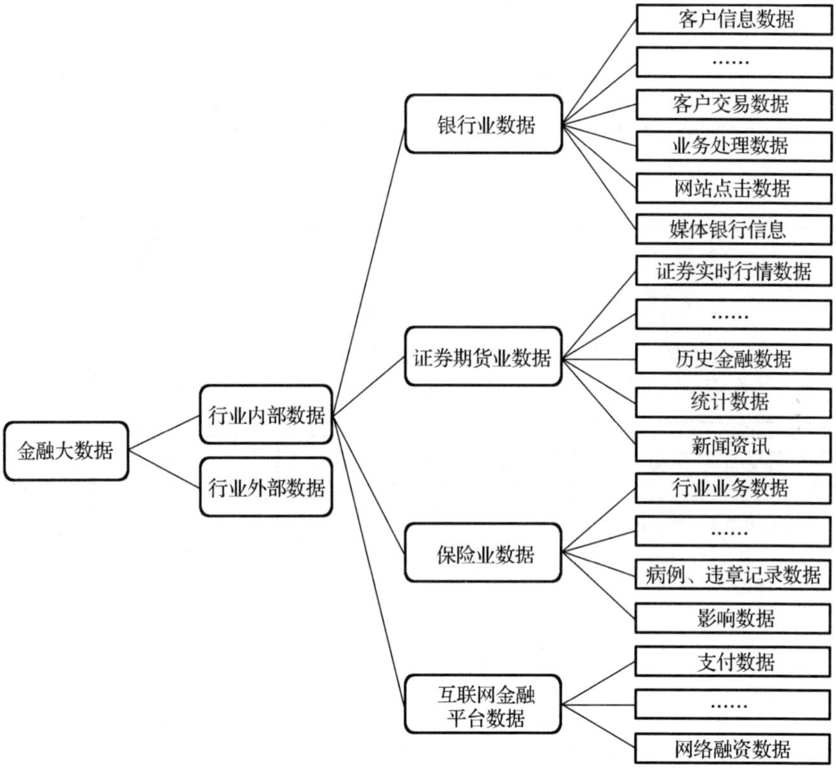

图 3.3 金融大数据框架说明图

1. 银行业数据

银行业数据主要包括以下五个方面，即客户信息数据、由客户交易获取的结构化数据，银行业务处理过程中采集的用于集中作业、集中授权、集中监控的影像、视频等非结构化数据，银行网站点击中隐含的大量客户需求或产品改进信息，各类媒体、社交网络中涉及的银行信息等。

2. 证券期货业数据

证券期货业的经营对数据的实时性、准确性和安全性的要求较高。证券期货数据包括实时行情、历史金融数据、统计数据、新闻资讯等，数据涵盖股票、期货、基金、债券、股指期货、商品期货等与宏观经济、行业经济息息相关的多个方面。证券期货数据的数据量大、变化快，期货数据每秒更新两次，每日产生上万笔数据。宏观经济数据包括国内宏观经济数据、地区经济数据、行业经济数据、国外宏观经济数据四大类，涉及超过 13 万个经济指标、670 万条经济数据。新闻资讯不仅包括新闻信息和机构研究报告，还包括论坛、微博上发布的网络舆情信息，这些数据需要采用网络爬虫、语音分析等非结构化数据处理方法进行数据挖掘。

3. 保险业数据

保险业数据包括保单、理赔单、电话营销录音、保险业相关行业业务数据、与具体险种相关的行业外数据（气象、经济指标、区域统计指标等）、医疗保险记录和病历、汽车险及投保者的驾驶违章记录数据等。保险业的非结构化数据多为影像数据。这些数据为保险公司的各类决策提供支持，支撑保险营销、定价等业务的开展。

4. 互联网金融平台数据

互联网金融平台数据包括支付数据、网络融资数据等方面。支付数据即用户的转账汇款、机票订购、火车票代购、保险续费、生活缴费等支付服务数据，网络融资服务数据主要是贷款方的财务报表、运营状况、个人财产等资信相关数据、投资方的个人基本信息和行为信息及偏好信息。互联网金融公司除了在自身服务平台上搜集数据外，还可以在互联网上获取如用户的网页浏览数据、其他平台交易数据、网络言论等数据资源，对客户的行为进行交叉验证。

（二）国内金融行业大数据应用现状

由于行业本身的特点，金融行业在“大数据”概念提出之前，一直是数据治理、数据分析领域的积极实践者，并在数据仓库、数据分析平台、数据挖掘等领域进行了卓有成效的实践。近年来，金融行业积极吸纳、学习“大数据”理念和相关技术，结合自身业务将既有的数据分析工作推向了新的高度。目前，大数据治理和分析能力已成为各类金融机构的核心竞争力和发展的重要推动力。

以下是当前国内金融行业大数据的一些典型应用场景。

1. 银行业的大数据应用

国内商业银行对数据的集中、规整、分析、挖掘可以追溯到2000年前后，近年来，银行IT系统建设积极采用大数据所带来的开放、聚合、互联、智能的理念和相关技术体系，取得了一系列应用成果。

（1）大数据平台建设

实现目标：基于既有的数据仓库或内部数据分析挖掘平台，及时跟进、评估开源社区和大数据行业的技术发展进展，搭建融合数据仓库和开源技术的大数据处理平台，使得商业银行有能力基于行业内外的数据源开展各类大数据应用。

具体内容：在现有统一的数据库架构下，逐步审慎评估、纳入Hadoop、YARN、Spark、Tez、HBase、Kafka、OceanBase、NoSQL、内存计算、流计算和图计算等技术，使用个人电脑架构服务器搭建更具经济性的计算集群，以期在数据吞吐量、处理速度、数据源多样性、IT运维成本等方面获得较高提升，有效支持商业银行在线上、线下各类业务的效率提升和融合。

（2）大数据产品创新

实现目标：基于商业银行多年积累的海量内部数据，纳入合规合法的外部数据，开发出门槛更低、更加便捷高效的创新产品，提升产品的竞争力。

具体内容：在多年积累的产品体系基础上，进一步提高内部数据的打通、整合、挖掘水平，纳入覆盖面更广、颗粒度更细的内部数据，借助特征工程、机器学习等大数据分析技术，结合征信、税务、互联网公开数据等外部数据源，在个人/对公信贷、供应链金融等业务场景中进行产品创新尝试，开发出线上申请、快速审批的互联网信贷产品。

（3）大数据风控尝试

实现目标：利用大数据的先进技术，打通内部、外部数据，提升内控合规、反欺诈、信用风险管理等方面的技术水平。

具体内容：采用大数据总线技术，提升数据获取的颗粒度和数据更新速度，借助网络爬虫、图数据库、机器学习等大数据技术，提升数据分析的精度和场景匹配度，全面掌握客户风险情况，提升非现场审计的业务占比，在提高风控质量的同时，有效提升业务效率，减少时间、资金和人力资源的支出。

（4）大数据营销服务探索

实现目标：利用行内积累的客户数据，结合大数据分析技术，准确理解客户需求，发掘潜在客户，提升对客户的感知能力和个性化营销、服务水平。

具体内容：引入非结构化数据处理技术，结合大数据总线技术、机器学习建模、个性化营销技术，利用内部各渠道积累的数据，强化客户行为数据的收集利用，提升数据获取的颗粒度和数据更新速度，通过线上或线下客户经理等通道，准确感知客户的实时需求，并实现全渠道的伴随式服务和营销。

2. 保险业的大数据应用

（1）费率计算模型优化

实现目标：利用过往业务中积累的真实理赔数据，结合内部和外部大数据，通过构建更加精细的模型，实现保费的精准差异化定价，提升盈利能力。

具体内容：利用大数据平台，将内部的客户属性信息、外部获取的客户行为习惯信息与真实的客户理赔数据进行关联，进而使用因子分析、特征工程、逻辑回归、决策树、随机森林等算法，经过多轮数据建模与场景化调优，构建出基于大数据的保费定价模型，对不同理赔概率的客户提供差异化的报价。

（2）客户结构优化

实现目标：利用历史积累数据，从既有的客户群中，探索出高价值客户群，为进一步优化客户结构提供决策参考。

具体内容：借助关联分析、回归建模、机器学习建模等方法，结合业务规则，对赔付率正常、件均保费高、库存高的客户群体进行精确定位，进而设计专项营销，提升高价值客户群的业务转化率。

（3）好名单优选

实现目标：利用数据挖掘方法进行客户营销转化率分析，区分目标客户的营销转化率，提升营销成功率。

具体内容：使用回归分析、决策树建模等多变量分析技术，利用既有数据和外部数据资源，对客户进行精准画像，进而以转化率为优化目标，建立营销转化率预估模型，发现转化率高的客户，优先实施营销。

（4）基于客户行为的营销资源优化

实现目标：基于历史数据和客户行为数据，实现营销资源的合理配置和有效使用，从而提升营销效果。

具体内容：对营销资源管理系统及历史数据进行分析，结合外部数据，分析客户行为偏好，找出投保礼最优配置，同时对投保礼系统进行优化，逐步形成投保礼全生命周期管理的完整流程。

3. 证券业的大数据应用

证券业是典型的数据生产行业和数据驱动型行业，无论是经纪业务中更好地获客、为客户提供投资咨询和辅助决策，还是资产管理中的量化投资模型的建立，都已经离不开大数据的支撑。

（1）大数据经纪业务

经纪业务作为典型的通道中介，券商服务标准趋同，陷入价格战竞争的红海，而大数据的引入为券商提供差异化服务提供支撑，助力券商将经纪业务由通道类业务转变成包含增值服务的金融服务，深刻改变着行业竞争格局。

客户营销：建立潜在客户识别模型和新增客户质量评估模型，制定针对性的营销方案，大大提高拉新效率；对于存量客户，通过建立客户渠道偏好模型、客户购买倾向预测模型、客户投资能力评价模型、产品关联分析模型、客户满意度评价模型和客户忠诚度评价模型等，制定针对性地促进客户活跃度的应对方案，开展相应的营销活动，提高客户活跃度和贡献度。

客户转化率提升：通过对客户交易习惯和行为分析，提升客户交易的频率、客户的资产规模，从而提升业务收益。具体而言，就是根据客户的行为偏好，推荐不同的服务：对于交易频率低且年收益率较低的客户，推荐理财产品；对于交易频率高、收益水平高的客户，推送融资服务；对于交易频率低、资金量大的客户，主动提供投资咨询服务。

证券咨询服务：利用大数据技术提升投资咨询服务水准，增强客户黏性，例如，基于每日实时抓取的新闻资讯和股票、政经相关数据，通过大数据分析，帮助用户快速获取全网关注的投资热点。

（2）大数据资产管理业务

实现目标：通过构建大数据模型，理顺主力资金与散户资金、主力行为与市场走势、散户情绪与市场走势等的关系，从而增加投资胜率；利用大数据技术，建立针对各个市场、面向不同用户的交易策略，让投资者能够科学稳定地在全球市场投资。

具体内容：利用大数据建立算法交易与量化投资平台，为证券公司资产管理部、证券投资部提供包括高频行情、智能策略交易与交易报盘绿色通道等在内的更加丰富、高效的策略化投资手段；借助大数据技术挖掘历史数据、高频数据和实时分析当前流式数据，通过交易策略的多维运算发现获利机会，根据设定策略全自动委托下单，从而快速完成交易服务，保证执行效率，降低冲击成本，同时实现高端客户的个性化营销，提升客户价值。

4. 基金业的大数据应用

大数据一个重要的应用是用来进行辅助投资、制定投资策略。具体来看，大数据可以用来进行选股和择时。选股方面，就是利用大数据甄选出基本面向好或投资者关注度较高的股票并形成投资组合，前者如根据电商网站统计数据购买近期销售向好、价格提升的产品品类的股票，后者如根据财经网站股票板块不同股票浏览量数据筛选出近期关注度较高的股票。择时方面，可以利用大数据捕捉投资者的市场情绪，例如，根据财经网站股票板块的点击量、关键词如“股票”的搜索量、博客中股票市场文章的发表和点击量等构建情绪指数，在市场情绪上涨时提升组合仓位、在市场情绪回落时降低组合仓位。

5. 互联网金融的大数据应用

互联网金融企业多数为纯线上服务，与客户没有直接接触，它收集客户数据的来源主要分为如下几类：第一类是自身积累的数据，这主要包括客户在金融服务类网站的行为记录，如电商的交易日志、支付的流水记录，以及一切登录浏览等行为；第二类是通过各类线上线下的合作伙伴处获取的数据，如行业黑名单、法院审判结果、第三方信用评估等；第三类是通过爬虫从互联网上采集的公开数据，包括新闻、各种空间自媒体、微博；第四类是客户授权从其他系统获得的数据，如客户的信用报告、联系人、工资单、银行流水、电商记录、信用卡流水、通话记录等。这些信息单独存在的价值都不大，但当它们汇聚成海量信息，成为大数据，经过数据采集、清洗、分析、建模、机器学习等一系列步骤，就可以建立集中式大数据平台提供服务。目前大数据在互联网金融行业的应用较为突出的领域有授信、风控反欺诈、营销、动态定价等。

（1）用户画像

无论是借钱还是投资，企业都需要深入了解客户，包括收入水平、偿还能力、消费偏好、资产配置等，甚至还包括他的心理状况、社会关系、所处行业的趋势等。这些对于客户投资借贷行为的预测都有着至关重要的意义。通过大数据分析，互联网金融企业可以把客户的属性标签从几十个扩展到几百甚至几千个，从而360度无死角地描述一个客户。

（2）快速授信

互联网金融通过大数据等技术手段降低了征信成本和营销成本，使更广泛的人群也拥有了贷款/投资的机会，现在行业小额贷款的审批速度已经普遍达到了十秒甚至秒级。

（3）风控/反欺诈

互联网在降低金融服务成本的同时，也给金融欺诈打开了方便之门。各种以“钻补贴推广空子”获利的“羊毛党”日益猖獗。身份伪造、恶意逾期等行为使互联网金融行业损失数以十亿元计，每个企业都为如何堵住漏洞发现欺诈绞尽脑汁。

通过对用户网络行为、设备动态、平台行为、交易行为，及整体行为的分析，可以形成一个用户的行为数据图谱。例如，通过大数据业务分析和技术分析手段特别是特征工程能力对这些海量数据进行处理；通过多重数据关联叠加后利用特征工程可以找出各种“羊毛党”的行为规则。在识别“羊毛党”后，平台需对“羊毛用户”进一步细化分析，综合评判各细分人群对平台的影响，并依照平台的目标制定差异化运营措施，并从技术和业务角度制定响应的运营措施，实现对“羊毛用户”的防、拦、拉、疏。

欺诈行为包括伪造信息提高授信，利用流程漏洞套利，甚至盗窃、伪造身份骗贷。由于互联网的非接触性和便捷性，使得这种欺诈实施起来更隐蔽，完成起来更迅速。在进行大数据反欺诈时，通常需要多个风控模型协同工作，这里包括基于用户个人申请信息的模型、基于用户社交关系的模型和基于用户历史交易的模型等。同时，还可以使用机器学习模型来自动发掘非线性的特征组合，提高识别的准确率。大数据反欺诈的一个明显优势是，当模型众多、计算量达到一定程度时，结论和数据之间的关系已经无法靠人类经验来解读，这种情况下任何针对单一风控模型的造假就变得极为困难甚至毫无可能。例如，对一些有组织的骗贷行为，比如使用多个手机号登记、用多个空壳公司为其提供在职证明、填写不同的亲属关系等，利用人工手段进行甄别费时费力。通过大数据分析就很容易发现这些数据之间的关联，从而进行预警。

（4）大数据营销

对于互联网金融服务机构来说，它的一个永远的痛点是：如何在第一时间洞察客户的金融需求，使用有效手段触达客户，推荐最适合的产品，引导客户在本机构完成贷款或者投资。

大数据在营销方面的一个解决方案包括分析信贷产品、洞察目标客群、做客群画像；通过意愿预测模型，预测客户意愿；对客户进行分层，不同价值等级采取不同的营销手段；结合客群共同特征，进行营销模板的设计；实时性的数据反馈，进行模型的优化迭代；对客户的动态分析，帮助风控建模及交叉营销。由于结合了大数据的精准营销模式，整体响应率、符合率都比传统模式有较明显的提升，模型逐步的优化迭代，各环节营销效果也是呈现上升趋势。

（5）动态定价

动态定价是指抛开传统的围绕产品的固定定价模式，将价格与服务的场景、对象绑定在一起，更精准地用价格杠杆应对风险，达到提高收益的目的。这个应用的典型例子是运费险：通过大数据分析，让保险公司能够针对具体的人和商品来进行定价。具体来说，就是通过对退货风险的大数据分析，发现退货概率和消费者属性和消费场景的内在关联关系，例如，女性更容易退货，鞋类退货率高。再通过数据建模和深度学习，制定出总收益最高的保险费策略。于是，对低退货风险的人和商品，运费险只要几毛，而在高退货风险的情况下，运费险甚至可能比商品价格还贵。最终保险公司提高了收益。另一个目前开始流行的动态定价的应用是动态利率。对于同一类信贷产品，针对不同用户，甚至针对不同场景下的同一个用户，都可以实现利率实时计算，而不是基于某种预先设置的静态策略。

6. 大数据的流通

随着大数据时代的来临，金融、商贸、医疗、教育、人工智能等产业对数据流通共享的需求日益增长。IDC 报告显示，截至 2014 年年底，全球 70%的大型企业机构已经购买了外部数据，到 2019 年，这一比例将达到 100%。工业和信息化部电信研究院《中国大数据发展调查报告（2015 年）》显示，我国 32%的企业已通过外部购买所需要的数据，企业迫切希望政府开放公共信息资源（64.7%）和促进数据流通交易（63.6%）。

国外大数据流通市场始于 2008 年前后，得益于较为完善的法律制度、信用体系和数据开放环境，企业间数据交易较为活跃。根据《2016 大数据全景图》〔马特·图尔克，美国第一标记（First Mark）风险投资公司〕，国外规模以上数据经纪服务企业有 70 多家，包括推特（Fwitter）、领英（LinkedIn）、甲骨文（Oracle）、微软、富士通（FUJITSU）等企业都已涉足。

国内大数据流通市场起步于 2010 年，尚处于初始阶段。在交易所建设方面，2015 年 4 月 14 日，全国首个大数据交易所——贵阳大数据交易所正式挂牌运营并完成首批大数据交易。由上海经济和信息化委员会指导的上海大数据交易中心也于 2016 年 4 月 1 日挂牌成立。此外，诸如北京数海科技、数据堂、北京腾云天下科技有限公司（TalkingData)、中关村大数据产业联盟等企业和产业联盟在数据交易流通领域开始布局。

在交易规则的制定方面，随着我国数据流通行业的发展，数据交易平台已经出台了自身的数据交易规则或自律准则。2014 年 6 月，《中关村数海大数据交易平台规则（征求意见稿)》从交易平台、交易主体、交易对象三个方面规范交易市场行为，并对在线数据交易、离线数据交易、托管数据交易三种数据交易模式进行规范。2015 年 5 月，贵阳大数据交易所发布的《贵阳大数据交易所 702 公约》规定，大数据交易平台要为数据交易提供可靠运行平台和安全保障措施；从事数据交易的主体包括数据提供方、数据购买方及数据代理人；交易数据的种类包括政府、医疗、金融、电商、能源、交易、交通、商品、消费、信用卡、教育、社交、社会等各方面；数据交易平台要求交易数据合法获取、权利清晰，禁止对法律不允许交易的数据进行交易；对于争议解决，采取自行协商解决、平台解决或起诉至法院等方式。

对于敏感度较高的金融行业大数据，其流通价值是可以预见的。业界普遍认为，必须要依托政府和市场的双重力量。由数据供方、数据平台、数据需方和监管机构四方参与的数据交易机构作为兼具“技术、信息安全和法律保障”的数据价值转化渠道，可以有效规范数据交易行为，实现商业价值、个人隐私和公共利益的平衡。

（三）我国金融机构处理个人信息的相关法律法规

大数据产业的发展、金融大数据价值的进一步挖掘，需要在法律框架内依法合规进行，同时也依赖于社会观念、法律观念、配套的法律制度和合规监管的保障。金融行业中掌握的公民个人信息与金融业务数据尤其敏感，对于个人安宁、市场效率、社会稳定甚至国家安全影响甚巨，金融业大数据发展中的法律合规问题尤其值得重视，现将主要法律法规进行摘录，供从业者参考，见表 3.1。

表 3.1　金融机构处理个人信息相关法律法规

法律法规名称	关注数据类别	具体法条	解　读
《全国人民代表大会常务委员会关于加强网络信息保护的决定》	公民个人电子信息	一、国家保护能够识别公民个人身份和涉及公民个人隐私的电子信息。 任何组织和个人不得窃取或者以其他非法方式获取公民个人电子信息，不得出售或者非法向他人提供公民个人电子信息。 二、网络服务提供者和其他企业事业单位在业务活动中收集、使用公民个人电子信息，应当遵循合法、正当、必要的原则，明示收集、使用信息的目的、方式和范围，并经被收集者同意，不得违反法律、法规的规定和双方的约定收集、使用信息。 网络服务提供者和其他企业事业单位收集、使用公民个人电子信息，应当公开其收集、使用规则。 三、网络服务提供者和其他企业事业单位及其工作人员对在业务活动中收集的公民个人电子信息必须严格保密，不得泄露、篡改、毁损，不得出售或者非法向他人提供	允许网络服务提供者和其他企业事业单位（含金融机构）在经个人客户同意后收集、使用其个人身份信息和涉及隐私的电子信息。 原则是合法、正当、必要。 对公民个人电子信息应保密
《消费者权益保护法》 （全国人民大会）	个人信息	第二十九条　经营者收集、使用消费者个人信息，应当遵循合法、正当、必要的原则，明示收集、使用信息的目的、方式和范围，并经消费者同意。经营者收集、使用消费者个人信息，应当公开其收集、使用规则，不得违反法律、法规的规定和双方的约定收集、使用信息。 经营者及其工作人员对收集的消费者个人信息必须严格保密，不得泄露、出售或者非法向他人提供。经营者应当采取技术措施和其他必要措施，确保信息安全，防止消费者个人信息泄露、丢失。在发生或者可能发生信息泄露、丢失的情况时，应当立即采取补救措施	经消费者同意，可以收集、使用其个人信息。 原则是合法、正当、必要。 对消费个人信息应保密
《工业和信息化部电信和互联网用户个人信息保护规定》	个人信息	第四条　本规定所称用户个人信息，是指电信业务经营者和互联网信息服务提供者在提供服务的过程中收集的用户姓名、出生日期、身份证件号码、住址、电话号码、账号和密码等能够单独或者与其他信息结合识别用户的信息以及用户使用服务的时间、地点等信息。	经用户同意，可以收集、使用其个人信息。 原则是合法、正当、必要

续表

法律法规名称	关注数据类别	具 体 法 条	解　　读
		第五条　电信业务经营者、互联网信息服务提供者在提供服务的过程中收集、使用用户个人信息，应当遵循合法、正当、必要的原则。 第八条　电信业务经营者、互联网信息服务提供者应当制定用户个人信息收集、使用规则，并在其经营或者服务场所、网站等予以公布。 第九条　未经用户同意，电信业务经营者、互联网信息服务提供者不得收集、使用用户个人信息。 电信业务经营者、互联网信息服务提供者收集、使用用户个人信息的，应当明确告知用户收集、使用信息的目的、方式和范围，查询、更正信息的渠道以及拒绝提供信息的后果等事项	
《网络交易管理办法》（国家工商行政管理总局）	消费者个人信息	第十八条　网络商品经营者、有关服务经营者在经营活动中收集、使用消费者或者经营者信息，应当遵循合法、正当、必要的原则，明示收集、使用信息的目的、方式和范围，并经被收集者同意。网络商品经营者、有关服务经营者收集、使用消费者或者经营者信息，应当公开其收集、使用规则，不得违反法律、法规的规定和双方的约定收集、使用信息。 网络商品经营者、有关服务经营者及其工作人员对收集的消费者个人信息或者经营者商业秘密的数据信息必须严格保密，不得泄露、出售或者非法向他人提供。网络商品经营者、有关服务经营者应当采取技术措施和其他必要措施，确保信息安全，防止信息泄露、丢失。在发生或者可能发生信息泄露、丢失的情况时，应当立即采取补救措施	经消费者同意，可以收集、使用其经营信息。 原则是合法、正当、必要。 对消费者个人信息严格保密
《商业银行法》（全国人民代表大会常务委员会）	个人金融信息	第二十九条　商业银行办理个人储蓄存款业务，应当遵循存款自愿、取款自由、存款有息、为存款人保密的原则	保护客户个人金融信息

续表

法律法规名称	关注数据类别	具体法条	解　读
《人民银行关于金融机构做好个人金融信息保护工作的通知》	个人金融信息	一、本通知所称个人金融信息，是指金融机构在开展业务时，或通过接入中国人民银行征信系统、支付系统以及其他系统获取、加工和保存的以下个人信息： （一）个人身份信息，包括个人姓名、性别、国籍、民族、身份证件种类、号码及有效期限、职业、联系方式、婚姻状况、家庭状况、住所或工作单位地址及照片等； （二）个人财产信息，包括个人收入状况、拥有的不动产状况、拥有的车辆状况、纳税额、公积金缴存金额等； （三）个人账户信息，包括账号、账户开立时间、开户行、账户余额、账户交易情况等； （四）个人信用信息，包括信用卡还款情况、贷款偿还情况以及个人在经济活动中形成的，能够反映其信用状况的其他信息； （五）个人金融交易信息，包括金融机构在支付结算、理财、保险箱等中间业务过程中获取、保存、留存的个人信息和客户在通过金融机构与保险公司、证券公司、基金公司、期货公司等第三方机构发生业务关系时产生的个人信息等； （六）衍生信息，包括个人消费习惯、投资意愿等对原始信息进行处理、分析所形成的反映特定个人某些情况的信息； （七）在与个人建立业务关系过程中获取、保存的其他个人信息。 二、金融机构在收集、保存、使用、对外提供个人金融信息时，应当严格遵守法律规定，采取有效措施加强对个人金融信息保护，确保信息安全，防止信息泄露和滥用。特别是在收集个人金融信息时，应当遵循合法、合理原则，不得收集与业务无关的信息或采取不正当方式收集信息。 … 四、金融机构不得篡改、违法使用个人金融信息。使用个人金融信息时，应当符合收集该信息的目的，并不得进行以下行为： （一）出售个人金融信息；	允许金融机构通过“其他系统”获取、加工、保存个人金融信息。 金融机构可以在合法、合理原则下收集与业务有关的信息。 金融机构应有效保护个人金融信息。 格式条款取得客户书面授权或同意的，相关内容应当醒目、通俗易懂、具体

续表

法律法规名称	关注数据类别	具体法条	解读
		（二）向本金融机构以外的其他机构和个人提供个人金融信息，但为个人办理相关业务所必需并经个人书面授权或同意的，以及法律法规和中国人民银行另有规定的除外； （三）在个人提出反对的情况下，将个人金融信息用于产生该信息以外的本金融机构其他营销活动。 金融机构通过格式条款取得客户书面授权或同意的，应当在协议中明确该授权或同意所适用的向他人提供个人金融信息的范围和具体情形。同时，还应当在协议的醒目位置使用通俗易懂的语言明确提示该授权或同意的可能后果，并在客户签署协议时提醒其注意上述提示。 五、金融机构不得将客户授权或同意其将个人信息用于营销、对外提供等作为与客户建立业务关系的先决条件，但该业务关系的性质决定需要预先做出相关授权或同意的除外	
《个人存款账户实名制规定》（中华人民共和国国务院）	实名制	第六条　个人在金融机构开立个人存款账户时，应当出示本人身份证件，使用实名	开立存款账户要求实名，核对本人身份证件
《中国人民银行关于改进个人银行账户服务，加强账户管理的通知》	—	一、落实个人银行账户实名制 （二）核验身份信息。银行可利用政府部门数据库、本银行数据库、商业化数据库、其他银行账户信息等，采取多种手段对开户申请人身份信息进行多重交叉验证，全方位构建安全可靠的身份信息核验机制。 提供个人银行账户开立服务时，有条件的银行可探索将生物特征识别技术和其他安全有效的技术手段作为核验开户申请人身份信息的辅助手段	银行可利用多维度数据源和手段对开户申请人身份信息进行多重交叉验证；可使用生物特征识别等安全有效的技术辅助核验身份信息
银行业消费者权益保护工作指引	—	第十二条　金融机构应当尊重银行业消费者的个人金融信息安全权，采取有效措施加强对个人金融信息的保护，不得篡改、违法使用银行业消费者个人金融信息，不得在未经银行业消费者授权或同意的情况下向第三方提供个人金融信息	—

续表

法律法规名称	关注数据类别	具体法条	解读
《中华人民共和国网络安全法》	公民个人电子信息	第三十四条　网络运营者应当建立健全用户信息保护制度，加强对用户个人信息、隐私和商业秘密的保护。 第三十五条　网络运营者收集、使用公民个人信息，应当遵循合法、正当、必要的原则，明示收集、使用信息的目的、方式和范围，并经被收集者同意。 网络运营者不得收集与其提供的服务无关的公民个人信息，不得违反法律、行政法规的规定和双方的约定收集、使用公民个人信息，并应当依照法律、行政法规的规定或者与用户的约定，处理其保存的公民个人信息。 网络运营者收集、使用公民个人信息，应当公开其收集、使用规则。 第三十六条　网络运营者对其收集的公民个人信息必须严格保密，不得泄露、篡改、毁损，不得出售或者非法向他人提供。 网络运营者应当采取技术措施和其他必要措施，确保公民个人信息安全，防止其收集的公民个人信息泄露、毁损、丢失。在发生或者可能发生信息泄露、毁损、丢失的情况时，应当立即采取补救措施，告知可能受到影响的用户，并按照规定向有关主管部门报告。 第三十七条　公民发现网络运营者违反法律、行政法规的规定或者双方的约定收集、使用其个人信息的，有权要求网络运营者删除其个人信息；发现网络运营者收集、存储的其个人信息有错误的，有权要求网络运营者予以更正。 第三十八条　任何个人和组织不得窃取或者以其他非法方式获取公民个人信息，不得出售或者非法向他人提供公民个人信息。 第三十九条　依法负有网络安全监督管理职责的部门，必须对在履行职责中知悉的公民个人信息、隐私和商业秘密严格保密，不得泄露、出售或者非法向他人提供	—

三、行业典型案例

（一）金融机构主导的大数据应用实践

1. 中国工商银行股份有限公司

在完成数据大集中后，中国工商银行股份有限公司（以下简称工商银行）于2000年左右启动了数据仓库及各类数据分析系统建设，利用数据提升管理效率和推动业务发展，陆续实现了大数据的多项创新应用，在2007年初步建立了以企业级数据仓库为基础的全行统一的数据采集、存储和分析应用体系，并在企业级数据仓库基础上发展了管理会计、客户关系管理和风险管理等一系列代表性业务应用。

在大数据平台构建方面，工商银行于2013年全面启动了信息化银行建设，从基础建设、经营、管理和措施机制四个层面推进信息共享、系统整合与业务联动，将大数据价值提升为银行的经营核心和创新动力。近年来，工商银行又逐步引入了开放式、分布式、基于开源的大数据处理平台，全面应用了Hadoop、大内存等全新技术，搭建了以非结构化数据处理为主的信息库系统和满足毫秒级的实时准实时的数据计算和服务能力流处理平台。

在大数据产品创新方面，工商银行专门成立了网络融资中心，“逸贷”、“网贷通”等大数据线上信贷产品获得了较好的市场反馈。截至2015年9月，基于客户线上线下直接消费的信用贷款产品“逸贷”客户数已达到430万户，余额突破2 000亿元，与全国P2P网贷成交额基本相当。契合小微企业“短频急”融资需求的互联网贷款产品“网贷通”，累计为近8万小微客户发放贷款1.85万亿元，余额近2 300亿元，是目前国内单体金额最大的网络融资产品。

在风险防控产品创新方面，工商银行利用大内存数据库，整合八大权威机构二十类风险名单，通过大数据的整合、分析和挖掘，并将相关功能进行了产品封装，形成融安e信风险防控产品，向同业提供风险信息服务。中国工商银行在实时交易反欺诈识别方面，利用内存数据库与分布式计算技术，在客户进行支付交易的时候，实现毫秒级交易实时反欺诈识别，及时阻断可疑交易和进行柔性干预，保证了客户交易安全可靠。在信贷风险监控方面，基于海量数据基础，运用数据处理和模型挖掘能力，通过对银行内外数据的集中分析挖掘，实现了交叉违约、资金流向等分析模型，发现客户可能存在的违约风险，并及时进行核实，适当采取风险缓释措施，提升信贷资产质量。在小微企业风险预警方面，工商银行利用人工智能手段，采用 k 最近邻（k-Nearest Neighbor，kNN）算法，创新设计了小微企业现金流量、现金流向、风险预警、经验指标四大类二十多个风险因子，共计九十多项指标的风险预警模型体系。通过这一体系，可以及时对与发生风险的企业有关联关系的企业进行预警，识别风险传导，阻断风险传染。在大数据营销服务方面，开发了个人智能营销服务引擎，并在个人网银、手机银行等渠道嵌入了多个服务触点，能够根据每个客户的喜好推荐高度个性化的金融服务和产品。同时搭建非结构化数据处理平台，结合外部数据，形成更加精准的客户感知能力。在客户服务方面，工商银行利用文本挖掘及可视化技术，提升客户服务能力。工商银行通过对互联网社交媒体信息的收集与分析，结合现有的 95588 坐席、电话银行、网银在线客服等信息，挖掘其中隐含的对客户服务质量的评价，用于改善客户服务能力，提升客户服务效率。同时利用可视化手段，从收集到的海量客户反馈信息中提取客户反馈的热点问题、观察反馈热点的发展趋势、了解反馈热点的分布范围、探索热点问题间的关联关系并进行图表等可视化展现，促进业务人员从就事论事的处理方式，转变为主动发现问题、全局定位问题、全程跟踪问题的客户服务模式。

工商银行“客户之声”系统原理图和系统算法示意图分别如图 3.4、图 3.5 所示。

2. 中国建设银行股份有限公司

中国建设银行股份有限公司（以下简称建设银行）在个人信贷产品方面，2014 年年底推出的快速贷款产品，是该行掘金大数据这一金矿的首个互联网金融“金品”。该款产品简称“建行快贷”，旗下包括“快 e 贷”、“融 e 贷”、“质押贷”三款产品。基于后台大数据平台构建精准的信贷评估系统，系统能够综合评估客户在建设银行有过消费、交易、资金存贷等业务和行为数据，自动完成数据分析，为贷款申请者评估出适合的贷款额度。个人用户可以通过电子银行渠道申请快贷，足不出户、轻松点击，几分钟之内即可完成在线申请、实时审批、在线签约以及灵活使用、随借随还等贷款的全流程。

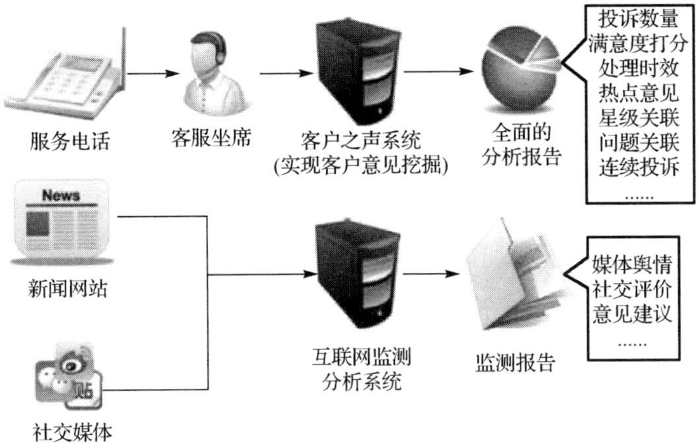

图 3.4 工商银行“客户之声”系统原理图

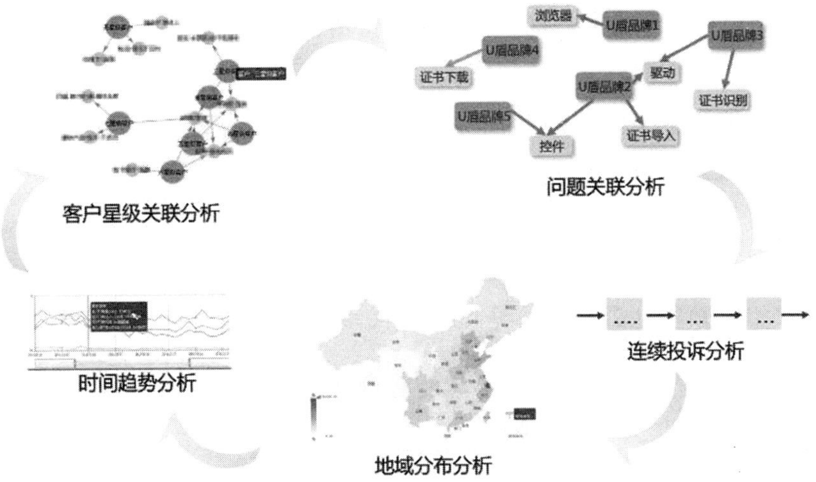

图 3.5 工商银行“客户之声”系统算法示意图

在小微企业信贷产品方面，建设银行在原有大数据产品基础上，于 2014 年新推出了“税易贷”和“POS 贷”产品，逐步形成了更加丰富的大数据产品体系。“税易贷”是基于该行与国家税务总局合作建立的以征信互认为基础的银税合作机制，将纳税信用数据和银行数据有效对接，进而利用大数据技术，采集和分析小微企业的纳税数据，结合小微企业的经营信息进行贷款评价，为正常足额纳税的优质小微企业提供信用贷款，鼓励企业以诚信纳税获得信贷支持。“POS 贷”基于该行与中国银联、支付机构和集中收银市场管理方等机构的合作，充分运用外部机构的数据信息，批量挖掘小微企业收单数据，依据小微企业特约商户银行卡收单交易情况发放信用贷款，根据收单交易流水确定贷款金额，无须抵质押担保，有效降低小微企业融资门槛与融资成本。大数据信贷产品创新采用小微企业评分卡信贷流程，以评分卡工具为核心进行客户评价。申请评分卡评价模型基于对历史数据的数理统计和逻辑回归，采用履约能力、信用状况、资产状况以及环保等行业标准达标情况等非财务信息作为评价的主要内容，改变以往以财务报表为主要依据的评价方式，更契合小微企业的风险特点，提高了评价的针对性和有效性。

在营销服务方面，建设银行开展了“小企业·大数据”客户精准筛选项目，针对建设银行小微企业存量结算客户，基于企业级数据仓库的海量数据建立小企业授信目标客户筛选模型，生成营销客户名单，由客户经理进行主动营销，实现了小微企业精准化客户挖掘、批量化营销服务。

在风险控制方面，大数据信贷产品采用基于数据视角的全新的风险排查模式，创新应用了多种风险管理工具。通过小企业早期预警模型，结合系统定期自动获取的定量信息和人工录入的定性信息实行批量化预警，并对不同预警级别实行差异化的风险处置。通过小微企业零售行为评分卡模型，监测小微企业账户行为，实现系统自动评分并触发预警信号，提示贷后管理人员及时采取相应预警处置措施。通过新一代系统平台小企业信贷业务催收管理功能组件，实现到（逾）期提示、催收执行、查询统计三大功能，提高小企业信贷客户贷后管理的批量化运作水平。

3．中国银行股份有限公司

在大数据平台方面，中国银行股份有限公司（以下简称中国银行）把大数据的技术体系分成战略层面、规划层面和设计及交付层面，其中最重要的是大数据的体系架构，分为业务架构、应用架构、信息架构和技术架构，在这四个不同的架构里分别支撑业务流程和端到端的场景及应用的组建及分析模块。中国银行还在对全行大数据进行归并整理之后，开发了1 000多个标准的API接口，搭建了中银开放平台。通过该平台，合作开发者可以通过相关 API 访问和使用中国银行的数据，用于加工得到相关结果。

在产品创新方面，中国银行基于大数据实现精准的客户准入与营销。中国银行纯线上网络贷款产品“中银E贷”通过大数据技术对客户的数百个变量进行模型分析，精准评估客户信用，从而自动化完成客户准入判断，评定客户贷款额度，并据此向大数据甄别后的受邀客户发送精准营销推广信息，当客户线上发起贷款申请时，中国银行即可实现秒批。

在全面风险管理方面，中国银行结合外部互联网数据提升对企业客户的风险管理能力。借助互联网和大数据，中国银行构建了互联网数据获取与分析平台，通过对企业工商、税务、法院、新闻舆情等非结构化数据的分析，从宏观、中观和微观层面实现对地域、行业和企业的舆情监控，生成可视化的知识图谱和关联图谱；通过大数据分析历史数据和关联人关系，透视其朋友圈，查找失联客户；同时，建设了全球额度管控系统，实现多元化业务平台的数据共享，实现统一的监控和预警。

在营销服务方面，中国银行建设了基于大数据分析的线上和线下的精准客户营销平台，能够打通客户线下的信息和线上的行为信息，将结构化的数据和非结构化的数据有机地提炼并且整合，从而能够精确地描述客户的各项属性特征，为客户提供优质的营销服务。

4. 中国农业银行股份有限公司

中国农业银行股份有限公司（以下简称农业银行）对大数据的预研从2003年开始，在大数据平台的建设过程中，以“夯实基础、拓展服务、提升应用、深入挖掘、推动治理”为工作出发点，工作目标是促进全行的业务创新、管理创新、营销创新和服务创新，本着“统筹规划、顶层设计、共享复用、分步实施”的实施路径推进建设。

在大数据平台的自主可控方面，农业银行实现了基础硬件、基础软件、数据模型、工具平台和制度管理等全方位的自主可控。大规模并行处理

（Massively Parallel Processor，MPP）架构数据库和 Hadoop 集群采用国产厂商的硬件和基础软件，结合开源社区的成熟项目进行构建，同时自主开发了抽取-转换-加载（Extract-Transform-Load，ETL）、批量调度、源数据管理等子系统，并制定了一套比较完备的规范、制度、方法、标准，如数据准入规则、运维的细则、数据模型规则等。

在数据治理方面，农业银行通过六个方面对大数据平台的数据进行了全生命周期的管理，包括建模、验证、清理、准入、数据地图和规范。对于数据质量，通过源数据管理，制定平台建设标准和数据治理及制度规范，对技术源数据、业务源数据和管理源数据进行了统一管理，同时建立技术源数据和业务源数据之间的血缘关系。

农业银行大数据平台支持的应用包括互联网金融、资产负债、外部监管、运营分析、客户关系等。此外，还建立了一套多场景的实验环境，可实现流水线式作业、组建化模型集、脱拉拽式服务，使业务人员能更快地使用大数据分析平台。在报表展示层面，实现了可交付、动态的分析报表，显著地提高了数据可视化水平和分析逻辑的开发速度，实现了对分析型应用的快速开发部署。

5. 中国民生银行股份有限公司

中国民生银行股份有限公司（以下简称民生银行）信息管理的核心是围绕互联网发展的大数据和云计算平台，实现信息化决策、信息化管理和信息化营销。基于移动云平台，民生银行迈出了大数据“移动化”的重要一步。自 2015 年以来，民生银行自主研发了“蒲公英”、“啄木鸟”、“猫头鹰”三大独具特色的数据产品，覆盖经营机构业务规模分析、公司客户管理、风险预警领域。

在大数据风控方面，民生银行搭建的“啄木鸟”平台，以预警事件驱动的方式触发风险审计及贷后管理，形成了“以客户为中心”的风险预警信息全视角展现，全面建立了风险传导的工作机制，消除了信息分散、不及时、不对称以及信息量过大而无法及时处理的担忧，从而提高了业务人员“单兵作战”能力，大大提升了风险揭示能力、管理力度和管控能力。在零售业务审计中，运用“啄木鸟”，采取以非现场数字化审计为主、现场检查为辅的工作方法，在保证审计质量的前提下，人员数量下降 30%、现场检查时间压缩 50%、差旅费用下降 75%。

在大数据营销服务方面，民生银行为客户经理开发的“蒲公英”手机端不仅为客户经理提供所辖客户的业务概况和详细信息，还具备客户挖掘、产品匹配、实时余额查询、大额变动和到期提醒等功能。客户挖掘功能，可使客户经理获得基于核心及集团客户的上下游交易链名单，准确定位潜在客户，帮助客户经理高效地拓展潜在客户。产品匹配功能，可为客户经理推送客户最需要的金融产品，增加对存量客户交叉销售的线索与机会。实时余额查询、大额变动和到期提醒等功能，极大地方便了客户经理和营销管理人员实时掌握所辖客户的账户余额和业务状态的变化。

6. 招商银行股份有限公司

在大数据领域，招商银行股份有限公司（以下简称招商银行）从 2012 年开始接触相关的技术。2013 年，招商银行完成了平台的选型，同时搭建了一个实验性的分析平台，结合了零售、对公等业务领域的具体场景，利用大数据技术做了一系列的预研性的项目，一方面积累了相关的技术经验，另一方面也验证了大数据应用本身在银行的价值和可行性。2014 年，招商银行在 8 月份投产了第一个生产系统，是基于 Hadoop 技术搭建的历史数据查询平台。

招商银行的数据应用体系包括数据获取层、整合层和分析应用层。在数据获取层，借助交换平台、消息队列的技术，去采集批量、准实时和实时的数据，该层采集的数据，根据类型、需求和目标，分别由传统的数据仓库或者大数据平台，进行加工整合，形成数据模型和数据分析的指标，供上层应用使用。数据整合层的核心是包括传统的数据仓库和大数据平台所组成的一个逻辑上的数据仓库。应用层主要包括面向业务用户和面向客户渠道两大类集群，提供决策支持、分析探索、实时决策、信息交互以及其他专业应用的环境。

基于大数据平台，招商银行实施了一系列大数据应用，如客户访问路径分析、关系网分析、事件营销等。例如，客户访问路径分析方面，通过对访问招商银行一卡通网站的一卡通客户和信用卡客户的行为对比分析发现，招商银行信用卡客户在网站的停留时间相对长一些，导致这个差异的原因，主要是因为招商银行一网通网站里面信用卡的栏目与互动性的内容比较多，这一部分客户会在这些内容、这些栏目之间做跳转。客户关系网分析方面，利用图分析工具，使用对公客户的属性标签、企业间的往来交易信息、集团关系、担保关系等一系列关系，通过图分析，得到一系列的关系网络图。这些关系网络图以可视化的方式，展示给招商银行的客户经理、风险经理，就可以加强对客户的管控和风险的防范。在事件营销方面，利用大数据平台，对客户历史的行为事件进行分析建模，进而基于模型对实时事件进行分析和侦测，触发一些服务信息。客户收到信息给我们回馈进一步明确的意向之后，将相关事件转到客服跟进营销。

7. 中信银行股份有限公司

在大数据平台方面，中信银行股份有限公司（以下简称中信银行）从2010年开始着手建立数据仓库，为中信银行信用卡中心提供了统一的客户视图，中信银行可以借此更清楚地了解其客户价值体系，为客户提供更有针对性的营销活动。基于该数据仓库，中信银行可以从交易、服务、风险、权益等多个层面分析数据。在此基础上，中信银行于 2013 年又启动了“天罗地网”项目，建立完善“天罗”、“地网”两大类基础信息库。中信银行的大数据平台如图 3.6 所示。

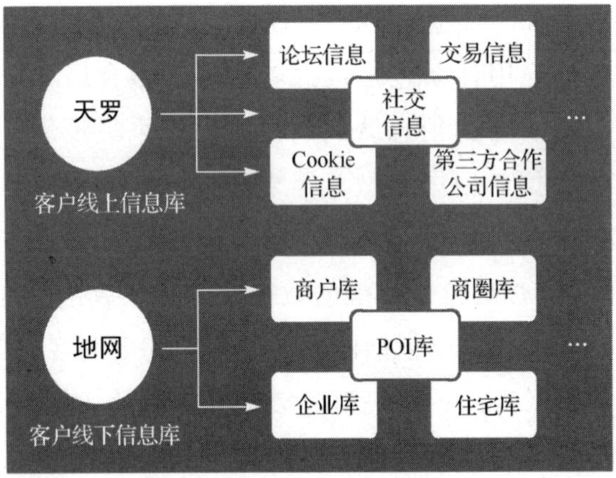

图 3.6　中信银行的大数据平台

其中，“地网”数据涵盖客户交易信息、客户自身属性、住宅信息等线下基础信息；而“天罗”数据库则包含交易偏好、风险偏好、社交活动等线上行为信息。通过“天罗”与“地网”的结合，绘制出一个较全面的客户整体形象。

基于大数据平台，中信银行开发了诸如基于社交网络数据提供增值服务、商圈网格等一系列金融大数据应用，有效地改善了客户体验，提升了客户黏性。

8. 中国光大银行股份有限公司

中国光大银行股份有限公司（以下简称光大银行）在大数据辅助内控合规、反欺诈、信用风险防范等方面做出了有益的尝试。例如，疑似客户经理“私售”行为模式发现、同一法人违约后利用其他企业申请贷款模式、企业对外担保过于集中或一系列企业担保形成了环路、隐形风险共同体关系网络风险传播、资金链中的风险传播性等。在信用卡风控业务中，引入第三方大数据服务机构，以双方联合建模的模式，共同对数据进行分析，建立覆盖贷前、贷中、贷后的风险控制模型，应用相关模型，能够在尽可能降低小部分低风险客户拒绝率的前提下，有效提高对高风险客户的拒绝率。联合建模评分对坏账率的预测效果如图 3.7 所示。

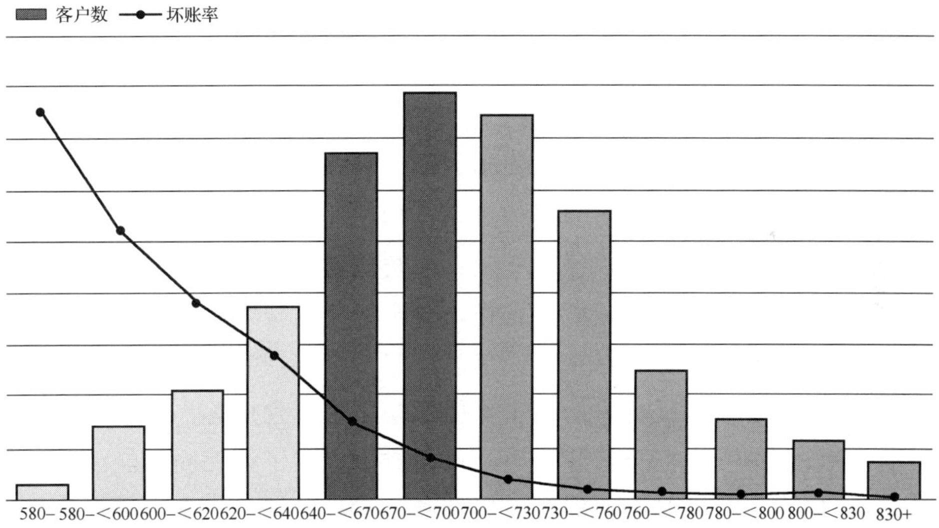

图 3.7　联合建模评分对坏账率的预测效果

9. 广发银行股份有限公司

2014 年，广发银行股份有限公司（以下简称广发银行）结合信息资源大集中、大整合、共分享、重安全的 IT 战略，启动实施、搭建了全行数据挖掘分析平台，实现全行数据分析资源集中优化管理，提升数据分析的处理性能，满足不断增长的数据分析需求，实现了全行数据分析挖掘的灵活扩展。统一数据挖掘分析平台在推动广发银行经营管理和业务绩效提升方面发挥的重要作用主要体现在以下三个方面：一是通过对绩效考核指标的分析和挖掘，实现对分支行机构、客户经理、员工的精细化科学管理，优化内部管理和考核机制；二是通过加强对客户的分析和洞察，丰富客户全景视图，制定个性化的客户维护策略，提高客户的获取率和留存率，活跃客户的激活率和持续力，提高客户交叉销售效能，提升客户整体价值，实现对银行客户关系的精准管理；三是通过建立相应挖掘模型实现对客户信用风险、操作风险、市场风险等主要风险的计量，根据广发银行的风险偏好选择发展最优业务，在降低资本占用的同时提升全行风险管理控制（以下简称管控）水平。例如，在官网首页金融超市理财产品精准营销方面，广发银行官网首页于2014年3月新增了金融超市功能，为每位访问官网首页的客户固定推荐三款在售理财产品。考虑到每个客户理财偏好的差异，金融超市基于统一数据挖掘分析平台和企业级数据仓库整合的客户“360度”信息，对全行个人网银客户的理财产品偏好度进行深度分析挖掘，为访问官网的客户精准推荐定制化理财产品，有效提高理财产品的签约率和销售效率。在对公客户担保圈图形化识别方面，近年来，关联担保、互保、联保授信风险事件频发，担保圈授信风险愈加凸显，为此银监会专门下发通知要求商业银行加强企业担保圈贷款风险防范和化解工作。在此背景下，广发银行启动了担保圈专项检查工作，对全行有信贷余额的客户进行风险排查。相比较而言，分支行掌握的信息有限，总行拥有全行所有客户的数据，更具数据及技术优势，所以工作模式是由总行生成客户清单及担保圈明细，下发各分行，由分行逐一进行风险排查。由于担保圈可能涉及数十甚至上百家企业，并且企业间关系错综复杂、种类繁多，文字或表格描述的方式难以让分行完整理解和掌握担保圈的传递途径，需要用一种简单、直观、易于理解的图形化展示方法。

10. 国泰君安证券股份有限公司

国泰君安证券股份有限公司（以下简称国泰君安）借助第三方大数据的

力量，完成了用户画像和深度分析，打造千人千面服务，同用户之间建立了沟通桥梁。主动根据用户的变化提供相应服务，调整和优化营销环节，从而获得了有效的商业效果。

国泰君安发现，其近两年注册的现有客户中，有相当数量的客户在某年7月没有过交易行为，且其中有一定比例的用户从曾经的高资产用户转变为低资产用户。这种客户价值的降低意味着客户有极大的流失机会，他们可能在竞品的吸引下离开了国泰君安的交易平台，也可能投资偏好从证券和理财转移到其他方式〔例如点对点借贷平台（Peer to Peer Lending，P2P）〕。国泰君安需要找到这部分曾经的高价值客户的流失原因，才能对症下药地制定唤回这些客户的方案。

国泰君安通过大数据对流失用户进行行为分析，根据用户的流失时间把该用户群分为5组，并通过TalkingData大数据管理平台（Data Management platform，DMP）的第三方数据对于这些用户的线上行为进行了分析，结果发现：3～5月，部分互联网证券手机应用程序（APP）对易阳指市场冲击明显，用户在这些平台活跃性显著增加，而少数流失客户转向P2P网贷市场；6月市场状况不佳则是造成当月流失用户离开的主要原因；到7月，流失用户在P2P平台活跃度明显升高，同时受竞品运营推广的影响，部分用户转向了互联网理财产品。此外，DMP+平台也显示，这些用户都具有极强的金融理财标签：除证券之外，部分用户还有直销银行、财富管理、货币基金甚至期货标签，可见用户对于理财的需求是多样的，且可以依据需求的变化调整投资方向。

通过DMP+平台的三方数据打通和DMP+的画像补充后，国泰君安通过线下渠道直接触达这些流失用户，对其进行唤醒和召回。国泰君安将这些信息和客户分群情况整理成短名单，并传递给各分公司的营业部，通过营业部的客户经理直接跟进这些有高资产价值的流失客户，了解他们对于投资理财的需求、不同理财产品的看法，再根据客户的不同诉求向客户提供服务，并有方向性地优化线下业务。通过线上和线下的信息打通和运营配合，帮助客户经理有方向、有准备地触达高净值用户，降低客户经理大海捞针一样寻找高价值客户的工作难度，建立其与客户有效沟通的桥梁，从而提高整体的工作效率和业务质量。

除了通过大数据对流失用户进行唤醒和召回之外，国泰君安还借助大数据和 DMP+平台的力量，加强对新客户的拓展、产品的改进、渠道的投放、选址的确认、活跃用户的分群和精准运营等更多业务的优化和提高，为客户和行业带来更多的价值。

（二）互联网企业主导的金融大数据创新

1. 浙江蚂蚁小微金融服务集团有限公司

浙江蚂蚁小微金融服务集团有限公司（以下简称蚂蚁金服）的大数据风控系统被称为“智能风控大脑”，英文名称为 CTU。CTU 的核心工作，是利用多维度的综合信息（主要在于可信的行为、可信的位置、可信的设备以及可信的关系）和大数据模型来判断交易请求的发起是否为账户主人，基于这个核心点，再判断资金、个人隐私、相关数据有无风险。在安全与体验之间，蚂蚁金服试图用集群化的理念实现平衡——用 10%的高效规则来降低 65%的交易打扰。经过数年的数据积累及技术迭代，蚂蚁金服风险识别速度可达到 100 毫秒。

CTU 项目里 1 500 多位风控工作人员，其中从事数据分析与技术研发的超过 2/3。他们开发出五六千条规则、建立了 60 多个模型，用于系统自动识别与管控风险并做出预警。在云计算和大数据基础之上，通过搭建信用与风控体系，蚂蚁金服的上层业务板块得以构建，其中就包括广为人知的支付宝、余额宝、招财宝、芝麻信用、网商银行等业务。风控能力的最终呈现可看资损率这一指标。据报道，支付宝的平均资损率可达到十万分之一，而贝宝（Paypal）的资损率为千分之二至千分之三。

除了支付之外，CTU 的风控能力还输送至网上银行。小微企业风险天生高，又缺少信贷抵押品。要提供无抵押无担保的纯信用贷款，就需要充分了解、收集、分析企业的信息，小微客户风险的识别、计量、监测、控制工作量大，难度很高，这是传统商业银行工作的难点。而网商银行的优势在于，基于阿里巴巴企业对企业（Business to Business，B2B）、淘宝、支付宝等电子商务平台上积累的交易数据及行为数据，利用大数据及云计算技术，把小微企业的行为数据和交易数据转化为信用数据。网商银行目前的风险控制模型有 100 多个，其中最有特色的当数水文交易模型和滴灌经营能力模型。滴灌模型具体是指，很多客户的初始规模非常小，当前的经营规模和资产情况达不到贷款门槛，而网商银行可以通过这家企业的历史数据判断它的经营趋势，它如果被认定具有一定的发展空间，依然可以得到相应额度的贷款。水文交易模型则是预测小微企业的后续经营状况，从而判断是否授信。以前，金融机构习惯通过财务分析和人工审核的方式放贷，如果一家企业目前的经营相对困难，即处于“低水位”，传统金融机构往往不会向其发放贷款，但网商银行可以从其历史销售情况和行业景气程度的大数据分析中预测其很可能在几个月后“水位回升”，那么企业也很可能获得贷款。

2. 百度金融服务事业群组

百度金融服务事业群组（以下简称百度金融）大数据是指结合百度数据优势，提供资金、输出金融服务能力。数据包括：搜索数据、地理位置数据（LBS）、个人消费和消费偏好数据、通过信贷接入后积累的用户信用数据、钱包支付数据、用户的网络行为数据、基于搜索数据的人群图像信息以及运营商数据、政府部门数据、线上/线下交易数据、网贷行业数据等有价值的外部数据。

基于 7 个维度 28 个行业，细分 10 万+个标签描述用户的属性和兴趣，百度金融大数据可以有效提升风控模型效果，应用于金融风控领域。在和买单侠合作建模中，风控模型有效地帮助买单侠提升了基尼指数（GINI）约 40%。另外，百度账号安全保护伞，具有能够提供每秒 50 万次风控请求的能力，这一能力已全面覆盖百度所有产品线，有效防御安全风险。

百度金融大数据具体的应用场景包括如下领域。

财富管理领域，百度金融提出财富管理行业回归本源需要有三个条件，即通过风险隔离、风险可计量、风险可承受，使得我们的投资风险和资产风险收益能够覆盖投资成本。利用金融科技的优势，通过投资者风险偏好识别、产品组合与智能投顾、风险分析与预警，去中介化、提高效率，过滤噪声、降低交易成本，实现风险收益的匹配、风险可承担。同时，百度金融依托“百度大脑”通过互联网人工智能、大数据分析等手段，精准识别和刻画用户，提供专业的“千人千面”的定制化财富管理服务。针对企业信息管理需求和避险、对冲需求启动分析，为金融行业合作伙伴提供更智能、专业的金融辅助决策服务。

消费金融领域，面向用户，百度拥有手机百度、百度地图等多款用户过亿的移动应用，形成了颇具价值的数据金矿。此外，百度还结合更多外部数据，例如运营商数据、政府部门数据、线上/线下交易数据、网贷行业数据等，基于百度强大的大数据处理能力和领先的人工智能技术，有效打破数据孤岛，一方面填补现有征信人群的空白，另一方面对业界已有数据进行有效补充，扩大征信范围，让更多用户享受到普惠的金融服务。面向机构，百度通过人工智能、用户画像、账号安全、精准建模等领先技术，不断扩大征信范围；通过快速迭代的风控模型，真正识别用户的信用等级，实现客户风险控制线上化。同时，百度金融全方位的大数据分析、处理能力以及基于大数据和人工智能技术为基础的合作商户管理平台，为合作商户提供涵盖营销和金融服务的全面管理方案，降低获得客户（以下简称获客）成本，解决细分行业的微小需求。装修一站式服务平台“一起装修网”与“百度有钱花”合作后，全额付款周期缩短至原来的 1/14。“爱空间”在淡季周末期间日均到场用户量提升了 50%，日均合同签单量则提升了 34%。

在与基金、证券业机构合作领域，百度基金行业数据策略与易方达基金等开展了深度合作，与其他互联网公司只简单地提供数据相比，实现了共同发产品、共同赢市场的目的，易方达基金的收益因此提升了 10%；百度信用预警模型则为申万宏源等专业证券机构提供了服务。

在商户增值服务领域，百度搭建了金融合作商户管理平台，该平台能够为合作商户提供包括大数据定位潜在客户、精准导流、客户全生命周期金融服务、企业供应链和理财、商品和服务订单管理、快速促单工具、7×24 小时专属客服、便捷支付轻松对账等涵盖营销和金融服务的全面管理方案。

3. 苏宁金融集团

在智能大数据采集方面，苏宁金融集团（以下简称苏宁金融）在实际工作中每日通过集群服务器、互联网爬虫针对 10 余万企业进行数据爬取更新工作，数据爬取目标有中国证券登记结算有限责任公司、法院判决执行信息、工商等政府网络，也有各类社交网络、门户网站、财经网站等。爬取数据与苏宁集团零售服务中的交易信息、供应链信息、门店信息等相结合，利用大数据技术对这些海量数据进行及时的更新处理，通过对生态圈内外数据的结合及洞察，结合人工智能算法，提炼汇总出苏宁企业征信数据，进而对苏宁生态圈内的各类供应商和云台商户获得全面深入的了解。在这个大数据爬虫技术应用的基础上，苏宁金融已针对上万家金融服务潜在客户，自动化完成企业经营风险的预评审工作。对已有的 5 万家企业金融客户，每日跟踪最新的企业运营状态，辅助贷后管理工作，及时报送提醒潜在的企业风险，节约贷后管理成本，逐步形成贷前自动预审、贷后自动监控的互联网金融企业风险管理的新模式。当前运用该模式，苏宁金融企业信用贷款违约率小于 1%，远低于行业平均 2%～4%的平均水平。

在智能营销方面，随着大数据技术的应用，苏宁线上线下客户数量已接近 3 亿，在几个拍字节（petabyte，PB）的会员历史数据基础上设计出了成千上万的客户标签，这一方面提供了丰富的模型设计所需要的样本数据，一方面各细分营销场景有了更多的模型设计需求。苏宁金融在实际工作当中，将在线学习算法应用到营销模型的自动调整中，在市场目标客户的主要营销趋势没有发生重大调整的情况下，设计了一套可以自动调整模型参数的智能营销驱动引擎，作为苏宁金融独立开发的客户关系管理（Customer Relationship Management，CRM）系统的核心功能模块，全面智能化管理苏宁金融的整体线上线下营销推广工作。经过实际测试，使用自动更新机制的模型，其效果比原始模型得到了较大的提高。在没有人工介入的情况下，不仅提高了实际转化率，而且还对众多模型进行了自动管理。有了智能营销驱动引擎，模型设计人员的精力仅仅需要放在初始模型的建立上，后续的模型更新工作可通过自动度量模型效果、自动触发模型更新、自动完成模型部署。目前智能营销驱动引擎已经在苏宁金融日常营销运营工作中占有重要地位，据统计当前通过智能营销驱动引擎累计转化用户已超过 200 万，累计转化金额超过 300 亿元、每周智能营销带来的交易规模占比超过 30%。未来智能营销驱动引擎还将进一步完善，通过智能化挖掘营销场景、智能化客户生命周期管理，营销人员只需要制定简单的营销目标，系统就能智能化筛选优质客户，并对其在最合适的时间通过最优的营销推送渠道，进行最有针对性的营销推广。

在智能风控方面，金融服务的核心技术是风险管理技术。对于互联网金融服务来说，最大的损失大多来自于各种层出不穷的欺诈风险。苏宁金融大数据团队利用最新的大数据技术，首先整合了苏宁集团生态圈内外的所有客户相关数据，打造了具有苏宁特色的风险大数据基础服务，基于每日更新10个太字节（terabyte，TB）的客户行为数据设计了数千个风险特征标签专门供风险管理人员和算法工程师进行规则或算法设计工作，实现核心风控特征标签的秒级更新要求。设计了智能风险决策引擎，运用先进的人工智能技术，在风险大数据的基础上，形成智能化的风险算法决策系统，通过系统自动化定位最新的风险隐患（之前只能由值班的风险管理资深岗才能准确发现），自动优化风险算法，拦截风险案件，逐步实现由人工智能风险决策引擎替代传统的人工配置的风险规则决策引擎，极大地缓解了风险操作岗的人力成本，实现了7×24小时的高质量风险实时监控工作要求。风险事后分析工作运用智能案件分析模块，基于几十个PB的历史客户风险数据，对最新案件进行智能化的案件分析、案件反查、嫌疑人定位、团伙认定工作，所有工作在案发后一个小时内完成（系统上线前，整个流程人工处理需要5～10个工作日），极大地提高了案件分析的工作效率，及时阻止了案件损失的进一步扩大。2016年智能风控决策引擎上线后，2016年全年苏宁金融的业务预计比2015年增长超过3倍，在没有增加风险操作岗工作人员的前提下，由智能风险决策引擎保驾护航，每月平均风险损失基本与2015年持平。

4．众安在线财产保险股份有限公司

以基于大数据的运费险为例，保险的原理是大数法则，对于传统的保险公司来讲，想要开发互联网保险产品首先得寻找到目标用户在哪里，以及目标用户的特征和行为。这些用户可能存在于保险公司的现有海量用户中，但是这些用户的属性过于单一，都是单纯的保险消费者，因此很难从海量的用户中获取有效的目标客户，更无法分析这些用户背后的行为特征。电商平台上具有天然的多元化用户，积累了海量的交易和退换货行为数据，结合运费险这一业务场景，大数据的魅力得以发挥，每一笔电商订单的运费险费用，都是根据订单商品、客户的退换货偏好、物流线路、运费等多重因素实时计算的。这种实时定价能力，是大数据给予的。例如，基于大数据的健康险“步步保”是众安保险最早尝试的健康险产品，打破了事后赔付的传统方式。“步步保”开始尝试正向激励机制，即达成运动目标，运动结果越好，所需要缴纳的保费越少。用户投保时，系统会根据用户的历史运动情况以及预期目标，推荐不同保额档位的

重大疾病保险保障（目前分档为20万、15万、10万），历史平均步数越多，推荐保额就越高。例如，每天10 000步，推荐保额就是15万。按照保险的定价逻辑，数据越丰富，定价越精确。例如退运险，它的数据维度非常丰富，并且都在互联网上可追踪和获取。但相比之下，人体的数据化程度则比较低，保险的定价基础就不一样，这也成为了健康险盈利的瓶颈。

然而，随着云计算、大数据等技术的应用，数据中更多的隐藏价值被释放，健康险的个性化定价成为可能。“步步保”的保单生效后，用户每天运动的步数越多，下个月需要缴纳的保费就越少。它以运动因子作为每个人实际的定价依据之一。

5. 航天信息股份有限公司

航天信息股份有限公司（以下简称航天信息）拥有丰富的大数据资源，截至2015年年底，航天信息服务企业客户总共619万家，同时航天信息在多领域拥有较高的市场份额，是国家重点工程“金税工程”、“金卡工程”、“金盾工程”重要战略合作伙伴和总体设计单位之一。航天信息金税、物联网、金融三大板块相互依托，相互融合。以税务大数据为基础的征信及物联网技术的金融应用成为航天信息的特色产品及服务。在金融大数据方面，航天信息银税大数据平台征信服务是由旗下爱信诺征信有限公司开发运营的信贷信用类服务，依托航天科工、航天信息深厚的技术储备与品牌影响力，以及在税务、工商、公安、金融、政府等领域积累的资源，综合运用大数据统计分析、关联分析和趋势分析的方法，开发信贷信用、商务信用及公共信用领域的征信产品，致力于为金融业以及全社会提供专业、客观、权威的第三方信用服务。

例如，在企业征信辅助宏观经济决策方面，当前国家正力推以“三去一降一补”为特征的供给侧结构性改革，通过企业征信进行僵尸企业的识别和分析，是达成“去产能、去库存、去杠杆”目标的可行手段。第一步为按图索骥：依据企业基本信息、历史变迁、交易记录和经营数据，通过企业画像大范围识别僵尸企业；第二步为见微知著：利用大样本数据，通过统计分析探测僵尸企业的行业和地域分布；第三步为对症下药：利用僵尸企业识别和分析结果，为各级政府分类清理处置僵尸企业提供依据。通过企业属性归类和企业健康状况监控进行微观分析，构成社会运行数据分析的基础；通过行业分析、规模分析和地域分析进行社会经济中观分析，产生具有变现价值的分析报告；通过经济景气指数、经济热点分析和中小企业扶持进行宏观分析，扩大征信公司社会影响。

又如，在企业征信服务于生产制造方面，爱信诺征信立足于对发票数据的理解，可以通过海量企业发票数据进行大数据产品分析和行业分析，为调结构、补短板提供数据支持。大数据产品分析是通过对原材料、零组件和消费品交易大数据进行分析，分析流通产品的品类、数量、单价和金额等基础数据，进行产品的流向、紧俏程度、盈利能力等指标分析，发掘产品的生命周期，为新产品开发、新产能构建等提供指引。在企业征信服务于电子商务方面，电子商务在带来高效率的同时也面临信用环境不完善问题的制约，突出表现在各电商平台信用评价体系相互割裂、信用信息维度单一和商户信用炒作三个方面。爱信诺征信通过税控设备的身份信息实行线上增强实名认证，生成电子令牌，设置贯穿经济活动整个环节的爱信诺编码，在确保信用主体真实性的同时，实现全程信用追踪，解决了上述问题，致力于打造诚实信用的电商空间。传统供应链融资一般基于核心企业的信用，相对封闭且核心企业本身信用有限，导致大量中小微企业无法覆盖或者融资成本偏高。爱信诺征信凭借发票全生命周期监控系统，推出“爱税通”应收账款信用融资服务。去核心化的供应链融资平台确保融资的真实贸易背景，通过供应链大数据发掘优质中小企业应收账款，弱化了中小微企业对核心企业的信用依附。供应链信用管理系统主要功能为供应商信用评价、经销商线上风控、供应商和经销商优选和推荐、高风险业务的监控和管理、黑灰名单的产生机制和分级管理、风控管理的报表自动生成和线上传送。该系统计划在中国航天科工集团公司全面使用后，推广到其他大型国有企业集团。

“爱税融”银税互动信用融资服务践行“征信互认，银税互动”，解决中小企业融资难题，提供以涉税信用为主体的专业信用评价，已与交通银行、光大银行等数十家银行开展合作，为 50 多万户中小企业对接了金融服务，授信额度已达 8 亿多元，逾期率不足 1%，不良率不足 2‰。“爱税查”信贷信用计费查询服务是创新贷前评价和贷后监控信用产品，提升金融行业整体风控水平。其凭借大样本数据产生的预测模型和实时连续的交易数据，推出创新的贷后监控预警产品。成功案例有交通银行税融通产品、华夏银行融信通平台，以及浙商银行、紫金农商行、中信银行的贷后预警项目。

（三）大数据技术服务商的金融大数据创新

1. 中金数据系统有限公司

银行呼叫中心语音数据体量巨大，是典型的非结构化“大数据”。这些数据内含客户身份信息、偏好选择、服务投诉、业务咨询等重要信息，是银行优化服务质量、提高运营效率，进行营销决策和产品服务设计的重要参考。在大数据时代，语音数据变为一种重要业务资产，然而在传统技术条件下，语音数据保存困难，应用成本高，更难谈及进一步挖掘利用。

为帮助银行业客户解决上述问题，中金数据系统有限公司（以下简称中金数据）自主研发语音大数据分析平台，依托先进的大数据平台技术，采用语音识别技术对金融机构海量语音内容进行分析识别，以较高的准确率还原出每段录音的具体内容；可通过关键词输入实现快速检索，通过语义分析和情绪分析技术，实现语音全覆盖自动质检；通过对大量通话记录和内容进行识别、统计、分析，可在最短时间内了解不同业务的话务结构，定位导致客户投诉、流失、话务异常等问题原因，并且预测业务热点趋势，发现潜在客户，利用数据为业务全流程带来新的活力。语音大数据分析云产品特性图如图 3.8 所示。

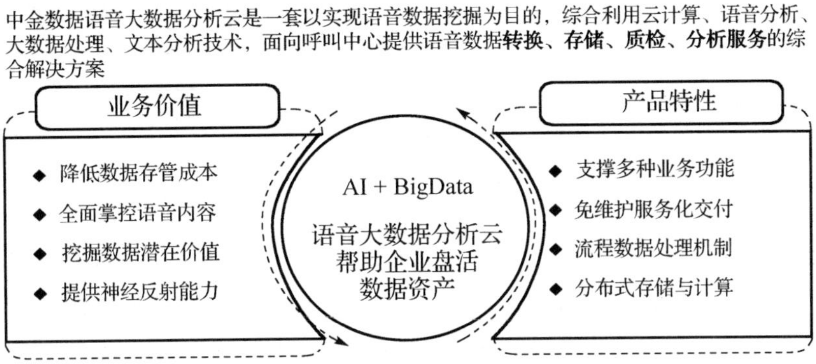

图 3.8 语音大数据分析云产品特性图

2. 广发银行股份有限公司

广发银行信用卡中心拥有坐席数 5 000 余个，处理业务类型共四类，日产生录音文件量在 200 千兆字节（glgabyte，GB）以上，年录音文件总量超过 90 TB。预测未来录音数据量的年均增长率可达 30%，如此海量的录音数据加剧了录音管理的难度，同时为录音调听、质检带来巨大压力。此外，广发银行信用卡中心海量录音数据中蕴藏丰富的客户、市场和服务增值信息，但由于海量录音数据只能依据法规作为证据保存，无法进行有效的充分利用。因此广发银行信用卡中心也迫切希望对海量数据中的信息进行分析和挖掘，从而更加深入地了解客户、发掘市场、改善服务。在经过为期将近一年的严格考察后，广发银行信用卡中心于 2014 年 10 月正式与中金数据签订大数据基础平台项目合作协议，并以语音数据分析作为项目首期内容，在双方团队的高效协同下，于 2015 年 4 月顺利按计划实现广发信用卡中心“语音大数据分析平台”上线，迄今为止项目一二期已经顺利上线，运行状况良好。广发银行语音大数据分析系统概览如图 3.9 所示。

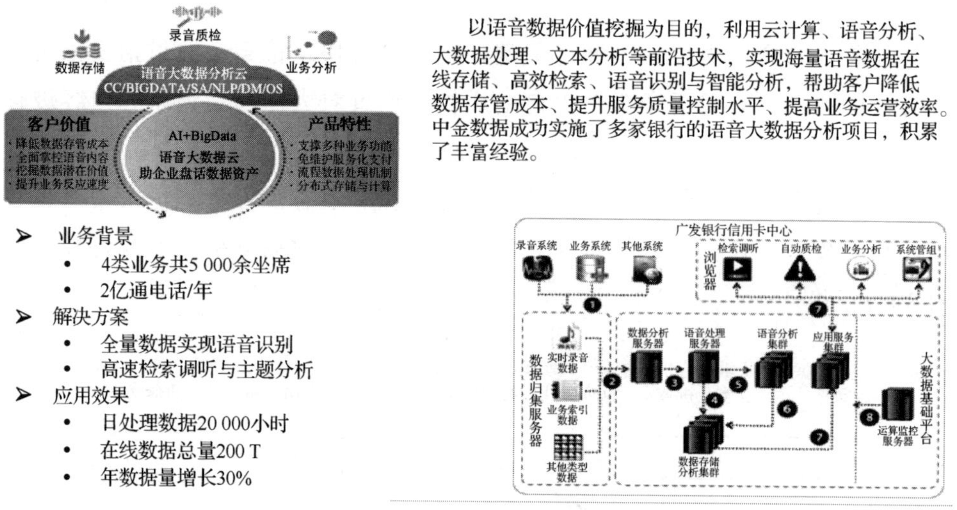

图 3.9 广发银行语音大数据分析系统概览

通过使用语音大数据分析云，广发银行信用卡中心极大提高了呼叫服务中心在语音转换、存储、调听和质检方面的效率，在呼叫中心服务管理、电话营销业务管理、人力资源管理和工作质量把控上有效提高了便捷度。实现日处理数据时长 2 万小时、在线数据总量 200 T，以及年数据量增长率 30%的应用效果。

此外，语音大数据分析云作为一种大数据分析产品，可以为广发银行提供一定的业务统计和分析，可实现信用卡中心语音数据的自动化采集与分布式存储，完成语音数据智能统计分析，自动提取有价值的客户信息，因而后续可挖掘的潜力较大。广发银行语音自助分析效果图如图 3.10 所示。

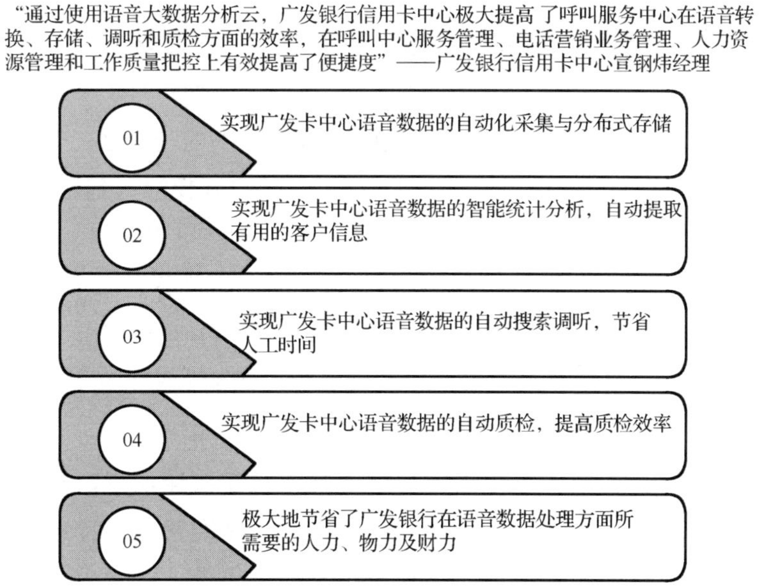

图 3.10　广发银行语音自助分析效果图

四、金融大数据发展展望

（一）金融行业内部、外部数据的融合力度进一步加强

金融行业的信息化程度较高，并已在多年的数据治理过程中积累了丰富的数据资产，近年来，一些金融机构已经尝试多种跨界合作的场景，并在其中尝试接入税务、工商、运营商等外部数据，实现内部金融数据与外部行业数据的融合，已经初步发掘了大数据融合的协同价值。

与此同时，一批非金融企业进入金融服务领域。这些“外来者”过去往往在行业中已经有很深的沉淀，或多或少也积累了一定量的数据。进入了金融领域后，原有数据被重新梳理，从而从另一个角度审视其数据价值。原有行业数据的金融短板也要求企业引入更多的数据，通过跨界融合产生新的数据应用场景。

未来，金融行业内部、外部数据将进一步融合，大数据应用将获得更加全面、细致的数据基础，从而推动更多基于大数据的金融业务创新。

（二）大数据对金融业务的驱动作用进一步显现

近两年，金融机构在充分消化、吸收大数据技术的基础之上，利用大数据的理念与技术，开展了一系列的大数据应用，从用户画像深入到用户特征分析，并通过不同角度的业务特征分析把数据应用扩展到从日常运营、产品创新、风险控制、个性化客户服务等主要的业务领域。在一些业务领域中，大数据已经深度融入业务流程的计划、执行、监控、评估等环节，形成了业务大数据的完整闭环。通过大数据闭环，可以快速验证数据应用的效果和价值。

大数据与人工智能将推动新一波金融创新。诸如深度学习、图分析、自然语言处理、语音识别、图像内容理解等技术也在快速演进，将会逐渐发展成为金融细分业务的数据驱动引擎。智能投顾、精准营销、反欺诈、反黑产等数据引擎已经进入实战阶段，显现出很高的业务价值。未来，越来越多的精细化、全流程的闭环业务驱动引擎将会出现，在金融经营活动的各个领域发挥价值，提升金融机构的经营效能。

（三）金融机构与大数据服务机构的合作进一步深化

近年来，一些金融机构与专业的大数据服务机构合作，将自身对金融业务、客户、市场的深度理解与大数据服务机构的数据资源整合能力、大数据技术实践能力结合起来，共同研发出了新颖、实用、高效的大数据金融应用，获得了市场与客户的共同认可。在这一过程当中，一批技术过硬、依法合规开展大数据服务的新型专业机构逐渐涌现。这类以大数据服务作为主营业务的新兴机构，往往在金融机构的细分业务领域提供数据技术层面上的各种技术工具和技术服务。

金融大数据的应用开发唯快不破，面对激烈的市场竞争，越来越多的金融机构将与数据交易市场、数据应用提供商、数据驱动引擎开发商等专业大数据服务机构进行合作，从数据获取、存储、分析、呈现等各个层面上开展协同创新，共同发掘金融服务的新价值。新兴大数据服务机构将由此成为金融大数据生态的重要组成部分。

参考文献

[1] 张颖. 工行：信息化银行大势下的大数据之路[EB/OL]. 金融咨询网，[2014-9-28]. http: //www. cfc365. com/case/2014-09-28/12701. shtml.

[2] 蔡燕兰. 建行掘金大数据[J]. 中国房地产金融, 2015(05): 114-116.

[3] 姜奇平. 中信银行：金融领域大数据创新经验分析[EB/OL]. 投资界网站，[2014-1-2]. http: //news. pedaily. cn/201401/20140102358893. shtml.

[4] 传统银行与互联网金融如何实现共赢 ——百融+光大信用卡中心大数据风控合作案例[EB/OL]. 金融界网站，[2016-3-10]. http: //finance. jrj. com. cn/biz/2016/03/10133820670122. shtml.

[5] 吕志刚. 大数据驱动下的银行应用分析平台整合模式——广发银行统一数据挖掘分析平台实践[J]. 中国金融电脑, 2015(08): 20-25.

[6] 张佶. 金融行业的数据挖掘之道[EB/OL]. InfoQ 网站, [2015-8-6]. http: //www. infoq. com/cn/articles/icbc-bigdata-experience.

[7] 李璠. 以大数据技术实现风险预警管理，为金融服务保驾护航[J]. 中国金融电脑, 2015(07): 28-32.

[8] 牛晓峰. 中国银行大数据战略思考[EB/OL]. 中国 IDC 圈网站, [2016-4-28]. http: //bigdata. idcquan. com/news/88647. shtml.

[9] 朱恒春. 农业银行的大数据探索[EB/OL]. it168 网站, [2013-11-22]. http: //tech. it168. com/a2013/1122/1563/000001563901. shtml.

[10] 杜冰. 民生银行发力移动大数据 颠覆传统业务模式[N]. 金融时报, 2016-01-11(007).

[11] 吴颖. 招商银行大数据应用概述[EB/OL]. 搜狐网，[2016-8-25]. http: //mt. sohu. com/20160825/n465892426. shtml.

[12] 中国信息通信研究院. 大数据白皮书（2016）[EB/OL], [2016-12-28]. http: //www. cttl. cn/data/bps/201612/P020161228287754680380. pdf.

[13] 谢尔曼，黄旭. 商业银行大数据六问六策[J]. 银行家, 2015(03): 126-128.

第四章

金融智能

一、金融智能综述

人工智能是一类表现出人类智能行为的系统。这些系统主要分为以下四类：一是像人类一样思考的系统，例如，认知架构和神经网络等；二是像人类一样能够进行学习和理解的系统，例如，通过自然语言处理、图灵测试、知识表示、自动推理，以及学习等；三是能够合理思考、推理和优化的系统；四是能够进行理性表现和决策的系统，例如，智能软件代理和嵌入式机器人，能够通过感知、规划、推理、学习、沟通、决策和行动来实现目标等。

人工智能在金融业有着广泛的应用前景，金融智能就是用来描述其应用创新及在相关产业的发展情况。

二、金融智能发展现状

（一）国际人工智能在金融行业应用现状

人工智能的传说可以追溯到古埃及，但随着1941年以来电子计算机的发展，技术已最终可以创造出机器智能，“人工智能”（Artificial Intelligence，AI）一词最初是在1956年Dartmouth学会上提出的，从那以后，研究者们发展了众多理论和原理，人工智能的概念也随之扩展，并且也影响到了其他技术的发展，20 世纪末其发展取得引人瞩目的成就。1997 年美国国际商业机器公司（IBM）研发的超级电脑深蓝战胜国际象棋世界冠军卡斯帕罗夫。这引发世界各国高度关注人工智能。随后，IBM 开始研究人工智能的深度问答（Deep Q&A）。2016 年 3 月 15 日，谷歌人工智能阿尔法围棋（AlphaGo）战胜围棋世界冠军李世石，再次引发世界各国对人工智能的关注。

美国在人工智能基础研究领域一直处于世界最前沿，这主要得益于联邦研究基金和政府实验室的支持。联邦政府通过实施网络和信息技术的研究和发展（NITRD）项目，支持人工智能研发，并得到了国防高级研究计划局（DARPA）、国家科学基金会（NSF）、美国国立卫生研究院（NIH）、海军研究办公室（ONR），及情报先进研究项目署（IARPA）等机构的支持。国家战略计算倡议、大数据倡议、先进创新神经网络技术倡议等间接促进了人工智能的发展。

日本是一个机器人技术大国。1981 年，日本经济产业省拨款八亿五千万美元用以研发第五代计算机项目，当时被称为人工智能计算机。其目标是制造出能够与人对话、翻译语言、解释图像，且能像人一样推理的机器。随后，英国、美国等国家纷纷开始向信息技术领域的研究提供大量资金。在这些举措的推动下，“专家系统”得到快速应用。“专家系统”的出现让当时的人工智能很快有了自己的市场。

1. 人工智能辅助量化交易

（1）机器学习：从数字推测模型

量化交易分析师们对财务、交易数据进行建模，分析其中显著特征，利用回归分析等传统机器学习算法预测交易策略。这种方式主要有两个弊端：一是数据不够丰富，仅限于交易数据；二是受限于特征的选取与组合（Feature Engineering），模型的好坏取决于分析员对数据的敏感程度。此外一种做法是，模仿专家的行为，选择某一领域的特定专家，复制他们的决策过程，并导入可重复的计算框架。

2013 年，全球最大的对冲基金桥水联合（Bridgewater Asspcoates）开启了一个新的人工智能团队，该团队约有六名员工，由曾经供职 IBM 并开发了认知计算系统沃森（Watson）的大卫·费鲁奇（David Ferrucci）领导。据彭博新闻社报道，该团队将设计交易算法，通过历史数据和统计概率预测未来。该程序将随着市场变化而变化，不断适应新的信息，而不是遵循静态指令。而桥水基金的创始人也曾公开表示，其旗下基金持有大量多仓和空仓，投资120种市场，持仓组合高达100多种，并且以人工智能的方式考虑投资组合。

反叛研究公司（Rebellion Research）是一家运用机器学习进行全球权益投资的量化资产管理公司，Rebellion Research在2007年推出了第一个纯人工智能（AI）投资基金。该公司利用人工智能预测股票的波动及其相互关系来创建一个平衡的投资组合风险和预期回报，利用机器的严谨超越人类情感的陷阱，有效地通过自学习完成全球44个国家在股票、债券、大宗商品和外汇上的交易。

（2）自然语言处理：把握市场动态

当量化交易分析师发现数字推测模型的局限性后，开始考虑引入新闻、政策、社交网络中的丰富文本并运用自然语言处理技术分析，将非结构化数据结构化处理，并从中探寻影响市场变动的线索。

率先使用自然语言处理技术的人工智能对冲基金的是2016年6月份在伦敦新设的对冲基金CommEq。CommEq的投资方法结合了定量模型与自然语言处理（NLP），使计算机能够如人类一样通过推断和逻辑演绎理解不完整和非结构化的信息。除此之外，也有采用自然语言处理技术的金融科技公司，如由李嘉诚与塔塔通信投资的感觉技术公司（Sentient Technologies）运用自然语言处理、深度学习（Deep Learning）等多种AI技术，进行量化交易模型的建立。其中最为知名的是号称“取代投行分析师”的投资机器人——Kensho。

（3）知识图谱：减少“黑天鹅”事件对预测的干扰

机器学习与自然语言处理的技术经常会在一些意外（如“黑天鹅”事件）发生的时候预测失败，例如“9·11”事件、熔断机制和卖空禁令等。人工智能系统没有遇到过这些情况，无法从历史数据中学习到相关模式。这时候如果让人工智能管理资产，就会有很大的风险。

知识图谱本质上是语义网络，是一种基于图的数据结构，根据专家设计的规则与不同种类的实体连接所组成的关系网络，知识图谱提供了从“关系”的角度去分析问题的能力。就金融领域来说，规则可以是专家对行业的理解，对投资的逻辑、风控的把握；关系可以是企业的上下游、合作、竞争对手、子母公司、投资、对标等关系，可以是高管与企业间的任职等关系，也可以是行业间的逻辑关系；实体则是投资机构、投资人、企业等，把它们的知识图谱表示出来，从而进行更深入的知识推理。

最早应用知识图谱在金融领域的加利克公司（Garlik）就是这一代表。这家公司 2005 年成立于英国，核心成员来自南安普顿大学（University of Southampton，是语义网的核心研究机构之一），主要业务是在线个人信息监控。Garlik 收集网络和社交媒体上的个人信息，当发生个人信息盗窃时会及时报警。Garlik 总计融资 2 469 千万美金后被美国的三大个人信用记录公司之一益百利公司（Experian）收购，其技术被用于个人信用记录、信用盗窃的分析。Garlik 的核心技术之一是大规模语义数据库，前后开源发布了 3store、4store、5store 等高性能数据库。

全球估值第四高、被称为“下一个独角兽”的公司——Palantir 曾推出一个基于知识图谱的金融数据分析平台——Palantir Metropolis，可以整合多源的量化资料，并提供一套方便易用的分析工具来满足复杂的研究需求，其中的组件能够进行复杂搜索、可视化编辑与分析，有非常丰富的人机交互能力。目前 Palantir 正在结构化客户内部数据、关联相关数据、让客户自己创立分析规则整合并优化模型、量化处理数据，从而解决客户的特定需求。

2. 智能投资顾问

智能投顾正在以最少人工干涉的方式进行投资组合管理，管理客户资产的可以是一排计算机，而客户也不必是高净值人士。并且智能投顾正在以更强大的计算机模型运用人工智能的技术对大量客户进行财富画像，以人工智能算法为每一位客户提供量身定制的资产管理投资方案。

Wealthfront 就是一家非常具有代表性的智能投顾平台，借助于机器与量化技术，为经过调查问卷评估的客户提供量身定制的资产投资组合建议，包括股票配置、股票期权操作、债权配置、地产资产配置，旨在提供一个自动化的投资管理服务最大化投资回报。其管理资金规模在 2015—2016 年增长将近 64%，截至 2016 年 2 月底，Wealthfront 的资产管理规模已达近 30 亿美元。

Betterment 也是一家专注于智能投资管理的金融科技公司，通过马科维茨（Markowitz）资产组合理论和各种金融衍生模型应用到产品中，在云端低成本、快速、批量化地解决各种数据运算，再根据用户的倾向和设定的风险偏好，个性化地提供资产配置组合方案。其创始人乔恩·斯坦（Jon Stein）曾在华尔街某金融机构任职高级投资顾问，致力于打造 Betterment 成为一款让投资更方便、更准确的智能投顾。2016 年 3 月，Betterment 获得 E 轮融资 1 亿美金。

当人工智能不再是新鲜事的时候，投资银行与证券研究自动生成报告、人工智能辅助量化交易、金融搜索引擎证券研究和智能投资顾问财富管理这四种人工智能和金融结合的主流方式显示出，在未来金融和人工智能结合成为智能金融的无限可能。

（二）中国金融智能应用现状

结合目前行业发展趋势，按照人工智能技术分类，目前中国金融行业正在运用的人工智能可以整理为四大类应用场景，具体如下。

1. 机器学习、神经网络应用与知识图谱

机器学习：机器学习分析员们对财务、交易数据进行建模，分析其中显著特征，利用回归分析等传统机器学习算法预测交易策略。

神经网络应用与知识图谱：目前知识图谱在金融中的应用大多在于风控征信领域，基于大数据的风控需要把不同来源的数据（结构化、非结构）整合到一起，它可以检测数据当中的不一致性，例如，“拍拍贷”就运用神经网络和知识图谱大规模地进行网络借贷中的用户结构性数据比对。

（1）金融预测、反欺诈

大规模采用机器学习，导入海量金融交易数据，使用深度学习技术，从金融数据中自动发现模式，例如，分析信用卡数据，识别欺诈交易，并提前预测交易变化趋势，提前做出相应对策。基于机器学习技术构建金融知识图谱，基于大数据的风控需要把不同来源的数据（结构化、非结构化）整合到一起，它可以检测数据当中的不一致性，分析企业的上下游、合作、竞争对手、子母公司、投资、对标等关系。

（2）融资授信决策

融资授信决策通过数据筛选、建模和预测打分，并将不同的资产分类和分别处理。例如，坏资产可直接标签为“司法诉讼”，并提醒相关人员进行诉讼流程。通过提取个人及企业在其主页、社交媒体等地方的数据，一则可以判断企业或其产品在社会中的影响力，如观测 App 下载量、微博中提及产品的次数、对其产品的评价；再是将数据结构化后，也可推测投资的风险点。借助机器学习完成传统金融企业无法做到的放贷过程中对借款人还贷能力进行实时监控，从而及时对后续可能无法还贷的人进行事前的干预，以减少因坏账而带来的损失。

（3）智能投顾

实现目标：根据马科维茨的现代资产组合理论（MPT），结合个人客户的风险偏好和理财目标，利用人工智能算法和互联网技术为客户提供资产管理和在线投资建议服务，实现个人客户的批量投资顾问服务。

具体内容：运用人工智能技术，采用多层神经网络，实时采集所有重要的经济数据指标，智能投顾系统不断进行学习。它采用合适的资产分散投资策略，可实现大批量的不同个体定制化投顾方案，以不追求短期的涨跌回报而期望长期的稳健回报为目标，进一步深刻践行银行长期服务客户的理念。通过智能投顾解决方案，把财富管理这个服务门槛降到一个普通的家庭人群也可以接受和使用的程度。

2. 计算机视觉与生物特征识别应用

以生物识别技术为代表的新的身份验证手段正受到越来越多的重视，根据“你是谁”（生物特征）而不是“你知道什么”（口令）或“你有什么”（凭证）来辨识用户的身份更加贴近人的自然使用习惯，而且整体的安全性也更高。20 国集团（G 20）峰会对普惠金融所提的八条原则中，第七条是“促进数字金融产品的身份识别”，其中特别提到“建立和推动数字生物识别技术和网络身份认证等新的、创新型的身份注册和识别技术”，可以说不止中国，世界上的各个大国对通过生物识别技术来做新型身份认证是未来趋势已经形成了共识。

生物识别技术通常分为两类，一类利用人体固有的生理特性（如指纹、人脸、虹膜等），另一类勾勒人体特有的行为特征（如笔迹、声音、步态等）

来进行个人身份的鉴定。出于监管的相应要求，目前像指纹、虹膜这一类强隐私只能在本地的安全环境中存储，还不能上传到服务器端做比对，因此需要一套安全协议来保护存储在本地的强隐私信息以及完成与服务端之间的认证。主要应用场景与案例如下。

（1）指纹识别应用

在国家层面，目前我国的二代身份证已经开始集中采集公民的指纹数据，同时在美国、印度等多个国家也都存在类似的计划，可以说将指纹用于身份认证，已经成为世界上多个国家的共识，在出入海关验证公民身份等多个领域已经展开了广泛的应用。

从互联网应用的角度来看，目前指纹识别主要被用于终端设备解锁（如Android与OS的指纹解锁）、应用登录（比如登录支付宝钱包）以及更加重要的支付场景（支付宝的指纹支付）。可以看到，业界普遍认为指纹的精度与抗攻击性是相对较高的，可以被用于金融支付这样的重要场景。

指纹识别的错误接受率（False Acceptance Rate，FAR）大概是五万分之一，错误拒绝率（False Rejection Rate，FRR）在3%左右，足以提供用于身份鉴别，目前安卓（Android）手机的指纹支付暂未出现资产损失问题，资损率远远低于基于支付口令的身份鉴别。另外，指纹识别响应速度快，从开始识别到完成服务大概需要1秒，使用非常方便，用户体验好，用户使用习惯已经养成。

从安全性的角度来看，存在通过橡皮泥、硅胶指纹套等一类通过拷贝固化用户指纹信息来仿照指纹的攻击方法。另外，指纹识别在天气较热手出汗或沾水时识别通过率会大幅下降。而且重劳动力的指纹磨损也是农村用户普遍存在的问题。

（2）虹膜识别应用

对虹膜来说，由于独立的红外摄像头为手机厂商增加了一定的成本，以及由此带来的对手机外观的影响，让许多厂商对推进虹膜识别的落地尚有疑虑。然而，如果支持虹膜的相关设备能够上线，整个支付链条就可以打通。在这种预期的带动下，市场上支持虹膜的设备正在逐步上市中，已经发布的有三星Note7。另外，华为、奇酷等多家厂商都已经开始在自己的产品线中加入虹膜传感器。而且有业内信息称苹果会在iPhone 8中加入虹膜识别能力，可以预计到时又会引起一波虹膜支付普及的风潮，整个产业推动虹膜应用落地的速度将会更快。

印度、墨西哥、阿富汗都制订了生物身份识别计划，都在全面推进虹膜的采集。其中印度的虹膜库已经录入了近 10 亿人，将会在 2017 年完成全部人口的采集。未来可能被应用于各种身份应用场景中，目前已经投入使用的有机场的电子护照（E-passport）等，贵宾（VIP）客户可以直接通过刷眼通过身份验证进行登机或过海关。

从互联网应用的角度来看，虹膜应用正在爆发的前期，随着三星推出 Note 7，越来越多的设备制造商将推出支持虹膜识别的设备，在当前的情况下，虹膜识别已经可以作为终端设备解锁来使用，而一些公司也在积极地推动虹膜支付在智能设备上的落地。目前，我国公安部一所也会同有关企业推进公民虹膜在国内的采集和存储，构建全民的虹膜数据库。未来依托于这个数据库，完全可以脱离具体的应用，在事先没有录入任何信息的情况下完成身份识别。

（3）人脸与眼纹识别应用

人脸与眼纹在实际应用中由于都依赖摄像头，通常会结合起来提高用户体验，比如利用眼纹做活体检测，利用人脸做对比。总体来说，人脸与眼纹的优势是设备依赖性低，时至今日，几乎所有的移动设备都有还不错的摄像头，而眼纹目前对前置摄像头有最低 200 万像素的要求，潜在市场很大。下面将从设备依赖、用户数、性能与用户体验以及国内外市场的角度分析人脸与眼纹的应用。

在已公布的对外数据中，支付宝的人脸注册用户数已经超过了 6 000 万，而最新的用户数已经达到了 6 500 万，累计调用服务次数超过 5 亿次。鉴于人脸/眼纹的广泛应用前景，国内外的多家公司与研究机构都在积极地优化自己的算法，包括 Face++、Linkface、百度深度学习研究院（Institute of Deep Learning，IDL）、腾讯优图、谷歌（Google）以及脸谱网（Facebook）等都积极地在 FDDB、300-W、LFW 等国际人脸的公开赛事中不断提升自己的成绩。

从影响人脸识别精度的角度来看，它很容易受到光照、姿态、表情、妆容以及自然衰老的影响。往往需要从算法的角度建立各种补偿模型，来调整模型面对各种较为困难的识别用例。一方面，算法需要能够应对这些自然存在的复杂情况；另一方面，更要能够经受住攻击者主动发起的照片攻击、视频攻击，以及利用 FaceGen、PhotoSpeak 等面部生成/建模软件进行攻击。

（4）人像监控预警

实现目标：利用物理网点和自动取款机（Automatic Teller Machine，ATM）摄像头，增加人像识别功能，提前识别可疑人员、提示可疑行为动作，识别 VIP 客户。

具体内容：识别网点区域内可疑人员特征，如是否人脸上有面罩、手持可疑物品、行动速度异常、人员倒地、人员胁迫等，还可以对客户身份进行识别。

（5）员工违规行为监控

实现目标：利用网点柜台内部摄像头，增加员工可疑行为识别监控功能，记录并标记疑似交易，并提醒后台监控人员进一步分析，同时起到警示作用。

具体内容：人工智能还能监督和跟踪员工行为，并判断员工行为是否合规、安全等。例如，运用图形视频处理技术，实时监控银行柜员在规定动作以外的行为，提醒后台人员进行注意。通过纸文本读取技术，排查所有交易单据，建立关键字提示技术。或者回访客服问答、柜台对话记录，建立风险模型，及时发现可疑交易等。识别并标记视频监控中发现的员工可疑行为录像片段，提示后台人员进行查看；同时，对一线操作人员起到心理震慑作用。

（6）核心区域安全监控

实现目标：在银行内部核心区域增加人像识别摄像头，人员进出必须通过人脸识别及与证件一致方可进入，同时对于所有进出人员进行人像登记，防止陌生人尾随进出相关区域，如集中运营中心、数据中心机房等。

具体内容：集中运营中心、机房、保险柜、金库等重要场所可采用人脸门禁提高内部安全控制，通过人脸识别的验证方式，实现银行内部安全管理，有效地防范不法分子的非法入侵，同时进行多人的人脸识别，实现智能识别，达到安全防范的目标。

3. 语音识别与自然语言处理应用

（1）智能客服

实现目标：整合全集团对外的客户服务通道，提供多模式融合（包括电话、网页在线、微信、短信及 APP 等）的在线智能客服；对内实现语音分析、客服助理等商业智能应用。为坐席提供一种辅助手段，帮助坐席快速解决客户问题；客服助理通过实时语音识别、实时语义理解，掌握客户需求，自动推送客户特征、知识库等内容。借助于微信公众号等平台，推出语音问答系统，打造个人金融助理形象。

具体内容：通过电话客服渠道、网上客服、APP、短信、微信以及智能机器人终端与客户进行语音或文本的互动交流，理解客户业务需求，语音回复客户提出的业务咨询，并能根据客户语音导航至指定业务模块；对传统按键式菜单进行改造，用户使用自然语音与系统交互，实现菜单扁平化，提升用户满意度，减轻人工服务压力，降低运营成本。电话客服不再受限于菜单，可开展全业务的语音导航服务。

（2）语音数据挖掘

实现目标：基于语音和语义技术，可自动将电话银行海量通话和各种用户单据内容结构化，打上各类标签，挖掘分析有价值的信息，为服务与营销等提供数据与决策支持。

具体内容：语音语义分析自动给出重点信息聚类、联想数据集合关联性、检索关键词，并汇总热词，发现最新的市场机遇和客户关注热点；同时，根据金融行业客服与客户的通话情况，可进行业务咨询热点问题梳理统计，由机器进行自动学习，梳理生成知识问答库，并作为后续机器自动回复客户问题的参考依据。

4．服务机器人技术应用

实现目标：在机房、服务器等核心区域投放 24 小时巡检机器人，及时发现处理潜在风险，替代或辅助人工进行监控。在网点大堂尝试设置智慧机器人，赋予机器人拟人化，赋予其人类的形象和相应感情、动作；对网点客户进行业务咨询答疑、辅助分流，采集客户数据，开展大数据营销工作，完成查询、开卡、销卡等业务的辅助办理。

具体内容：运用机器人技术，在网点或机房投放智慧机器人，实现指定区域自动巡航功能，可对客户进行迎宾分流、语音互动交流，根据客户知识库内容进行标准业务咨询和问答，减少大堂经理的重复性工作；同时通过前端采集客户数据，可开展精准营销工作。此外，增强银行服务的科技创新感和服务新体验，为银行服务的转型升级注入全新的因素。

三、行业典型案例

（一）中国邮政储蓄银行股份有限公司

2016年，中国邮政储蓄银行股份有限公司（以下简称邮储银行）在金融业务与人工智能结合方面进行了积极的探索，依托互联网金融创新实验室，在银行前中后台业务中分别选择智能投顾、远程智能授权、智能客服等进行研究、创新和应用。

为优化中台处理对前台业务的有效支撑，提升集中授权业务处理效率和质量，减少人力资源投入，邮储银行推行了会计稽核集中作业，期望通过操作专业化、效率最大化、人员配置最优化，达到降低业务风险的目的。运用人工智能技术，以会计稽核中的远程授权为突破点，分步推进印刷体识别、手写体识别和人脸识别，逐步做到对数字、文字、符号、图像的有效判断，解决业务内容核实、用户输入信息检测等问题。将人脸识别技术应用于自助发卡等前台业务，客户通过自助发卡机办理交易时，运用人脸识别技术辅助完成人证一致性验证，杜绝人工操作带来的主观误识风险，进一步加强了风险防控。

2015年，微信公众号“邮储银行电子银行”推出了智能客服机器人“小邮”，以自然语言处理等人工智能技术为基础，具备微信、万维网（Web）等多媒体渠道表现能力，以拟人化的方式与网络用户进行实时有效交互，并支持7×24小时服务，自动答复时间小于1秒。“小邮”具备智能业务咨询、产品营销等基础技能，还可实现业务查询、业务办理等复杂功能，并通过文本、图片、图文组合等多种形式与人工客服对接，成为传统人工客服的有力助手，有效提升了服务应答速度，节约了人工客服的人力成本。

邮储银行正在积极研究运用大数据和人工智能技术，在客户投资、理财、转账等操作过程里，自动实现实时推送、精准营销，对客户需求挖掘、投资组合建议、客户挽留等关键节点，提供高效、准确、实时、互动的投资顾问服务。

（二）中国民生银行股份有限公司

民生银行是中国内地第一家由民间资本设立的全国性商业银行，成立于1996年1月12日。作为位列世界500强的商业银行，民生拥有更具前瞻性的眼光，秉承为客户提供最佳体验的理念，一向重视IT信息化建设，对前沿科技保持着强烈好奇心和探索欲，有意愿也有实力率先部署最新的科技产品，为员工打造良好办公环境，更重要的是为客户提供更加便捷的金融服务。

在新巴塞尔协议框架以及“互联网+”时代背景下，民生银行依托新技术更新服务模式，为客户提供更为安全、便捷的跨平台体验。借助Windows 10通用应用平台（Windows 10 Unified Windows Platform，UWP）、Windows 10人工智能助理小娜（Cortana）和生物特征智能识别功能（Windows Hello），民生银行切切实实将服务理念落实到实践中，以相对较小且可控的投入，实现了服务生态的信息化建设。民生银行在跨平台整合、语音服务以及提升安全性等方面实现了质的飞跃，在跨平台体验、语音识别、身份认证等方面都对民生银行所面临的挑战提供了卓有成效的解决方案。真正实现一次编写、一套业务逻辑就可运用到所有Windows设备当中。基于此开发出来的应用在所有设备上都给用户带来一致性和熟悉感，同时适合每个设备的输入模式和屏幕尺寸。在实际应用当中，银行开发人员只需投入低开发成本便可获得高回报，让用户在任何平台——手机端、平板计算机端、个人计算机（PC）端都可以进行网银支付。此外，他们可以获得一致性体验，不会因为平台的不同就要重新学习业务操作。

“小娜”（Cortana）是Windows 10为用户提供的数字化语音助手，能够通过语音快速识别并根据用户提问给出相应引导。在银行业的应用场景中，员工可以运用搭载Windows 10的PC设备进行语音办公，而银行用户则可以通过装有Windows 10系统的银行柜台进行自助业务办理。此外，对于弱势群体如未成年人和老人，语音识别能够将他们从手动的操作中解放出来，提高用户体验。

Windows Hello是Windows 10系统提供的通过生物识别技术（如虹膜、

指纹、面部识别等）来获取用户身份，以确认用户权限。这种登录方式的优势在于，它摒弃了银行业在进行登录认证时僵化的、安全性较低的密码验证的不足，以及U盾登录的不便捷，而是以更加可靠的生物识别技术来确定身份，增强用户身份和个人信息安全性，以及银行数据的数据安全性。

移动互联已成为“互联网+”时代的主题，越来越多的用户将生活方式从PC端转向了移动端。手机应用的流行，为银行业带来挑战的同时也带来了机会。通过移动应用，利用其直达受众的优势，为目标用户提供个性化体验，同时传达最新投资理财资讯，让用户第一时间了解优惠业务和活动。而UWP无疑为移动终端的开发解决了诸多问题，不管是版本的适配还是平台的不同，都可以通过一套逻辑解决问题，大大减少开发成本。此外，一致性的用户界面，减少了用户的学习成本，并让他们充满熟悉感，培养对应用的认知度，从而达到实现客户忠诚度的目的。Windows Hello所代表的新型安全身份验证对于银行业来说有着非同寻常的意义，生物识别技术比传统的电子密钥（Ukey）或短信服务（Short Message Service，SMS）更加可靠、安全、有力，能够最大限度地保证用户的个人信息、财产安全；对于银行业来说，这种识别方式可以有效防止信息泄露等影响企业数据安全的问题。

（三）中国平安保险（集团）股份有限公司

中国平安保险（集团）股份有限公司（以下简称平安集团）致力于成为国际领先的个人金融生活服务提供商，坚持“科技引领金融，金融服务生活”的理念，通过“综合金融+互联网”和“互联网+综合金融”两个模式，围绕保险、银行、资产管理、互联网金融四大板块，为客户创造“专业，让生活更简单”的品牌体验，获得持续的利润增长。

在用户、客户及迁徙方面，持续以客户为中心，为客户提供完善的金融服务，以实现“一个客户、一个账户、多项服务、多个产品”为目标，积极推进用户、客户间的迁徙。在核心金融业务方面，向客户提供专业的一站式金融服务，并利用互联网升级综合金融模式，扩大服务范围，提升服务效率和体验。在互联网金融业务方面，围绕用户的“医、食、住、行、玩”需求，不断完善线上平台，提供多种服务和产品，将金融嵌入线上生活服务。

平安集团下设平安科技人工智能实验室，大规模研发人工智能金融应用。

1. 人像识别

平安集团运用人像识别技术，在指定银行区域进行整体监控，识别陌生人、可疑人员和可疑行为，提升银行物理区域安全性，该套系统还能识别银行 VIP 客户等，实现个性化服务。在“平安天下通”APP 上，平安利用人脸识别技术进行远程身份认证，用户根据系统提示完成指定动作识别，即可进行 APP 解锁、刷脸支付以及刷脸贷款等。

2. 智能客服

平安集团整合旗下保险、基金、银行、证券等客服渠道为 95511，应用人工智能技术，用户拨打后直接说出服务需求，系统识别客户语音内容后，即可转接相应模块，大幅节省了客户选择菜单的时间。智能客服还可以进行简单问题回复，复杂问题则转人工进行支持，人机结合有效地解决了客户问题。

（四）浙江蚂蚁小微金融服务集团有限公司

蚂蚁金服下设一个特殊的科学家团队，专门从事机器学习与深度学习等人工智能领域的前沿研究，并在蚂蚁金服的业务场景下进行一系列的创新和应用，包括互联网小贷、保险、征信、智能投顾、客户服务等多个领域。

由蚂蚁金服、华为、三星等共同发起了互联网金融身份认证联盟（Internet Finance Authentication Alliance，IFAA），通过一年多的顺利发展，如今 IFAA 已经成为中国市场上支持设备与用户最多的互联网金融身份认证行业标准。在 IFAA 的大框架下，蚂蚁金服已经上线了指纹识别、人脸识别、眼纹活体识别、笔迹识别等多个产品，虹膜识别等产品正在研发中。

在具体应用场景方面，可应用于支付宝钱包登录、个人身份认证（如密码找回、换绑手机、智能证件审核）以及商家签约审核，同时还推出了“蚂可”人脸、眼纹生物识别人工智能（AI）开放服务，能够让互联网用户直接上传自己的人脸图像进行比对测试。其他市面上的互联网应用也大多将其广泛地用于非支付的各种核心应用场景。

根据蚂蚁金服公布的数据，网商银行在“花呗”与“微贷”业务上，使用机器学习把虚假交易率降低了近 10 倍，为支付宝的证件审核系统开发的基于深度学习的光学字符识别（Optical Character Recognition，OCR）系统，使证件校核时间从 1 天缩小到 1 秒，同时提升了 30%的通过率。

以智能客服为例，2015 年“双 11”期间，蚂蚁金服 95%的远程客户服务已经由大数据智能机器人完成，同时实现了 100%的自动语音识别。当用户通过支付宝客户端进入“我的客服”后，人工智能开始发挥作用，“我的客服”会自动“猜”出用户可能会有疑问的几个点供选择，这里一部分是所有用户常见的问题，更精准的是基于用户使用的服务、时长、行为等变量抽取出的个性化疑问点；在交流中，则通过深度学习和语义分析等方式给出自动回答。问题识别模型的点击准确率在过去的时间里大幅提升，在“花呗”等业务上，机器人问答准确率从 67%提升到超过 80%。

（五）京东金融集团

京东金融集团（以下简称京东金融）很早就关注到了智能投顾领域，并基于基金代销牌照推出了“智投”产品。基于人工智能、大数据等技术，将理财顾问的专业能力和服务固化、模型化，从而用廉价的在线方式为用户提供理财顾问的相关服务，并在线投放给用户。

为了更好地服务用户，京东金融首先重新规划了用户需求。除了投资需求，还包括用户的财务诊断功能，如资产负债率、财富自由度、储蓄率等，来诊断用户当前状态是否健康，这是通过数字化方式的充分了解你的客户（Know Your Customer，KYC）环节，更标准化和精细化地放到线上，与资产配置方案相结合。其中对用户信息的分析，还综合了用户在京东上的消费和理财信息，刻画了一个较为完整的用户肖像，完善 KYC 的环节。

其次是进行场景化包装升级。京东金融的“智投”产品，是以引擎为内涵，场景化为外延来与用户交互的，甚至和消费打通。例如目标规划，会考虑用户投资之后有什么样的衍生行为，如消费、旅游、买车、买房。这个时候“智投”产品不仅仅是一个工具性的东西，还具有某种引导用户进行健康理财的作用，更适用于普通大众层面的理财规划。

最后，在投资环节更可以通过机器学习的方式不断自我衍生更强的择时和选品能力。这些成果都可以帮助用户减少财富管理的盲目性，减少对线下高成本理财顾问的依赖，从而实现更便宜、更便捷的理财。

目前京东金融利用人工智能技术逐步优化人机交互体验。采取文字乃至于语音的方式，采用更生活化的语言，帮助大量长尾用户更轻松、更人性化地完成信息输入，机器会智能化的理解用户语言并分析用户需求，对不同个性的用户匹配不同的知识图谱甚至输出策略。同时提升服务的标准化，避免销售误导等道德风险。

（六）苏宁金融集团

苏宁金融下设大数据中心，基于苏宁集团的大数据资源，在互联网金融领域大力开发各类智能应用产品。

1. 智能营销

通过整合苏宁集团生态圈内外的数十 PB 的客户相关数据，设计三千余客户标签，上线部署数百营销规则，2016 年智能营销落地实施，自动营销转化效果比人工管理营销工作效果提高 600%，累计转化用户超过 200 万，累计转化金额超过 300 亿元。

2. 智能风控

通过综合分析客户行为、终端设备、操作环境等数据设计一千余个风险特征标签，利用人工智能技术，部署上线数十个算法模型和数千个风险规则，实现了 7×24 小时的高质量风险实时监控工作要求。2016 年全年苏宁金融的业务预计比 2015 年增长超过 3 倍，每月平均风险损失基本与 2015 年持平。

3. 智能客服

利用智能客服引擎，整合智能质检、智能路由、智能排班、精准营销等功能。2016 年上线后极大地提高了客服工作质量，在客服质检工作方面，质检覆盖率从不到 1%提升至 100%，客服质检人员从 15 人降低到 5 人。在客服排班工作方面，每天减少 1 000 起基础业务咨询，占总咨询量的 5.6%，节约人力成本 10 人。

4. 智能投顾

苏宁金融大数据中心基于马克维茨的现代投资组合理论，结合人工智能和大数据分析，“用机器”为客户打造专业、理性的投资组合，2016 年上线该产品，安全可行、智能高效地为不同类型的客户推荐最优化的苏宁金融理财产品。通过智能投顾，从投资的专业性、信息的敏捷性、组合的科学性上，增强用户投资信心。

（七）科大讯飞股份有限公司

迄今为止，科大讯飞股份有限公司（以下简称科大讯飞）智能客服解决方案已广泛应用于电信、金融、电力、交通、教育、航空、医疗等重点行业，持续引领了我国呼叫中心语音应用的发展浪潮，并已在 2010 年上海世博会中形成应用示范。目前，在工商银行、招商银行、交通银行、建设银行、徽商银行、中信银行、中国平安、阳光保险等各大金融保险机构市场领域实现了智能客服的规模化应用和全面布局，逐步成为各大金融机构客服转型发展最为倚重的内在驱动力之一。

基于科大讯飞的人工智能计划“讯飞超脑”，针对客服领域优化，一个大脑同时支持前台自助服务和后台语音分析，实现业务知识共享。后台语音分析可无缝分析前台自助服务的用户交互日志；后台语音分析成果可对自助服务给出优化策略。基于讯飞超脑，提供来电原因、情绪等语音信息的特色标签；基于数据挖掘，构建新型智能知识库。

1. 智能语音导航

用户说出需求，即可获得所需的信息与服务，充分享受自然语音交互带来的高效、便捷体验。目前已在中国平安、中国工商银行等合作方正式上线使用。其产品特点有：摆脱按键束缚，扁平化支持成千上万的业务，彻底解决按键无法适应海量业务的短板。用户利用语音直接表达需求，直接命中对应菜单，快速便捷。用户利用自然语言表达需求，无须了解业务术语，自然交互，用户满意度高。语音交互，可以解决业务咨询、文字输入等传统按键服务无法解决的业务难点，同时用户倾向于使用高体验的自助语音导航服务，可有效分流人工。

2. 语音分析

采集海量录音、文本及业务数据，利用不同的能力（识别、语音、语义）对传统大数据分析无法处理的非结构化数据进行标签化，从中挖掘分析有价值信息，为客服、运营、营销等提供支撑。其产品特点如下。

离线分析：应用智能语音分析技术，可自动将海量录音转为结构化索引，从中挖掘分析有价值的信息，为客服、运营、营销等提供支撑。

在线辅助：通过离线的营销分析，分析用户特征，形成标准话术，实现在线实时辅助营销，针对坐席在实时电话过程中提供辅导，引导坐席采用最优方法进行营销。辅助挖掘客户需求、促进销售、优化运营流程、提升客户体验。

3. 智能客服机器人

科大讯飞基于业界领先的智能语音与人工智能技术及智能客服机器人的应用场景，研制了“晓曼”智能客服机器人。“晓曼”从拟人化上，不仅被赋予了人类的形象和相对应的感情、动作，同时具有可交互性。这种交互性是自然的，可以让用户感觉是在与机器人直接沟通；机器人通过肢体语言、会话方式与客户沟通，显示器则作为辅助的理解手段。除此以外，可以解决实际问题，不断提升用户业务的准确率和可用性。

在技术层面上，“晓曼”首先是解决了智能客服机器人所在大厅环境下的混响、背景噪声、人声干扰、回声等噪声问题。通过 7+1 阵列麦克风、360°全方位声源定位、360°全方位立体式唤醒服务、嘈杂环境下唤醒率 95%以上、精准转向用户，98%定位准确率。其次是充分抑制周边干扰，定向收音，7+1 阵列麦克风，极窄波束实现定向录音、优化算法，强化主麦方向录音能量、99%语音识别正确率。

（八）网信集团

网信集团立足互联网综合金融模式布局第三方支付、网络贷款、众筹、财富管理、征信、传媒、移动通信、生活服务八大板块，以“连接人与金融”为愿景，以超级 App“网信理财”为入口连接金融、商业、服务、生活、投资等，建设基于移动互联网的金融服务新生态。旗下的众筹网是中国众筹概念最早的普及者，P2P 行业中的两家知名平台（网信理财、金融工场）均是集团旗下平台企业，同时还创办了“网信移动”这一虚拟运营商品牌。“金融+互联网+生活方式”是网信集团商业模式的核心。

网信集团目前有专门的量化团队，除了采用传统的量化技术，同时也在探索机器人学习、人工智能、深度学习等技术在投资领域的应用，目前分为两大方向——量化平台和智能投顾。其中量化平台是网信为策略专家及爱好者提供精准的 A 股行情数据、回测引擎、研究平台、模拟交易的技术平台及交流社区，便于策略研发者快速实现、使用自己的量化交易策略。通过合理、合规的机制，未来网信会将自己投研团队研发的优秀策略及平台上的优秀策略对外合作，目前正在研发中。

智能投顾是网信集团未来在金融科技领域重点探索的领域之一，通过基于现代投资组合理论（MPT）构建资产配置引擎，为用户提供智能财富管理服务，C 端产品“慧牛理财”已经上线。慧牛理财目前根据风险偏好、理财目标、财务情况为用户定制投资组合，并支持根据市场的变化动态再平衡，帮助用户获得长期、稳健的收益。

（九）北京因果树网络科技有限公司

北京因果树网络科技有限公司（以下简称因果树）是一家为金融机构以及科技企业提供市场洞察分析及监测的大数据公司。公司目前收录 50 万家创业企业的运营数据以及上万家风险投资机构的投资数据。这些数据既可以帮助创业者了解市场动态、寻找新兴创业方向、对比竞品成长轨迹、匹配适合的投资机构，也可以帮助投资机构迅速筛选投资标的、判断企业优劣、合理计算估值、跟踪企业成长进程。除此之外，这些数据还可以帮助各类创业创新服务机构，比如孵化器、众创空间、人力资源平台，以及政府部门系统化地了解潜在的服务对象，把握市场脉络。

1. 大数据实力

因果树已接入中国联通全国大数据资源，并进行实时挖掘分析，整合 50 万+科技媒体及电信（Technology Media and Telecommunication，TMT）企业运营数据、1 万+风险投资机构的投资数据、50 万+篇市场分析研报、全球知识产权数据、覆盖 1 千+细分行业，构建出一幅股权市场全景数据“云地图”。

2. 因果树“图灵”机器人

针对不同用户的线上使用场景打造，可以让用户以提问的方式获取投融资相关数据信息，3 秒钟回答用户在创业或者投资中的一切疑问。对未上市企业实现了每日评测，呈现为“偶＋”分数和超新星，这些项目在未来 6 个月内被投资的概率为 21%，利用机器学习模型为其中 2 万家企业做了估值。因果树“图灵”在工作效率上，1 分钟相当于一个成熟的分析师 40 小时的工作量，在认知程度上相当于 3～4 年经验的投资经理水平。

3. 发展现状

因果树目前的用户包括深圳股权交易所、国内主流风险投资机构、券商、孵化器、各类创业大赛的组委会，以及创业者。

因果树依托其完备的投资及企业信息库，利用数据挖掘和机器学习等技术手段、独立的数据模型和方法论，通过定性/定量两个维度深度剖析国内外一级、二级股权投资市场，帮助创业者了解市场动态，寻找新兴创业方向，对比竞品成长轨迹，匹配适合的投资机构；帮助投资机构迅速筛选投资标的，判断企业优劣，合理计算估值，跟踪企业成长进程；帮助孵化器、众创空间、人力资源平台以及政府部门系统化地了解潜在的服务对象。因果树已成为政府、证券公司、投资机构、孵化器以及创业群体首选的智能辅助工具。

四、金融智能发展趋势分析

（一）发展趋势

1. 变革原有的金融理论和实践体系

在金融领域，人工智能技术正在变革原有的金融理论和实践体系，具体表现在以下四个层面。

（1）加速构建金融新体系

金融的本质是风险控制和风险管理，这是数百年金融发展的本质。金融从业人员的工作是建立在对未来的预判和不断的修正中。不仅如此，金融市场的形成，更是依赖于统一的对未来的认知和分析体系，虽然每个参与个体对不确定性有不同的预判，但是整体的分析理论框架大致相同。人工智能技术，依托于其强大的数据处理能力，正在利用更多维度的数据（企业运营、个人画像、企业之间的关系图谱等）重新定义风险控制和风险管理。

（2）为金融风险管控提供新新技术手段

随着过去30年互联网技术的发展，人类积累了大量的企业数据和个人数据，这些数据从不同的侧面反映了企业和个人的行为或者属性，为风险控制和管理提供了丰富的原材料。与此同时，计算机性能的提升也让人类无法高效处理的分析场景，正在被机器学习算法不断实现。例如，如何为市场中的数千家企业进行分类？如何判断企业之间的相似性和上下游？所有的金融分析都是基于这样的基础统计口径。这就好比人类对世界和宇宙的认知是从绘制地图和星图开始的。新数据、新的分析手段，让全新的风险控制和管理体系成为可能。

（3）催生新人员架构

当前金融从业者主要是掌握金融知识的专业人士。在人工智能的时代，数据科学家将起到越来越重要的作用。新数据、新分析手段、新的风控体系，在很大程度上依赖于数据科学的工作。人类在教会 AlphaGo 下棋后便很快退到了幕后。承认自己的认知局限，并从机器学习的结果中寻找新的洞察将是金融从业人员今后的主要提升路径。

（4）变革新利益分配方式

鉴于未来新型风控体系的建立、新技术的应用，以及从业人员的变化，科技驱动型公司将在金融领域扮演越来越重要的角色。现有的产业链以及利益分配将不得不重新定义，对现有的金融体系形成革命性的挑战。

2. 金融智能取得突破的方面

人工智能在金融领域的应用和发展是一个连续变化的过程，在 2017 年及未来的几年，金融智能有望在以下几个方面取得突破。

（1）快速将信息转化为知识的能力大幅提升

传统的量化交易，在对实时和历史的结构化数据的获取能力方面相对成熟，但在对文本、语音和视频等非结构化信息的获取能力方面，受制于人工智能的发展水平曾经相对不足乃至无法与人类相比。但是，近年来，人工智能在非结构化信息的获取方面出现较大飞跃，人类手工收集、整理、提取非结构化数据中有用信息的能力开始不如人工智能程序，随着人工智能的进一步发展，这方面的差距还会进一步拉大。特别是文本信息，在自然语言处理（NLP）和信息提取（IE）领域已经取得实质性的进展，用于快速获取价值交易相关的信息，比如基本面信息，开始显露出优势。这样的优势未来将不仅可以运用于二级市场的量化交易，对一个公司上市前各融资阶段的基本面分析、对放贷对象的基本面分析乃至在实体经济中对产业生态和竞争格局的基本面分析等，都可以使用这样的技术来争取时间优势。

（2）在领域建模和大数据分析基础上预测未来的能力日益增强

“过去”在比特世界里的集中表现就是大数据。没有人工智能的大数据，不能将信息转化为知识。而欲将信息转化为知识，最终体现优势的不是知识的“量”而是知识的“质”。在一个错误的方向上积累知识，知识越多越糟糕。如果对于“知识长什么样”的基本假设是错的，知识积累就会过早止步于错误基本假设所决定的天花板，再大的数据、再深度的学习也帮不上什么忙。

所以，领域知识建模在方法论上的正确性，是决定人工智能应用成功与否的最关键因素。目前“知识图谱”作为领域知识建模的工具正在受到市场各个层面越来越多的重视，但更多成熟的分析预测算法还是针对结构化、关系型数据的，而不是知识图谱这种半结构化、标签型数据的。基于知识图谱的领域建模、基于规模化大数据的处理能力、针对半结构化标签型数据的分析预测算法三者的结合，是人工智能在时间维度上沟通过去和未来，减少跨越时间的价值交换带来风险的优势所在。

（3）在确定规则下优化博弈策略的能力大幅提升

AlphaGo 的成功说明人工智能可以比人做得更好的原因是：第一，人工智能可以比人更充分地学习有史以来的所有公开对局；第二，人工智能可以比人更充分地利用离线时间采用左右互搏的增强学习策略，尝试在线约束下不敢轻易尝试的各种变化；第三，人工智能可以比人更充分地进行节点（主体）间的分工协作，在涉及智能博弈的场合，几万台电脑之间的协作比几万个人之间的协作要更容易达成。更不要说人类面对利益考量，在巨大压力下还具有各种不淡定乃至贪婪的表现。所以，人工智能在博弈环节的普遍应用，也是未来一个必然的趋势。

（二）我国金融智能发展建议

金融产生于跨越时间和空间的价值交换，人工智能在克服价值交换的时间障碍方面则更接近于带来中介、消费者和监管当局多赢的格局。这是总的判断，但是在具体推进的层面还有一些深层次的问题有待解决。这里着重提出两个问题进行深入的探讨。

首先需要注意设立人工智能技术标准及道德标准。“人工智能学家”研究团队最近提出了“人工智能 6 个智能分级方法”，在进行人工智能智商研究中提出了统一机器和人的“标准智能模型”。

专业技术协会 IEEE 认为，有道德标准设计的人工智能系统能够造福全人类并且避免算法偏差，但是技术行业缺乏对道德的归属感和责任感已经成为阻碍它发展的一个因素。需要确保人工智能尊重人权、运作透明，以及人工智能是否为自动决策负责——然后再转到更具体的领域，例如，如何将“人类准则或价值观”融入自治系统、如何解决潜在的偏见、如何达成信任，这些都需要设立标准来从外部评估并实现价值校正。

其次是加强监管。当更多的“机器人”游荡于市场、商场，人与机器人同场竞技丝毫不占上风的时候，原本为人设计的游戏规则成了偏袒机器人制胜的“护身符”的时候，这样的游戏规则要不要修改？淘宝的员工使用技术手段秒杀内部提供的福利月饼受到了严厉的处分，各种门户网站为了防止机器人过度采集和刷单、12306 网上购票系统为了防止机器人过度抢票都采取了本质上“不欢迎”的技术手段。

从技术提供方来说，更富建设性的做法应该是拥抱变化，不断挖掘人工智能的潜力，力争在游戏规则改变以后仍保有足够的竞争力。从社会管理、市场管理方来说，也要防止懒政和一刀切，对科技创新不要搞突然袭击，事先要做好充分的沟通和谅解，防止通过牺牲金融消费者已经取得的便利、通过牺牲科技创新的发展速度和价值交换效率来控制人工智能与人类智能之间的平衡。

人工智能金融技术的发展，对于监管而言也是利大于弊。人工智能技术可以充分利用大数据来洞察违规苗头、锁定违规线索，提高违规成本，逼迫违规者放弃已经不灵光的违规套路。监管者也要拥抱技术创新，依靠技术创新带动监管创新。

参考文献

[1] Executive Office of the President of United States Report. Preparing for the Future of Artificial Intelligence[R]. October 2016.

第五章

金融物联网

一、金融物联网概述

（一）金融物联网的概念

物联网（Internet of Things）通过传感器、射频识别技术（Radio Frequency Identification，RFID）、全球定位系统（GPS）等技术，实时采集任何需要监控、连接、互动的物体或过程，采集其声、光、热、电、力学、化学、生物、位置等各种需要的信息，通过各类可能的网络接入，实现物与物、物与人的链接，实现对物品和过程的智能化感知、识别和管理。在这个网络中，物品彼此进行“交流”，实现自动识别和信息的互联与共享。

从技术的角度来说，物联网技术主要有四个层面。第一层是设备层，就是“物”的层面，此层面包含传感器、网关、终端硬件等。物联网的数据在这个层面从各种设备中被感知和产生。第二层是网络层。各种物理设备，通过各种方式进行组网，形成了物联网的初级形态。第三层是数据采集和分析层。数据在第三层中被集中采集到一个计算中心，通常是云计算平台中，进行数据整理和计算，得到有用的分析结果。可以说第三层是物联网的灵魂。最后一层也就是第四层是分析结果的展现和应用。这一层完成物联网结果的反馈和与其他系统的对接，给生产、生活带来实质帮助。以上四个层面组成了在各行各业实现物联网方案的基本技术框架。

物联网作为继计算机、互联网后信息产业革命的第三次浪潮，早已蔓延到社会生产经营的方方面面，更是对社会经济中枢的金融行业也将产生深远影响。金融物联网是指物联网技术在金融行业的全部应用。从一项或一组物联网技术对金融企业的内部管理支持和流程优化，到完整的物联网商业应用场景与金融企业具体业务的结合，再到多维度、全链条的智慧网络建设及数据应用推动的金融模式变革与创新，物联网技术在金融领域的应用不断深化，相关产业也呈现出强劲的发展势头。

金融机构利用以物联网为核心的信息技术，进行金融信用、杠杆、风险和服务的创新，从而将深刻变革银行、证券、保险、租赁、投资等众多金融领域的原有业务模式。

其中，物联网技术之于金融信用体系的创新，在于金融机构在物联网技术支撑下，重构其与监管部门、非金融企业、服务对象等相关参与者之间的新型信用体系；物联网技术之于金融资本杠杆的创新，在于金融机构通过构建物联网技术应用场景来引导更多的参与者投入实体经济，推动单一的金融资本杠杆向多样性的资本、技术等资源组合杠杆的转变；物联网技术之于金融风险管理的创新，在于金融机构通过共享实体经济的物联网数据信息，实现智能客观的风险定价；物联网技术之于金融产品服务的创新，在于金融机构利用物联网技术实时地获取客观的市场需求，进而动态地调整金融服务，推动被动的融资服务向主动的融资融智服务转变。

金融物联网包含了物联网技术、金融服务以及实体经济的生产运营场景等基本要素，其中金融和物联网技术是金融物联网的两个核心要素，相辅相成，互为支持；而实体经济的生产运营场景则是金融物联网的现实载体，金融服务与物联网技术将在其中作为基础要素融入实体经济的商品或服务中。金融物联网构成的新型生产关系，因其高度的开放、协作以及全面的去中介化，使得信用、跨期价值交易的成本无限下降，产品服务边际成本趋近于零，业态边界也将趋于无穷大，可以扩张到所有的社会生活、生产和运营中，囊括所有的商业和非商业参与者。

（二）国外金融物联网的发展情况

人类社会正在向全新的数字化时代迈进。银行、保险、租赁、证券等众多金融机构充分利用物联网等科技手段驱动金融创新、构建智慧金融生态已成为必然趋势。从国外实践来看，金融物联网仍处于探索和起步阶段。以下是国外机构在金融物联网领域探索的几个典型案例。

1. 美国迪堡公司（Diebold）

美国的ATM机制造商Diebold在近期收购了德国竞争对手德利多富有限公司（Wincor Nixdorf AG），这使其一跃成为全球最大的ATM机制造商。

在运用物联网方案之前，Diebold已经达到了99%的很高的正常运行时间率。不过Diebold还希望更进一步追求接近100%的正常运行时间率。Diebold利用物联网和它所产生的数据，开发新的工具和流程，来监测、预测，做到防患于未然。如何利用数以万计的自动取款机所带来的流动的信息？如何利用大数据以减少故障、降低维修成本、监测和提高ATM机的健康状态，甚至综合评估消费者的行为习惯？ATM机上有丰富的设备数据。例如，从ATM机上的单个模块就可以收集超过250个数据点，而一个ATM机可能会有10～15个模块在运行。也就是说，可能有成千上万的数据点可以被采集，并利用高级的算法来建立实时的编组可视化工具。

通过物联网，Diebold从ATM机上采集数据，并利用机器学习算法来分析这些非常复杂和丰富的数据。他们可以创建ATM健康得分，预测和发现一些有趣的事情，例如：

- 机器在下1 000次钞票移动操作中失败的可能性。
- 为什么9%的银行热线电话出现“未发现问题”的结论？
- 遍布全国的自动柜员机网络的整体健康得分排名。

通过物联网的实时监测和控制，公司可以在故障发生前提供维护，远程完成服务，这样不仅缩短了产品停机时间，更省去了派遣维修人员的成本。即便需要实地修理，这些产品也可以提供维修信息，包括哪些部分受损、需要的部件以及修理的方法，这降低了维修成本，提高了一次修复率。Diebold能检测多台自动取款机的使用状况。一旦侦测到早期故障预警信号，公司就会对取款机的状态进行评估，进行远程修理。如果需要实地修理，公司会向维修人员提供详细的故障诊断、维修流程建议和需要替换的部件。和其他智能互联产品一样，公司的自动取款机也可以通过升级来提升性能，通常升级都是通过远程软件更新完成。

2. 英国英杰华保险公司（Aviva）

英杰华是国际领先的保险、储蓄和投资产品的提供商，在全球有 4 300 万客户，公司总部设在伦敦，是英国最大的保险公司，拥有 40 800 的员工，年收入超过 500 亿英镑（约合 760 亿美金）。

英杰华致力于提供低利率和个性化的服务，其汽车保险部门也不例外。英杰华想要设计一个新的定价模型，为合适的客户降低保费。英杰华希望通过分析个体驾驶行为习惯来为不同的客户提供量身定做的车险定价，而不是用传统的基于统计的方法来定价，从而帮助客户省钱。

多年以来，汽车保险费定价的计算方法主要是基于驾驶员的驾驶记录和基于包括年龄和性别等统计概率的传统方法。但是英杰华希望寻求更好的方法，能给每个驾驶员提供个性化的价格。例如，一个四十多岁的驾驶员，其驾驶习惯不一定跟其他四十多岁的人一样。解决问题的关键是，如何区分不同驾驶员的驾驶习惯？

同时，一项新法规提供额外转型推动力。2004 年，欧洲共同体（以下简称欧共体）发布了性别指令（Gender Directive）法案，界定性别歧视为非法。然而，包括英国在内的一些国家使用性别作为决定车险风险一个因素。在实际案例中，为妇女提供的保险费比男性保险费可能低 50%。在 2012 年 12 月，当欧共体裁定 Gender Directive 法案同样也适用于汽车保险费计算的时候，这种情况发生了改变。保险公司急于想告诉司机，保费将取决于司机在车里的驾驶表现而不用担心性别。

为了达到这个目的，首先需要数据来更好地了解投保人的驾驶习惯。为了更好地了解潜在客户，英杰华收集来自车辆驾驶的遥测数据。技术在不断进步，移动设备和云计算的技术进步使英华杰意识到可能通过物联网来低成本大规模地采集车辆驾驶数据，物联网为业务转型提供了一个可能的技术平台。英杰华使用移动设备上的应用程序把驾驶员行为连接上云，利用物联网云平台的能力分析数据、感知驾驶习惯，从而改进保险产品。这个新的物联网系统搭建在一个灵活、高度可扩展的云基础结构上，并且利用安全、简单的手机应用对相关信息进行采集。同时，通过整合社会媒体，鼓励司机使用应用程序。

通过实施基于移动设备和云平台采集驾驶遥测数据的物联网方案，英杰华实现其提供个性化报价的目标。英杰华可以更快地给市场推出创新的解决方案，帮助客户节省高达20%的保费，并通过客户使用的设备加强与客户沟通。英杰华也通过在社交网络上增加曝光度，使得英杰华以最有效的方式来推广它的产品。

二、物联网对金融的影响和作用

物联网和金融相互影响、渗透并不断进行跨界融合已经成为必然趋势。物联网对金融的最大价值是提供了对客户和交易进行客观观察的手段，金融机构可以利用物联网技术和信息通信技术，提高自己的风险识别和控制能力，并推动金融产品和服务创新，提供新型的支付、资金融通、投资、资产管理及信息中介等各种金融服务，扩大金融服务的广度和深度。

（一）有效解决交易信息不对称问题

随着物联网技术的突飞猛进，世界本身正在成为一种信息系统。物联网提供物与物、物与人的交互信息，通过对海量数据信息的存储、挖掘和深入分析，金融机构随时随地掌握“人”和“物”的形态、位置、空间、价值转换等信息，并且充分有效地交换和共享，从而有效克服信息不对称问题，为大到服务战略、小到业务决策提供全面、客观的依据。以汽车保险市场为例，由于保险人和投保人之间信息不对称，骗保时有发生。如果保险公司在投保车辆上安装物联网终端，对驾驶行为综合评判，则可以根据驾驶习惯的好坏确定保费水平。出现事故时，物联网终端实现远程勘察，实时告知保险公司肇事车辆的行为。保险员不到现场即可知道车辆是交通事故还是故意所为，不但解决了骗保问题，还可以快速赔付、提升赔付效率。

（二）促进信用体系更加客观化

物联网数据是通过底层传感器采集的，是实实在在的客观数据，它克服了互联网数据存在的社交数据多、交易数据少、采集方法主观因素多等问题。借助物联网技术，金融机构对于客户前端信息的主观调查被传感器实时采集的客观数据所代替，从而获得更加真实有效的数据，以这些数据为基础的风控模式将从滞后的、基于主观的信用评价进化为实时的、基于客观数据的信用评价。此外，物联网还将促进信息量和维度大大提升，能够更加全面地反映企业和个人的自然属性和行为属性，提高信用体系的可靠性。物联网对金融的革命性影响在于信用体系的夯实，未来甚至可能重塑社会信用体系。

（三）优化金融资源配置

物联网技术的进步将大大改善信息不对称，使金融机构能够以更加精细、动态的方式对信息流、物流和资金流进行“可视化管理”，在此基础上进行智能化决策和控制，合理引导资金流向和流量，促进资本集中并向高效率部门转移，从而达到优化资源配置的目的。

融合了物联网技术的金融服务，全过程电子化、网络化、实时化和自动化，能大大降低运营管理成本。此外，得益于“物联网+大数据+预测性算法+自动化系统”，采集信息的边际成本近乎为零，服务长尾客户再无边界限制，金融服务将可以惠及更广泛的企业和人群。

（四）促进智慧金融的发展

智慧金融表现为金融机构可向客户提供与其日常生活内容紧密相关的洞察、建议、产品或服务，真正交付定制化体验。以金融支付为例，随着移动通信、互联网和近场通信技术的融合发展，利用指纹、虹膜、掌纹、掌静脉、声纹等进行个人身份鉴定的生物识别技术日趋成熟，传统密码支付将逐步被识别支付替代。物联网技术在支付中应用后，会感知消费者的周边环境和自身的状态，以确保支付者的资金安全、人身安全，还可通过透彻感知，将支付行为与企业运营状态、个人健康、家庭情况的动态变化相关联。这意味着，无论是面对个人或企业，金融机构不仅可以预测客户的需求，还能够根据客户不断变化的情况做出积极响应，及时提供相关的解决方案，助力客户实现目标，带来全新的智慧式金融体验。

三、2016 年金融物联网发展情况

2016 年，随着信息化发展、“中国制造 2025”等国家战略的推进，物联网产业进入飞速发展阶段，金融物联网应用方案逐步丰富，相应金融业务模式渐成体系。物联网技术与金融的结合，涉及银行、保险、融资租赁等多个业务方向，既有对这些机构内部运营管理的提升，也有金融模式的创新。

（一）物联网技术在金融企业内部运营管理的应用

目前，物联网在金融企业运营管理方面的应用从功能上主要可以分为两个维度。

1. 提高企业内部管理能力

物联网感知设备能够实时不间断地对物体状态信息进行反馈，对金融企业的安全防卫、突发事件反应、提升内部运营效率等提供了很好的帮助。例如，航天信息提供的 RFID 银行运钞箱管理系统采用远距离射频感应技术，通过安装在运钞箱的电子标签与安装在金库的读写器之间的射频通信，记录和管理运钞箱出入金库的业务流程，通过网点的手持便携设备，记录和管理各个营业网点的运钞箱，实现了银行运钞箱在金库与营业网点间的自动化管理，提高了银行运钞箱管理效率与安全性，提升了银行的综合竞争力。

另外，金融物联网还能提升金融企业内部重要资料的管理能力，比如部分银行和保险公司采取的档案盒电子标签，不但可以实现业务进度查询、处理意见读写和流程时效管理，还能为内部服务计价、风险追责等提供佐证。

2. 提升服务质量和客户体验

物联网信息的传送是建立在物与物之间，减少了人为的影响，对保障金融信息传输安全有很好的效果，例如，集成电路卡（Intergrated Circuit Card，IC 卡）、移动支付的兴起以及指纹、虹膜支付的逐步应用都是物联网技术在金融支付安全领域的应用体现。物联网不但保障信息传输的安全，还可以利用感知设备收集的真实数据集，延伸出更多的、特色化的应用形式，极大地提升金融企业的客户体验，例如，远程开卡机通过摄像等读取设备提高了客户开卡的效率；微软研发的金融产品信息桌通过物联网技术可以智能地向客户展示金融产品信息及提供更多金融服务资讯，客户甚至可以在信息桌上完成金融产品或服务的购买。

（二）物联网技术与供应链金融业务的结合

物联网技术在帮助不同产业优化升级的过程中，发展出来的管理功能和数据信息可以帮助金融企业优化风险管理、简化业务操作流程，并推动产品创新。RFID、智能视频、工业二维码等物联网技术能够对商品流转、仓储进行实时的识别、定位、跟踪、监控等系统化、智能化管理，使得金融机构能够从时间、空间两个维度全面感知和监控动产的存续状态和变化过程，有效地提升了供应链金融业务风险管理和操作效率。

1. 物联网在汽车供应链金融中的应用

平安银行依托自身在汽车供应链金融领域的优势，在“车厂—供应商”供应链融资环节，引入了物联网传感系统和智能监管系统，开创了物联网技术下“智能监管库存融资”模式，实现了技术监管对人工现场监管的优化升级、银行信贷业务模式的重塑和优化，极大地降低了人力成本和道德风险，并为银行风险管理提供了强劲的大数据支撑。

2. 大宗商品动产融资

平安银行与大型港口、公共仓库等仓储物流企业建立战略合作，采用智能仓储监管方案，对钢铁、有色、石油、化工等大宗商品仓库进行物联网改造升级，实现对动产融资业务项下抵质押物的实时动态监管，赋予动产以不动产的属性，囊括静态仓储和动态物流中的大宗商品，真正激活交易商品的金融属性。

3. 交易见证及配套金融服务

伴随商品交易线上化的全面普及，贸易真实性问题成为限制交易配套金融服务发展的主要因素。电子交易平台、仓储物流企业、金融机构等应用物联网技术将线上信息化交易过程与线下商品实物的交割连接在一起，使得商品交易、实物交割与金融机构的资金监管、支付清算等服务匹配，达到交易信息流、物流和资金流的统一。

海格物流将RFID、重力感应器等物联网设备应用在高价酒类的仓储物流中，实时读取线下交易商品品名、规格及数量等信息，准确监测货物的库存和物流状态，并将物联网化的仓储、物流信息系统与线上交易信息系统直连，为买卖双方动态掌控交易商品、快速判断交易时机提供了有效支撑，由此配置的交易见证、支付结算及供应链融资等金融服务也得到了很好的发展。

4. 仓单认证、交易及配套金融服务

仓单的交易及融资由于近年来的虚假仓单、重复质押及监管过失等问题陷入了发展困境，频发的风险事件影响行业信用体系的同时，也影响了商品交易的活跃度。交易市场、交割仓库、期货公司及银行等应用物联网技术将大宗商品实物与电子仓单绑定，使得仓单信息能根据实物的物理变动、权属变化等进行实时调整，并用套期保值交易锁定仓单价值，进而实现大宗商品实物交易及融资的单证化和线上化。

目前已有多家机构在进行仓单物联网化的研究和推动工作，其中有仓储机构、有大宗商品核心厂商，也有一些其他第三方机构，都致力于通过互联网、物联网及大数据等新兴技术，对仓单及其项下货物的相关信息进行动态、持续、统一的登记公示，逐步形成了集仓单认证、仓单征信、仓单保险、仓单交易及投融资等于一体的一揽子仓单服务方案。

（三）物联网技术与农牧品生产及其金融服务的结合

农牧产品因为品质、安全、仓储物流等的信息不对称问题，长期以来难以借助电子商务平台快速发展，并且农牧产品作为一种特殊动产，以及

由其产生的债权债务关系也难以得到银行等金融机构的认可。物联网技术的逐步普及应用，不但提升了农牧业的生产效率和管理水平，也为农牧品的交易和金融服务提供了更有力的支持。农牧业生产企业可以运用物联网技术实时反映农牧品的生长和培育过程，使其可被交易双方及金融机构等市场参与者准确洞察和度量，并以此与银行、保险或其他金融公司建立合作，从而为生产端和销售端提供融资、保险、交易见证及支付清算等金融服务。

华为与伊利集团合作构建的羊联网，就是将物联网芯片（一般是 RFID 传感器）配置在羊耳朵上，然后通过羊圈的物联网感应设备自动感知，实现对羊生长过程的记录和数据分析，并将相关信息实时与电商系统共享，开创了畜牧业全新的个性化消费模式。在这种以羊为洞察对象的特定环境和交易链中，金融机构可以通过物联网技术全面获知标的物“羊”的全部重要信息，使得由其产生的交易和债权债务关系能够清晰地展现出来，进而为金融机构提供定向消费金融服务奠定了坚实基础。

无央科技公司以农业云数据基础和先进的物联网技术将农业和信息技术结合，通过农产品前端传感器采集环境数据、动植物本体数据、气候数据等，实时跟踪、叠加对比、深度分析，实现了农牧品的生产源头可管控、加工流通可跟踪、销售消费可溯源、食品安全可保证。在智慧农业的场景中，农作物作为特定标的，其生长过程可以被预测、未来价值可以被度量、经营流动性可以被测算，未来交易合同因品质问题产生的不确定性可以被大幅度降低，再加之精准的保险服务，整个链条各环节的实体经营信息与不同金融服务的风险管理要求将实现很好地匹配。

温氏集团通过物联网技术系统实时监测猪场栏舍内设备的运行状态，自动采集养殖环境各项关键数据指标，实现养殖舍内物联网感应设备与互联网的互联互通；并通过智能逻辑设置和环境变化让设备自动、智能运行，对异常状况进行及时报警，实现了标准化、精细化的养殖过程管理。物联网反映的养殖数据信息能够准确地展现出养殖过程中的资源需求，并在一定程度上测算出成品价值，以此与银行、信用社等金融机构合作，可以将养殖标的作为一种可成长的特殊担保物，将其未来价值折现，定向为农户提供养殖过程中的短期流动性资金支持。

（四）物联网技术与保险的结合

对保险业来讲，精算最大的困难是无法获得准确全面的风险数据。物联网技术的应用和普及，将深刻地改变保险业态，让消费者更受益的精准定价保险产品时代已经开始萌芽，实时核保、实时定价等新技术应用，将使一车一价车险、带病投保健康险、弹性保额重疾险、防误导销售等变得可行。

平安产险、百度与车载诊断系统（On-Board Diagnostic，OBD）制造商元征科技在车联网保险方面建立了合作，共同推出基于 OBD、基于位置服务（Location Based Service，LBS）技术的车联网智能硬件——百度地图版（Golo），通过对车主行驶数据的持续分析，为其提供便捷、快速、个性化的车险服务，并通过与汽车产业链上各方参与者的信息共享，围绕汽车的“买、卖、养、用、玩”等场景，提供汽车按揭、安全咨询、加油、洗车等多元化服务。

此外，针对个人的寿险和健康险方面，保险行业也已开始尝试运用物联网技术，并催生出新的商业价值。例如，众安保险推出的一款基于日常慢跑的重疾险产品，就是将客户每天慢跑达标情况与保费优惠结合起来。这一看似简单的变革，却是保险精算传统的一大突破，改变了传统保险产品固定费率、固定保障、无法细分人群的旧模式，极大地提升了客户体验。

（五）物联网技术与融资租赁业务的结合

装备制造商通过机械设备上的物联网感应器，能够实时掌控设备的位置、油温、压力、温度、工作时长等详细信息，评估设备的使用效率和剩余价值，并有效进行机械设备的远程控制，为融资租赁企业进行金融资产管理和风险控制提供了重要参考和有效途径。

以三一集团有限公司为例，其基于自身在机械装备上成熟的物联网技术应用，设立三一汽车金融、久隆保险等公司，以物联网、互联网、大数据平台为支撑，开展“垂直深耕”战略，研发出设备工时指数保险、风力发电指数保险、基于用户驾驶行为习惯的保险（Usage Based Insurance，UBI）等创新产品，面向全球装备制造行业提供贷款、租赁、保险、信托等一站式、全流程的金融服务。三一重工还将在机械设备上的成功进行“水平复制”，将租赁、保险等金融服务通过物联网技术应用向家用电器、医疗设备、电梯、无人机、机器人等领域扩张。

坦程物联将智能监控、北斗系统、油位探测器、正反转磁感等物联网设备应用在重型卡车、工程机械上，进行车辆或机械的监控、管理和调度，提供完备的车联网金融风险管理方案，一方面与银行合作提供车辆抵质押融资和运输经营流动性资金支持等服务，另一方面与融资租赁公司合作提供直接租赁、回租赁、转租赁、小额短租等服务。

四、2017 年我国金融物联网发展展望

（一）2017 年我国金融物联网发展趋势

金融物联网业务的开展依托于物联网所采集到的真实有效的底层信息，因此未来我国金融物联网的发展趋势与物联网技术的发展以及物联网的应用推广情况息息相关。

1. 物联网技术发展趋势

受国家战略性新兴产业政策支持的推动，我国物联网技术发展呈现加速态势。

传感器作为物联网信息采集的基础，目前正向高性能、低成本的方向发展，其中特别是微机电系统（Microelectro Mechanical Systems，MEMS）传感器是当前传感器领域的研究热点。近年来，半导体芯片厂商研发出的传感器芯片集成度越来越高、芯片体积越来越小、功耗越来越低。如意法半导体有限公司在 2014 年推出的 9 轴惯性测量传感器，其体积仅 3.5 mm×3 mm×1 mm。同时，越来越多的厂商将处理器电路与传感元件同时集成在一块芯片上，使之具有校准、补偿、自诊断和网络通信的功能，形成可完成测量及数字信号输出功能的专用集成传感器，更便于开发功耗低、体积小的物联网传感器设备。市场研究机构高德纳咨询公司（Gartner）预测，2016 年全球将会使用 64 亿个物联网设备，到 2020 年，将会超过 200 亿个。

物联网传输技术方面，基于蜂窝通信的窄带物联网（Namow Band Internet of Things，NB-IoT）传输技术具有传输距离远、功耗低、成本低等特点，能够同时满足更长传输距离和更低功耗的物联网应用需求。由于其直接利用现有的移动通信基站进行传输，网络部署速度极快，中国电信、中国移动、中国联通等已分别推出了NB-IoT商用计划，在2016年年底开始商用推广，预计2017年将加速发展，这将进一步带动我国物联网技术的大规模应用。

在物联网应用层基础设施建设方面，我国已有越来越多的企业提供物联网云平台服务，如中国移动的物联网开放平台OneNET、中国联通与宜通世纪合作建立的物联网平台JASPER、阿里云、华为云、微软企业级公有云平台Azure、亚马逊云计算服务平台AWS等，这些云平台目前主要为企业提供IaaS云服务。但随着物联网设备的逐年增加和企业信息化需求的不断提升，这些大型云服务提供商已逐步推出针对物联网应用的PaaS服务，通过该服务能够快速高效地管理大批量的物联网设备，完成批量传感器数据过滤，甚至可以实现智能数据挖掘、报表显示等。

2. 金融物联网发展趋势

在物联网产业发展的推动下，金融物联网在2017年的发展趋势表现在以下几个方面。

（1）传统行业通过物联网跨界金融业，重构传统产业商业模式

受“物联网+金融”思维的影响，物联网企业已经从单纯的物联网技术和产品的研发，逐渐转向能够满足某一特定行业应用场景的物联网综合解决方案以及平台的开发和运营，并基于物联网平台数据，为用户提供信息服务、运营服务、生产服务、融资服务等多种综合的信息和金融服务。物联网行业的竞争已从单纯技术和产品的竞争逐渐转向平台服务的竞争，金融服务成为平台增值服务的一个重要亮点。

传统物流、仓储、电商企业也纷纷利用物联网技术，结合其自有的物流、仓储、电商平台，成立物联网仓单公示、交易、融资服务平台，在开展传统业务的同时，提供增值金融服务。金融机构也积极拥抱传统产业的变革，与建立物联网平台的企业开展深入合作，共同打造全新的商业模式，提供针对性的金融服务。近两年来，平安银行、工商银行等金融机构已经开始相关业务布局。

2017 年，物联网行业金融化、传统行业物联网化将会更进一步，传统行业单一产品、单一服务模式的竞争逐渐转向跨界综合服务的竞争。这一态势也将会延展到金融行业中，推动金融机构创新金融产品和服务，甚至构建金融物联网的生态环境。这也必将进一步推动物联网产业应用的发展。

（2）物联网融入金融业务，成为驱动金融业发展的新动力

RFID、二维码、全球定位系统（Global Positioning System，GPS）、智能视频等物联网技术对仓储、物流管理信息水平的大幅度提升所带来的管理效率的提高逐渐受到仓储、物流行业的重视，而随着物联网技术的发展，物联网改造升级成本也呈现下降趋势，供应链金融的物联网化进一步深入，2017 年将有更多的行业企业进行物联网改造升级，从而带动金融物联网业务规模的扩大。车联网使得货物在途运输过程能够通过物联网技术进行全方位的监管，从而促进物流金融业务从仓储环节向物流运输环节延伸。未来，随着物联网技术手段的逐步完善，以及处置通道的打通，基于物联网的动产融资业务也必将逐步扩展至医药及消费类行业。而随着业务模式的逐步完善和参与机构的日益丰富，基于物联网的仓单认证、公示、交易、融资一条龙服务体系也将逐步获得银行等金融机构的认可，日益发展壮大。

大型工程机械、重型卡车、农机等配备的物联网感知设备已成为工业企业为客户提供售后运维服务的重要手段，而这些物联网信息也为融资租赁企业的金融资产管理和风险控制提供了重要的抓手。可以预见，未来将有更多的融资租赁业务依赖于物联网技术的应用。

UBI 作为物联网时代的新型保险在北美和欧洲已经得到大规模应用，而在我国还处于起步阶段。但汽车物联网产品在我国已进入应用阶段，OBD 设备、GPS 车载终端等物联网设备正在逐渐普及，2016 年已有部分企业和保险公司开展了 UBI 保险业务的探索，预计 2017 年这一趋势将更加明显。

（3）金融行业与物联网产业深度融合，金融物联网新生态形成

2014 年前，金融物联网的应用主要围绕物联网技术提升金融机构服务管理水平展开，属于金融物联网的初级阶段，该阶段金融行业与物联网行业的主要合作模式是物联网企业作为技术供应商，为银行提供技术升级。该阶段的主要产品包括移动支付、银行现金管理、档案管理等物联网解决方案。2015—2016 年，物联网企业与金融企业的主要合作模式为物联网企业结合金融服务

需求，为金融企业提供信息化支持，业务需求仍由金融企业提出。该阶段涉及的金融业务主要包括物联网动产融资、UBI 保险、融资租赁等。

随着物联网与金融的融合，物联网行业与金融行业将形成全新的金融物联网生态。金融将深度介入物联网的设计、研发、运营等多个环节，金融服务需求将推动甚至在一定程度上主导物联网技术方案的发展，而物联网技术的进步也将驱动金融模式的创新。2017 年，更多模式的金融物联网业务将会出现，金融与物联网行业将携手发展，共同创建更多的金融物联网生态环境。

（二）我国金融物联网发展对策建议

1. 加强政府支持力度

发挥政府在金融物联网发展中的服务和监管职能，制定并落实相关政策措施，规范我国金融物联网的发展。积极推进我国不同行业物联网信息化改造升级，支持金融物联网企业技术研发、解决方案和商业模式创新。为金融物联网提供研发应用财税支持，即提供政府补贴、减免税收、提供其他政策优惠等措施加大对金融物联网的支持。同时，金融物联网作为一种新的金融模式，政府还应为其发展应用提供一个完善的推广体系，吸引更多市场主体对金融物联网的积极参与。此外，政府还应鼓励并促进不同金融机构间的合作，积极构建适应金融物联网发展的各方合作机制。

2. 建立健全金融物联网制度支持体系

推进“物联网+金融服务”模式下相关法律法规的完善，对物联网动产融资及物联网仓单的交易、登记、处置及各方权利进一步明确；出台专门针对金融物联网领域信息获取及使用的法律法规，消除企业参与金融物联网合作时商业信息泄露的担忧，便于金融物联网更有力地支持实体经济客户。

3. 建立健全金融物联网技术标准

建立健全金融物联网相关技术标准，规范金融物联网感知层、传输层及应用层各类产品的技术要求以及各层产品之间的接口协议，降低金融物联网的推广应用成本。

4. 加大金融物联网综合性人才培养

积极引进、吸收优秀人才，组建复合型人才团队，加强金融科技复合型人才的培养，使得金融人才与物联网科技人才共同努力，完成金融物联网相关关键技术、产品以及满足特定行业应用解决方案的研发，并设计出多方共赢，且能满足金融物联网应用需求的新商业模式。

第六章

金融区块链

一、金融区块链概述

最早关于区块链的描述出现在2008年由化名中本聪的人所撰写的《比特币：一种点对点的电子现金系统》（*Bitcoin: A peer-to-peer electronic cash system*）一文中，不过该文重点讨论比特币系统，区块链被描述为用于记录比特币交易的账务信息。在比特币系统成功运行多年后，部分金融机构开始意识到，作为比特币运行的底层支撑技术——区块链实际上是一种极其巧妙的分布式共享账本技术，对金融乃至各行各业带来的潜在影响甚至可能不亚于复式记账法的发明。2014年前后，业界开始认识到区块链技术的重要价值，并将其用于数字货币外的应用领域。2015年，《经济学人》（*Economist*）杂志在封面介绍区块链为创造信任的机器，即区块链可以在没有中央权威机构的情况下，为交易双方建立起信任关系。

总之，区块链实质是由多方参与共同维护一个持续增长的分布式账本（Distributed Ledger），其核心在于通过分布式网络、时序不可篡改的密码学账本及分布式共识机制，建立彼此之间的信任关系，利用由自动化脚本代码组成的智能合约来编程和操作数据，最终实现由信息互联向价值互联的进化，如图6.1所示。

区块链技术作为创造信任的机器，主要有以下特点。

1. 分布式结构

区块链构建在分布式网络基础之上，账本并不是集中存放在某个服务器或数据中心，也不是由第三方权威机构来负责记录和管理，而是分散在网络中的每一个记账节点，每一记账节点都有一个该账本的副本，所有副本同步更新。

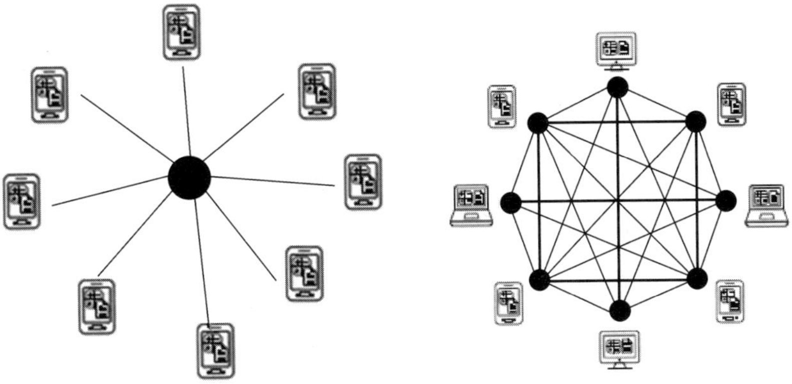

图 6.1 从传统集中记账方式（左）到分布式总账（右）

2. 建立信任

区块链技术通过数学原理和程序算法，使系统运作规则公开透明，实现交易双方在不需要借助第三方权威机构（如中央银行等）信用背书下通过达成共识建立信任关系。

3. 公开透明

区块链作为共享账本，所有参与者看到的是同一个账本，能看到这一账本所发生和记录的每一笔交易，能查询、验证区块链上的数据记录。

4. 时序且不可篡改

区块链采用带有时间戳的链式区块结构存储数据，具有极强的可追溯性和可验证性；同时由密码学算法和共识机制保证了区块链的不可篡改性。

区块链技术的上述特性，以及比特币等数字货币的成功应用，引起全球金融界的高度关注，区块链为人们描绘了一幅诱人的新金融蓝图，被认为有可能构建一种全新的互联网金融基础设施，将彻底改变和颠覆现有金融生态体系，带来一场深刻的互联网经济革命。

二、区块链对金融业的影响和作用

2015 年被业界视为区块链元年，全球掀起了区块链技术研发和投资热潮。全球已经有超过 24 个国家投资区块链技术，80%的银行将在 2017 年前启动区块链项目，90 多个中央银行加入了区块链讨论，90 多个公司加入了区块链联盟，产生了 2 500 多项区块链相关专利。区块链领域吸引的风险投资从 2012 年的 200 万美元增加到 2015 年的 4.69 亿美元，增长超过了 200 倍，累计投资已达 10 亿美元左右，如图 6.2 所示。

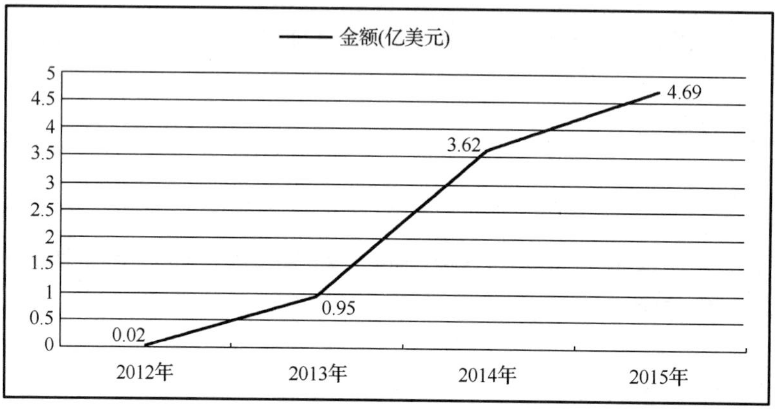

（资料来源：Coindesk、中国上市公司研究院，2016年9月）

图 6.2　2012—2016 年间区块链技术风险投资

（一）全球金融机构纷纷探索区块链应用

比特币及其背后的区块链技术，引起全球金融界的高度关注。截至 2016 年 10 月，全球已有七十多家大型商业银行（金融集团）加入该联盟，其中包括中国平安保险（集团）股份有限公司、香港友邦人寿保险公司及中国招商银行。一些金融机构积极投入金融区块链创新。花旗银行在内部研发自己的数字货币“花旗币”；瑞士联合银行在区块链上试验了 20 多项金融应用，包括金融交易、支付结算和发行智能债券等；纳斯达克借助区块链建立私人股权交易平台 Linq；德勤借助基于区块链的 Rubix 平台提供咨询和审计；2016 年 6 月，由世界银行、国际货币基金组织及美联储联合举办的第 16 届“金融行业政策与挑战会议”上，区块链与数字货币成为本次会议的关注重点，90 家中央银行公开表示对区块链与数字货币的广泛兴趣，开始采取实际行动；2016 年 8 月，世界经济论坛（The World Economic Forum，WEF）在《金融基础设施的未来，区块链如何重塑金融服务》（*The future of financial in frastructure*）中预计 2017 年之前 80%的银行将开展区块链项目。2016 年 9 月，瑞士中央银行行长兼董事会主席托马斯・乔丹（Thomas Jordan）在全球金融年会（SWIFT International Banker’s Operation Seminar，SIBOS）大会上表示区块链和分布式账本会改变金融系统，因为区块链可以大大提高效率，但是金融行业不会完全被分布式账本技术取代。国外金融界在区块链技术方面的频频动作也引发了国内的广泛关注和重视，北京、上海等地相继成立区块链组织并举办相关活动，政府、学术机构、金融机构、互联网公司等纷纷看好区块链的发展潜力。2016 年 1 月 20 日，中国人民银行召开数字货币研讨会，提出尽快推出央行发行的数字货币。

在金融界对区块链普遍热情高涨的同时，一些机构对金融区块链可能存在的局限和不足也提出看法。2016 年 1 月，全美证券托管结算公司（DTCC）发布白皮书《拥抱颠覆——探索分布式总账潜力、改善交易后环境》（*Embracing Disruption-Tapping the Potential of Distributed Ledgers to Improve the Post-Trade Landscape*），又在 3 月召开了全球研讨会，研究区块链及分布式记账技术对金融基础设施和金融行业的影响，指出区块链及分布式账本技术有潜力降低金融机构数据管理、风险控制及清算、结算和对账的成本；同时，该机构也认为该技术面临一定问题：技术尚不成熟且没有得到实践验证；现有技术形式由于受到内在因素限制而无法大规模应用，如各步操作环环相扣导致数据不可回撤，现有技术不支持交易撤单或修改，不支持数据搜索或高速获取分析数据，与现有的数据管理工具不兼容等；缺少可以将分布式记账技术简便融入现有金融市场环境中的底层基础设施。2016 年 2 月，欧清银行和奥纬咨询在 2016 年 2 月联合发布研究报告《资本市场上的区块链》（*Blockchain in Capital Markets*），帮助资本市场更好地了解区块链技术及在金融市场中的运用，同时指出区块链技术需要解决的问题：技术可扩展、监管和法律、对鲁棒性总账需求、通用标准和治理、转型操作风险、匿名管理等。2016 年 5 月，环球同业银行金融电信协会（SWIFT）发布报告《区块链对证券交易流程的影响及潜力》（*The Impact and Potential of Blockchain on Securities Transaction Lifecycles*），认为区块链技术并不会完全取代第三方中央机构，在证券结算中使用区块链技术的挑战不仅来自证明技术的可行性，同时来自协调重建各个公司的商业过程。

（二）区块链技术对金融的作用

区块链之所以引起金融界的一致关注，在于它改变金融的巨大潜力，有可能给金融业带来新机遇、新挑战。国际货币基金组织（International Monetary Fund，IMF）在《虚拟货币及其扩展的初步思考》（*Virtual Currencies and Beyond: Initial Considerations*）报告中指出，区块链技术具有改变金融的潜力。英国政府发行的《分布式账本技术：超越区块链》（*Distributed Ledger Technology: beyond block chain*）提出将优先在传统金融行业应用区块链技术。

1. 区块链技术使中央银行发行法定数字货币成为可能

比特币是一种基于区块链（或分布式）支付体系的货币或交换价值，它是一种由私营机构或网络社区发行的私营数字货币，也是一种创新的支付系统。从中央银行的角度，数字货币提供了一种全新的资产（包括货币）持有和交换机制，有可能为现有支付体系和金融基础设施建设提供一种完全不同的解决方案，为中央银行发行数字货币提供了巨大的想象空间。比特币的成功运行，使得各国中央银行对于发行类似比特币的法定数字货币寄予厚望。

2. 区块链技术具有提升金融机构协同服务能力的潜力

银团贷款、供应链金融、贸易融资等业务可能涉及不同国家的多家金融机构、多家企业，需要相互之间较长时间的协调，业务办理过程也较为复杂。很多业务还使用纸质单证，需要在多方参与下由人工进行查验和处理。对于这类涉及众多参与主体、过程复杂的金融服务，区块链技术具有提升不同金融机构间开展业务的自动化程度、简化协同流程、加快协同效率的潜力。

3. 区块链技术具有降低金融运营成本的潜力

金融机构各个业务系统与后台工作，往往面临长流程多环节。现今无论VISA、Master Card 还是支付宝都是中心化机构运营，资金转移要通过第三方机构，这使得跨境交易、货币汇率、内部核算、时间花费的成本过高，并给资本带来了风险。区块链技术能够优化金融机构业务流程，减少前台和后台交互，节省大量的人力和物力，有望降低金融运营成本。

4. 区块链技术具有改善业务审计系统的潜力

当前在业务审计过程中，需要花费大量人力、物力去核查被审单位资金余额及交易合同或资金等数据的真实性。区块链的技术特点使得所有交易数据都公开透明、不可篡改地记录在区块中，任何交易数据都可以被查询和追溯，从而提高审计效率，降低审计成本，提升审计结果的可靠性。

5. 区块链技术将有助于金融监管及合规性检查

区块链技术的公开透明、时序不可篡改等特性可以帮助金融监管机构监控每一笔资金的流入流出情况，从而有助于管控金融资产，增强打击反洗钱、地下黑产交易等违法犯罪活动力度，防范金融市场中的系统性风险。通过区块链的智能合约技术可自动验证交易和用户合规性，提高合规性检查效率，降低合规性检查成本及出错概率。

三、2016 年我国金融业区块链的应用情况

（一）2016 年我国区块链关注热度持续增加

2016 年是全球区块链产业深化发展和全面加速前行的一年，从国家战略、产业界到学术界，区块链技术都受到广泛、高度的关注。对于我国区块链发展情况，百度指数给出了 2016 年上半年我国区块链搜索热度值，如图 6.3 所示。

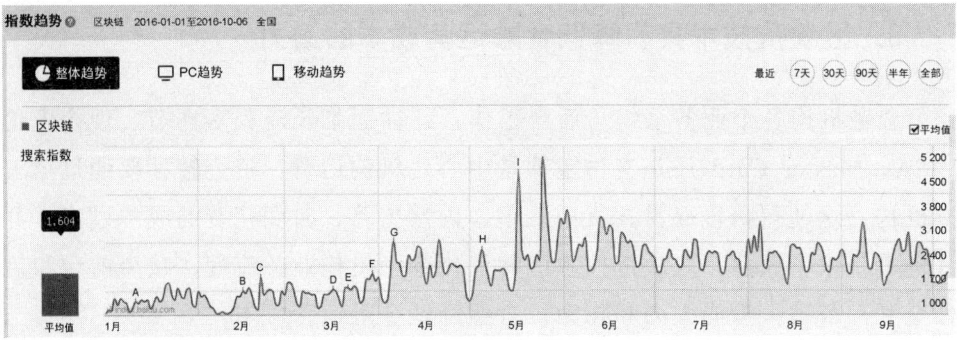

（资料来源：百度指数，2016 年 10 月）

图 6.3　我国区块链热度指数

1．我国国家战略层面加快区块链技术和应用布局

2016 年 1 月 20 日，中国人民银行数字货币研讨会在北京召开。会议表示在前期工作基础上继续推进，建立更为有效的组织保障机制，进一步明确中国人民银行发行数字货币的战略目标，做好关键技术攻关，研究数字货币的多场景应用，争取早日推出央行发行的数字货币。2016 年 7 月，工业和信息化部（以下简称工信部）信息化和软件服务公司印发了《关于组织开展区块链技术和应用发展趋势研究的函》（工信软函〔2016〕840 号）。8 月 5 日，工信部电子标准院在北京组织召开了区块链技术和产业发展论坛筹备会暨白皮书编写启动会。8 月 11 日，工信部电子标准院宣布中国区块链技术与产业发展论坛未来两年的规划。10 月 18 日，工信部区块链技术和产业发展论坛成立大会召开，会议发布《中国区块链技术和应用发展白皮书》（2016 版），分析区块链为信息产业发展带来的机遇和挑战，分享区块链开源最新发展趋势、区块链应用现状和趋势，以及区块链技术开发的最佳实践，探讨我国区块链技术和产业发展路线图、标准化路线图。2016 年 12 月 15 日，国务院发布《“十三五”国家信息化规划》，明确提出要加强区块链等新技术基础研发和前沿布局，构筑新赛场先发主导优势。

2．我国各地相继成立区块链研究机构

为了促进我国区块链技术的发展，推进区块链核心技术的研发和应用，我国各地自 2016 年年初至今相继成立了各种区块链研究机构、合作联盟，见表 6.1。

表 6.1 2016 年区块链合作联盟一览表

成立时间	机构名称	机构组成	机构成立目的
2016 年 1 月 5 日	中国区块链研究联盟	由全球共享金融 100 人论坛理事单位（中国万向控股有限公司、厦门国际金融技术有限公司、中国保险资产管理业协会、包商银行股份有限公司、营口银行股份有限公司）共同发起	立足于打造区块链技术的研究与交流平台；打造政策沟通平台，确定区块链技术在现有监管模式与货币政策操作中的定位；打造区块链技术的市场应用平台，推动具体应用规则的规范化、标准化，进行项目落地与路演，形成区块链研究领域具有高端学术品味和较强国际影响力的中国特色新型智库
2016 年 2 月 3 日	中关村区块链产业联盟	由世纪互联公司联合清华大学、北京邮电大学等高校、中国通信学会、中国联通研究院等运营商，及集佳、布比网络等公司发起	搭建横跨大学、科研院所以及企业之间的合作交流平台，组织国内外区块链产、学、研开展合作，打造完整的区块链产业链，推动未来网络空间基础设施快速发展，提高我国在区块链技术领域的研究、开发和应用水平，为在万物互联时代下的新一轮国际竞争中抢占网络形态和协议标准的制高点提供有力支撑
2016 年 4 月 19 日	中国分布式总账基础协议联盟（China Ledger 联盟）	由中证机构间报价系统股份有限公司、中钞信用卡产业发展有限公司北京智能卡技术研究院、浙江股权交易中心、深圳招银前海金融资产交易中心、厦门国际金融资产交易中心、大连飞创信息技术有限公司、通联支付网络服务股份有限公司、上海矩真金融信息服务有限公司、深圳瀚德创客金融投资有限公司、乐视金融、万向区块链实验室等单位组成	将致力于开发研究分布式总账系统及其衍生技术，其基础代码将用于开源共享。主要有四个目标：1. 聚焦区块链资产端应用，兼顾资金端探索；2. 构建满足共性需求的基础分布式账本；3. 精选落地场景，开发针对性解决方案；4. 基础代码开源，解决方案在成员间共享

续表

成立时间	机构名称	机构组成	机构成立目的
2016年5月31日	金融区块链合作联盟（深圳）	由微众银行、平安银行、招银网络、恒生电子、京东金融、腾讯、华为、银链科技、深圳市金融信息服务协会等在内的31家企业发起	旨在整合及协调金融区块链技术研究资源，形成金融区块链技术研究和应用研究的合力与协调机制，提高成员单位在区块链技术领域的研发能力，探索、研发、实现适用于金融机构的金融联盟区块链，以及在此基础之上的应用场景
2016年6月15日	中国互联网金融协会区块链研究工作组	工作组首批成员包括单位成员和个人成员。成员来自银行、证券、保险等传统金融机构以及新兴互联网金融企业、金融基础设施机构和科研院所	构建区块链研究网络，规划建设区块链基础实验平台，形成高水平的研究成果，培育高层次、复合型专业人才。研究工作组将积极借鉴国际经验，开展学术交流，注重研究成果的转化应用
2016年7月19日	区块链微金融产业联盟（微链盟）	由中望金服、国嘉资本、布比、PDX全息互信、富友集团、同盾科技、91征信等20家金融服务机构和科技企业发起成立	以区块链微金融为平台和纽带的整合创新联盟，无缝连接区块链创新技术与微金融应用场景，推动微金融的简单、透明、信任，促进联盟生态圈的发展
2016年8月12日	银行间市场技术标准工作组区块链技术研究组	由中国外汇交易中心、上海黄金交易所、上海清算所、中国国债登记公司、中国银行间市场交易商协会、中国银联、工商银行、农业银行、交通银行、浦发银行、上海银行、汇丰银行、花旗银行、平安保险、中信证券、道富银行、中国金融电子化公司、复旦大学、浙江大学19家机构组成	将集中在银行间市场区块链技术、监管及法律框架的前瞻性研究以及与R3等国际区块链联盟的联系上

续表

成立时间	机构名称	机构组成	机构成立目的
2016年9月14日	上海区块链产业发展研究联盟	由上海市发展改革研究院、中国金融信息中心、万向区块链实验室和区块链铅笔主要发起，BitSE、布萌（上海）科技有限公司、上海钜真金融信息服务有限公司、上海市科学学研究所、嘉定工业区经济发展有限公司、陆家嘴互联网金融协会等机构联合发起	致力于搭建连接政府部门、相关企业、科研院所、金融机构、产业园区的合作交流和对话平台，组织开展政、产、学、研、金等的深度合作，推动区块链行业研究、产业政策支持、技术研发、标准制定、企业孵化、人才培育等，吸引区块链高端资源要素集聚，推动行业发展自律，营造区块链产业发展的良好环境，促进上海发展成为具有较强国内外影响力的区块链技术研发应用和产业发展高地
2016年10月19日	陆家嘴区块链金融发展联盟	由上海市互联网金融行业协会、上海金融业联合会、上海市支付清算协会、上海上市公司协会、上海市信息安全行业协会、中国中小企业协会、上海立信会计金融学院、上海发展研究基金会、中国金融信息中心、海通证券、浙商银行上海分行、华瑞银行、众人科技集团13家机构共同发起	聚焦区块链技术在银行、证券、保险、互联网金融等金融服务领域的应用延伸，积极开展行业自律活动和风险防控，联合联盟内部成员，为各类金融服务降低成本、提高效率、增强安全的过程做出贡献
2016年11月6日	中国区块链技术创新与应用联盟	由北京航空航天大学、智慧能源投资控股集团和北京大同区块链技术研究院作为主体单位，联合清华大学、人民大学、天弘基金、包商银行、远光软件、山东省社科院、钜真金融等50多个企事业单位及行业组织共同发起成立	将组建“大同区块链实验室”和“大同区块链创新中心”，协同创新，协同应用，合作共赢，力争尽快形成一批典型的应用场景案例

（二）2016年我国金融区块链应用的探索

中国人民银行早在2014年起就开始研究数字货币。2016年，区块链引起国内媒体、风险投资（以下简称风投）和金融界的一致关注。金融机构、以BAT为代表的互联网公司等纷纷投入力量，探索区块链在金融领域的应用。

1. 数字货币

区块链的技术特性为我国数字货币发行可能性提供一种可选的底层技术支撑。我国中央银行——中国人民银行在2016年1月20日召开的数字货币研讨会上肯定了数字货币在降低传统货币发行等方面的价值，并表示中央银行在探索发行数字货币。2月中国人民银行行长周小川表示，数字货币作为法定货币必须由中央银行来发行，要保留货币主权的控制力，数字货币的发行、流通和交易，都应当遵循传统货币与数字货币一体化的思路，实施同样原则的管理。区块链技术是一项可选的技术，中国人民银行部署了重要力量研究探讨区块链应用技术，但是到目前为止区块链占用资源还是太多，应对不了现在的交易规模，未来能不能解决，还要看看再说。2016年9月，中国人民银行数字货币研究团队指出由中央银行推动发行法定数字货币势在必然并分析了法定数字货币运行的关键和竞争优势、数字货币核心技术体系、中央银行数字货币使用对现行支付体系的影响，并给出了中央银行数字货币原型的构想（一种基于区块链的央行数字货币实现模式见本章附录）。

2. 数字票据

目前票据业务主要存在三方面问题：一是票据的真实性，市场中存在假票、克隆票、刑事票等伪造假冒票据；二是划款的即时性，即票据到期后承兑人未及时将相关款项划入持票人账户；三是违规交易，即票据交易主体或者中介机构，存在一票多卖、清单交易、过桥销规模、出租账户等违规行为。

区块链技术的特性能够消除票据市场的中介乱象，通过智能合约编程的方式提高票据交易的效率，降低监管成本。2016 年，金融界、互联网金融企业及科技公司对于应用区块链技术开发票据系统充满期待。例如，中国互联网金融协会区块链研究工作组牵头“区块链技术与数字票据”课题，课题组从实际业务需求和区块链技术特征出发，完成了数字票据发行、流转、贴现、承兑等核心环节设计，搭建了数字票据联盟链，在测试环境下模拟核心企业、财务公司、银行等多个分布式验证节点，实现了概念验证。测试结果证明了可编程数字票据的可行性，体现了了解你的客户（Know Your Customer，KYC）、平等性、流动性和分布式共享总账等方面的优势。但同时私钥使用安全、智能合约嵌套、多资产复杂性等可能成为新的挑战。又如，恒生电子试验区块链票据应用，进行试用场景研究、技术问题分析、业务问题分析。在试用场景研究上，完成了区块链在票据背书转让场景、贴现转贴交易场景应用分析；在技术问题上，分析了区块链部署的成本性能、安全、智能合约等问题；在业务上分析了链上数字资产与实际金融资产锚定、资产转让涉及资金清算等问题。目前，中央银行正在牵头研发数字票据。

3．跨境支付

当前跨境支付清算都需要借助第三方中介，经过开户行、中央银行、境外银行等多道程序。由于每一机构都有自己的账簿系统且互相隔离，彼此之间需要建立代理关系、在不同系统进行记录、与交易对手进行对账和清算等，可能导致一笔汇款需要 2～3 天才能到账，在途资金占用量极大，而且需要支付大量的手续费。成本和效率成为跨境支付汇款的瓶颈所在。

区块链技术可以摒弃第三方中介的角色，实现点到点快速且成本低廉的跨境支付。不但可以全天候支付、实时到账、提现简便及没有隐形成本，也有助于降低跨境电商资金风险及满足跨境电商对支付清算服务的及时性、便捷性需求。2016 年 4 月，我国初创公司 OKCoin 推出了基于区块链技术的小额跨境支付平台 OKLink，试图解决跨境汇款时间长、手续费高、透明性低等问题。

4. 数字资产

传统的资产服务如资产所有者证明、真实性公证等，均需要第三方的介入才可以完成，只有通过资产发行方、资产接收方、流通平台的三方介入，资产才可以完成整个流通过程。当前资产流通渠道有限，导致资产服务流通成本增加。此外当资产进入流通后，需要依赖资产发行方完成使用和转移，从而限制了资产流通只能在发行方系统用户群内。

基于区块链技术能提高数字资产流通效率，降低流通成本，扩大流通范围。资产发行方均可在区块链上登记、发行任何可数字化的资产。一旦数字资产进入区块链流通，便不再依赖于资产发行方，扩大了流通范围。流通渠道由原来的中心控制变为分布式流通，降低了流通成本。区块链的交易即结算功能使得实时清算成为可能，大幅提高数字资产流通效率。例如，太一云、布比、维优、好扑等公司探索基于区块链的数字资产管理平台，实现数字资产登记、交易和查询等功能。太一云为北方工业股权交易中心及沈阳金信商品交易中心设计了基于区块链技术的交易系统，在数字资产交易领域提供商品流通全程区块链登记、产品溯源及防伪服务。

5. 金融交易

目前证券的登记、清算和结算涉及中央结算机构、银行、第三方支付平台、证券和交易所等多个机构，交易过程需要层层中介传递以及权威机构公证，效率低、成本高，限制了全国市场的整体发展。

区块链有望为证券市场交易带来新变革。例如，2016 年 6 月，微众银行联合腾讯打造“区块链云服务 BaaS”。针对在“微粒贷”对账清算流程中效率不足的技术瓶颈，微众银行充分利用区块链技术的不可篡改、增加信任、有效共识、智能合约、交易快速确认、可追溯等特性，与华瑞银行共同开发了基于区块链的联合贷款备付金管理及对账平台，如图 6.4 所示。合作行通过此系统可以在 Web 页面上准实时查看备付金账户的当前余额、今日放款总金额、今日还款总金额、今日其他划入和今日其他划出总金额；可按天查看经过对账后的每日汇总信息（昨日余额、当日余额、当日放款、当日还款、当日其他划入和当日其他划出金额）及流水对账结果；可查看对账异常的详细信息。

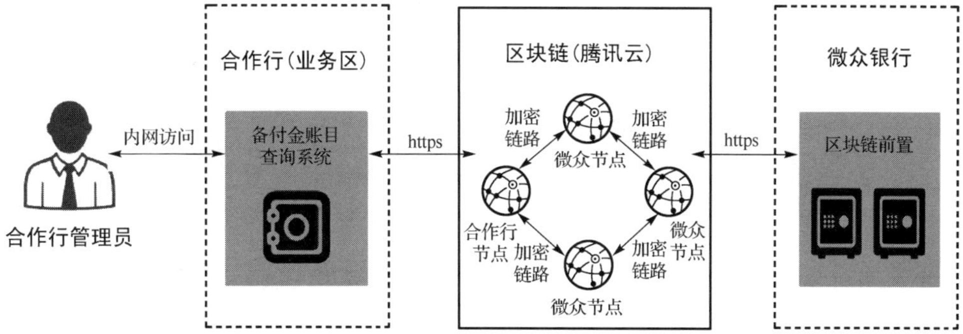

（资料来源：微众银行，2016年11月）

图 6.4 基于区块链的联合贷款备付金管理及对账平台的系统架构图

该备付金管理及对账平台的最大优势在于，让机构与机构间的互信关系转变为共同对技术的信任关系，从而把此前需要 T+1 的对账周期缩短到准实时。该系统提供全面统一的备付金管理及对账信息管理视图，合作行可全面实时了解信贷及资金交易信息，进行实时的头寸监控，提升运营效率。而且，除需进行基础设施资源申请、网络配置等运维支撑型工作外，合作行无须进行额外系统开发工作。该系统的数据在生产区加密上链，在生产区解密查看，链上数据的传输和存储全部加密。上链数据亦不包含用户和合作行相关信息，仅有完成对账功能所需的最小数据元素（交易流水号、交易发生时间、交易金额、交易标示）。目前，微众区块链节点部署在腾讯云上，合作行节点可以选择部署在腾讯云，也可以部署在行内机房，由合作行自主评估。此外，通过智能合约的使用还可实现实时流水对账、准实时发现对账差异、实时计算合作行备付金账户当日发生额与当日余额等功能，如图 6.5 所示。

又例如，厦门国际金融技术资产交易中心、深圳瀚德创客投资有限公司及深圳农村商业银行共同开发的区块链金融交易平台，于 2016 年 9 月 7 日完成了区块链资产收益权转让交易。2016 年 4 月，由太一云研发设计的基于区块链商品交易中心——沈阳金信商品交易中心官方门户网站上线试运营，并开启商品登记服务。锐波天下（北京）科技有限公司也正在构建以区块链为基础的新型股权交易平台，构建一个介于一级市场与二级市场之间的

“1.5 级”市场，将实体世界的资产和权益数字化，以点对点的方式，让个体可以在网络中直接进行登记发行、转让交易、清算交割等金融业务，缩短传统金融模式的运营成本和生态链条。

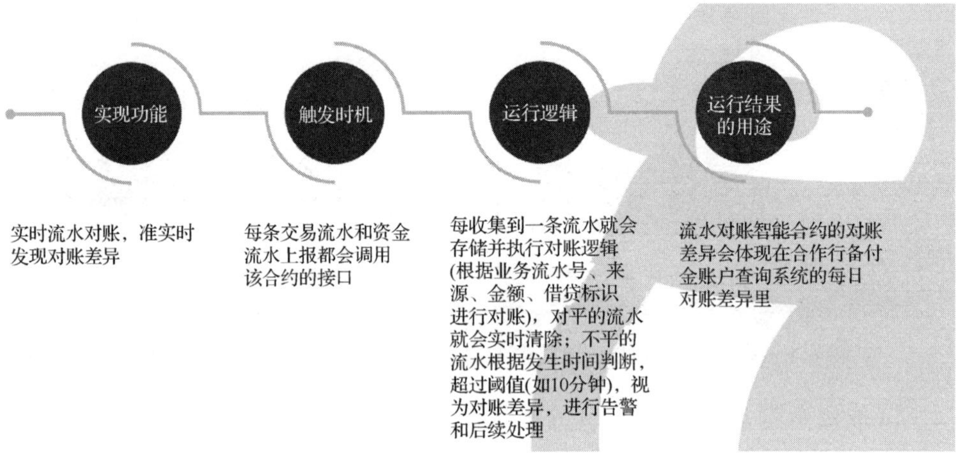

（资料来源：微众银行，2016年11月）

图 6.5　关键技术：智能合约的使用——流水对账

6. 融资众筹

区块链技术在股权登记管理、股权转让流通、智能合约等方面为融资众筹带来了深刻的变化。使用数字货币进行众筹，采用区块链协议发起和管理众筹项目，费率低、易流通、透明、稳定、可审计，智能合约还可以保证未达到预定目标时资金自动退回。币众筹依托我国数字货币门户巴比特，支持比特币/人民币两种支付形式与回报型/股权型两种众筹模式，目标是通过闪电网络与侧链技术建立股权众筹区块链解决方案，在区块链上实现股权众筹的登记、发行、转让、清算等金融业务。截至 2016 年 10 月，币众筹已经陆续完成巴比特社区股、比特大陆蚂蚁 R1 路由器、比特币 to da moon 耳机、邻萌宝等 140 多个数字货币和区块链行业项目众筹，总众筹金额超过人民币 2 486 万。小蚁将实体世界的资产和权益进行数字化，发布了通过点对点网络进行登记发行、转让交易、清算交割等金融业务的分布式网络协议。2016 年 8 月 8 日，小蚁正式启动了国内面向全球的 ICO 众筹项目，并支持可退回机制和多重签名担保来保证资金安全透明；至9月7日计划截止，共筹得6 129个比特币。金股链是基于布比区块链平台构建的股权众筹平台，通过不可篡改的数字股权凭证来增强股权登记的公信力，追踪股权交易历史，促进股权的交易和流转，保障私人股权交易转让的参与方公开、透明、共建、共享、共监督；通过将智能合约与数字股权凭证绑定，创建出一种智能股权形态，替代线下纸质协议和中介机构；同时，易于扩展支持股权交易的合规性，利于监管部门监督、审计，提高股权管理效率。金股链已于2016年5月完成第一版系统开发，7月成功完成500万天使轮融资资金。为落实中国人民银行、银监会等中央金融管理部门关于“P2P网络借贷”相关管理规定，北京市金融工作局和北京阿尔山金融科技有限公司正在共同推动基于区块链技术的网贷风险监管系统建设。该系统区块链底层采取超级账本技术，并对多个功能模块进行了系统改进，提高区块链账本记录效率，增加了监管节点；设计分层式、模块化的系统结构，利用成熟的容器技术、集群技术和DEVOPS开发运维自动化等技术，增强了系统的可拓展性，提高系统的稳定性和持续运维能力；系统整合了区块链、云计算、大数据等信息技术，采用了国产密码算法，从物理安全、网络安全、系统安全、管理安全、代码安全等多个层次，保障了系统的安全可靠性。

7. 供应链金融

目前国内贸易融资市场已达到10万亿元人民币，预计到2020年可增长到20万亿元。然而在可观的规模和增长背后，我国从供应链金融1.0的“1+*N*”商业模式发展至今的供应链金融3.0“*N*+*N*”历经了十几年，仍然面临许多瓶颈：供应链上信息不对称导致授信对象局限、链上的采购信息与销售信息透明性、可信赖性差导致的科技整合局限等。

区块链技术开放性、多方确认、账户透明、真实验证、不可篡改等特性，成为突破瓶颈的最佳选择。在供应链溯源方面，区块链可以实现从原材料生产、采购到商品的加工、包装、运输、销售，真实信息分布式记录、删改可查、包装数据源真实有效可追踪查验。在供应链金融数字化方面，区块链将能大幅减少人工的介入，将目前通过纸质作业的程序数字化、透明化，极大地提高效率及减少人工交易可能造成的失误。2016年5月，基于区块链技术的正品身份防伪识别和透明供应链管理平台“唯链”发布，生产商、渠道商、零售商、海关、商检、用户等所有角色同时接入，生产、分发、物流、销售、审验、消费等所有环节同时记录，同时还提供了智能合约模板实现生产流程中对产品权限的管理。物链是由布比（北京）网络技术有限公司开发的供应链管理云平台，并于2016年5月宣布完成数百万天使轮融资。

8．互助保险

区块链能够实现对新兴保险业务模式的革新，增强保险市场对风险的记录能力、透明度、识别准确度和反应速度。劳合社保险市场、安联保险、基石保险、阳光保险等众多保险公司纷纷启动区块链应用计划。区块链技术可以实现真正的P2P或众筹保险模式，基于智能合约建立按需定制的保险合约，替代传统的保单协议，使管理过程更简单、更自动化、更透明、成本更低；使合约执行速度更快；同时保险公司的角色也将逐渐变为专业咨询和互惠池机制管理，而不是直接承担风险。

2016年3月8日，阳光保险集团采用区块链作为底层架构帮助寿险公司推出“阳光贝”积分，7月28日，再次帮助寿险推出基于区块链的保险卡单“飞常惠航空意外险”。该产品1份可使用20人次，可自用或通过发红包功能赠予他人，激活后立即生效。具体基于区块链技术的保险卡单流程如图6.6所示。

“水滴互助”是一个针对重大疾病推出的互助保障平台，于2016年5月10日获得了美国国际数据集团（International Data Group，IDG）、腾讯、真格等机构的5 000万风险投资。7月初，“水滴互助”与易安保险、慕尼黑再保险、宜信保险等机构共同成立了区块链保险实验室，将在该领域进行更多探索，进一步提供给用户更安全、可靠的服务。“众托帮”产品“众托1号抗癌互助医疗计划”于2016年7月1日正式上线，截至9月28日，用户成功破200万大关。“众托帮”利用区块链技术解决自证公正性、假理赔等传统保险行业的信任难题。2016年7月9日，基于区块链技术的互联网创新互助保障服务平台“同心互助”正式上线，提供针对30种重疾、意外伤害、过劳猝死等的互助保障计划。

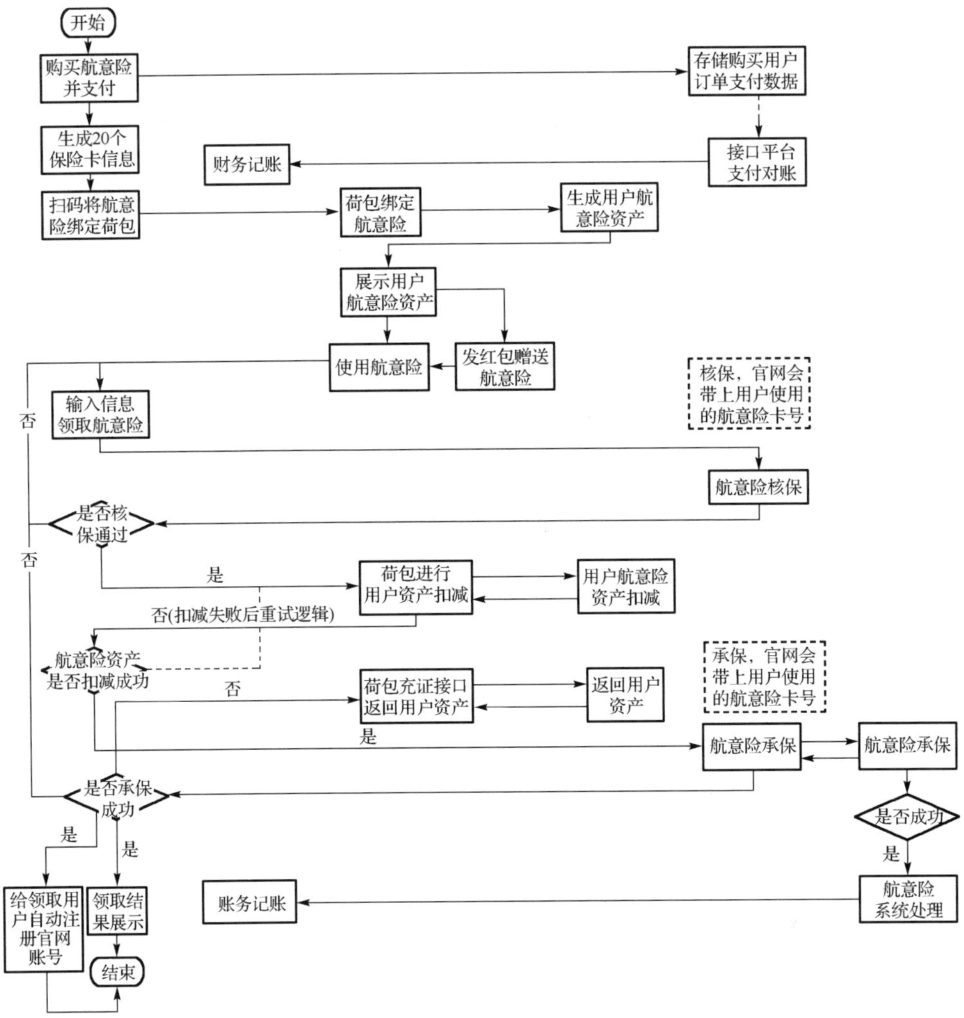

（资料来源：阳光保险集团，2016年12月）

图 6.6　基于区块链技术的保险卡单

典型案例：阳光保险集团区块链保险应用探索

区块链是目前一个比较热门的议题，被认为是未来互联网创新的温床，会衍生出很多以区块链为基础的商业模式，会改变各行各业的互联网思维，保险业也不例外。

区块链会给保险带来什么样变化，是否会在全新基础技术的基础上，提供更好的流程效率和用户体验？创造出一个全新的商业模式？作为区块链保险应用探索的先行者，阳光保险在 2015 年即成立了区块链研究部门，并于 2016 年 3 月份以阳光积分为基础，推出了区块链阳光贝积分，成为国内金融行业第一款区块链产品。小试牛刀后，9 月份又推出了第一款区块链航意险“飞常惠”。阳光保险相关负责人介绍，区块链仍是一个正在成长的事物，在保险行业有着非常广泛的应用场景有待开发利用，目前区块链在内部运作效率以及客户体验的提升方面得到了应用。

互联网保险以其平等、透明、直接、便捷、低成本和高效率的交流、交易，得到了迅猛的发展，并成为保险业发展的大趋势。但发展过程中，仅是传统产品互联网化是不够的，互联网保险在创新的过程中，最大瓶颈就是信用基础和安全机制尚不健全和完善。区块链技术的加密认证技术和全网共识机制，可以弥补传统互联网的不足，建立完整、分布式、不可篡改的连续账本数据库，确保资金和信息安全的前提下高效、低成本流通。

在可信的环境下，原来的痛点就变得不一样了，保单资产的数字化得到进一步的升级与发展，主要有两个方面：一是保单数字资产在区块链分布式账本的架构下权力由中心化变为分散化，客户拥有了原本应有的权力；二是同时数字资产的转移越来方便、自由和高速。运用好这两个优势，结合保险实际的业务场景、改造相关的产品和流程，会推进保险行业在渠道、营销、产品、流程、客户体验等方面的改进与优化。

（一）数字资产分布式自组织

拿区块链阳光贝积分举例来说，积分的特点是小额多次，能够促进企业与客户之间的交互，维护良好的客情关系。但传统中心化技术情况下，积分的发行权力在管理网上商城的这个部门，其他部门、部门间或者客户、客户间是没有权力进行积分发放与相互流动。内部由于技术、权限、场景限制，积分运营部门变成了“孤家寡人”，积分变成了只是一个部门的工作，其他部门无法参与，外部客户积分不能汇聚、流动，积分闲置。内外原因造成积分利用率、活跃率较低，积分成为公司与客户的鸡肋。

区块链上的积分改变了过去积分只有官网发放、自己使用且不能转移、汇聚的痛点，过去积分中心制的权限变成了分布式、每个参与者平等自组织结构。平等与开放，使业务部门有了积分的自主权，可以随时开展适合自身业务特色的积分活动；客户有了积分的自主权，可以随时转赠别人。在这种数据自由的情况下产生了泛中心的作用。例如，某分公司，利用积分结合线下的客户活动来进行业务激励，使过去积分利用率不到百分之十几的情况下，业务员积分使用率和活跃率达到了60%以上，月度活动新产生的积分价值在上万元。分公司成了积分平台上的一个中心；某些活动率高的业务人员与多个客户交互也成了平台的一个小中心；客户拿到积分多的与朋友分享，也是一个小中心。平台中出现若干泛中心，这是过去积分只在总部某部门管理的积分平台无法达到的效果。

金融行业与客户的交互上存在天然的弱关系，赋予了积分分布自组织，在平等和价值转移打通的情况下就有了与客户高频交互的可能。交互的作用对于金融来说，就是产生更多信任，在客户的工作、生活大部分线上的移动互联时代，如果不重视与客户线上交互，就等于失去这批客户，势必会增加线下销售的难度和压力。阳光保险正在积极尝试、开拓各种业务场景，将积分变成业务员、公司产品、品牌与客户在线上互动、日常联系、社交的必备。

（二）保险数字资产高速传播

在区块链积分应用小试牛刀收到一定成效后，阳光保险尝试将一款航空意外险卡单业务放在区块链，同样是在可信的环境下，赋予客户更多的保险数字资产自由。这款第次200万保额的航空意外险，由于在区块链环境中，可以实现个人到个人的转递，没有中间渠道费用，所以客户付出的成本仅3元钱。客户一张保单可以购买20次，购买后可以自己使用，也可以将剩余的次数转让给亲朋、好友。

客户拥有了数字资产的自组织权限，再结合社交的场景，在产品流程方面设计成“发红包”的形式。这款航空意外险改变了过去保单自己买自己用的情况，不但自己用，而且还可以赠送、转移给别人，保险产品变成了具有分享、相互关爱的人情味十足的社交工具。

区块链的分布式自组织功能，也使保险产品实现了脱媒，产品可以在客户间成本低廉且安全地进行传播。在保险业竞争白热化、渠道费用高企的当下，改变产品属性，使保险产品的推广能够在客户间自组织也是未来渠道发展趋势的需要。同时，区块链的“时间戳”机制完整记录了交易和流转的过程，记录不可伪造和篡改，也较好地解决了保险公司内部管理“逆选择”和“倒签单”的承保和理赔风险，并且可以在区块链上完整地观察到保险产品的时时流转情况，为大数据积累、研究和利用提供了基础。

区块链是推进金融资产数字化的利器，保险企业利用区块链特点，结合更多的业务场景，也将推动互联网保险产品的自我进化。这一进化，也顺应了客户的消费观念朝着更高质量、更安全、更便捷、优质体验等多元方向转变的趋势。

创新的本质是进取，创新的反面是“传统”。创新首先要深入了解传统观念、传统技术、传统体制存在的“瓶颈”，利用新技术，培育新观念、新产品、新体制。创新需要超越已有的成果，不为现有权威的结论所束缚，不被流行的观点所湮没。创新的结果不是一蹴而就的，而是通过实践、迭代、再实践、再迭代的过程，逐步积累出来的。

区块链以其独特和难以替代的优势，将成为解决保险商业模式创新“最后一公里”的利器。阳光保险未来中心的相关人士表示该中心未来将加大区块链的重视和投入力度，将区块链作为保险创新的新视角，积极开展基于业务场景和商业模式的思考、探索与实践。

9. 其他应用

2016年年底前，中银香港拟开始运用区块链技术于按揭业务，利用技术进行物业估算的数据传输，香港本地的两家物业估算公司也将参与其中。将区块链技术引入物业估算工作，不仅可以节省使用纸张及时间、提升效率，而且更为安全。在按揭申请流程中，牵涉递表及审批等，文件繁复，在区块链“去中心化”下，参与这项业务的各方人士获得所需文件之余，亦能确保文件真实，而过往纪录几乎不能窜改，亦可以追溯，大大提升伪造文件难度。在按揭业务中引入区块链技术，除了审批速度加快以外，客户感受并不会很明显，因为区块链属于后台技术，但随着加入的机构越来越多，未来的发展和创新空间很大。与此同时，中银香港正在与香港应用科技研究院一起研究区块链技术在贸易金融等领域的创新。

四、2017 年我国金融区块链发展展望

（一）2017 年我国金融区块链发展趋势

全球领先的信息技术研究和顾问公司 Gartner 公布了 2016 年新兴科技技术成熟度曲线（Hype Cycle for Emerging Technologies，2016），如图 6.7 所示。2016 年区块链正处于期望膨胀期，距离生成成熟期需要 5～10 年，可见 2017 年全球区块链技术仍然会保持比较高的发展趋势。

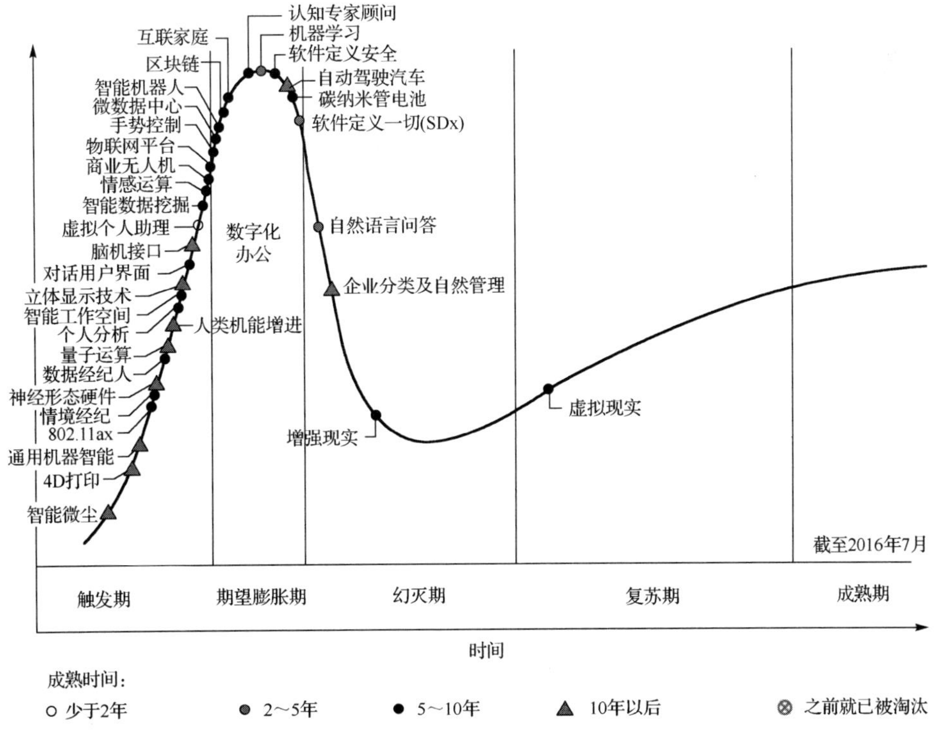

（资料来源：Gartner, 2016年8月）

图 6.7　2016 年新兴科技技术成熟度曲线

整体而言，2016 年我国区块链企业概念探索得较多，而真正落地产品较少。2017 年我国区块链技术的发展前景会受到技术发展水平、产业发展规模、

金融监管以及政策环境等因素的影响。2017 年从战略层面到落地应用，我国区块链技术及应用可能将朝着以下趋势发展。

1. 政府主管部门支持将不断深化

政府部门和监管机构的态度与政策在区块链技术的发展与落地中发挥着重要的作用。虽然各国政府对比特币等数字货币的政策各执己见，但对于区块链技术普遍采取较为支持的积极态度，金融机构也期望借助区块链技术改善后端流程效率、降低运作成本。2016 年以来我国政府主管部门对区块链技术给予了大力关注和支持，可以预见 2017 年政府主管部门有关支持将持续深化，促进区块链技术进入一个全新的发展周期。

2. 资金投入将持续增加，新兴应用场景有望进一步拓宽

根据《区块链技术市场按照供应商、应用程序、组织规模、领域和区域划分——2021 年前全球预测》报告，区块链技术市场份额预计从 2016 年的 2.102 亿美元到 2021 年的 23.125 亿美元，复合年增长率（CAGR）达到最高，为 61.5%，其中银行业、金融服务、保险将是主导最大市场份额的领域。区块链全行业的融资总额也连年飙升，从 2012 年 200 万美元的投资额增加至 2015 年的 4.69 亿美元，截至 2016 年 9 月中旬，2016 年的融资总额已经达到 4.2 亿美元，预期全年超过 2015 年。初创公司积极开发寻找应用场景，并加强技术投入，百花齐放的探索或将持续，但是获得实质性落地的应用势在必行，若 2017 年仍然停留在概念原型的阶段则生存将可能变得艰难。全球各个银行也都开始建立沙箱，测试区块链技术如何部署到他们的核心业务中去，英国咨询公司 Magister Advisors 认为，到 2017 年银行将会在区块链技术上投资超过 10 亿美元。在我国，工商银行、平安银行、招商银行、中国银联等也纷纷探索区块链在金融领域的创新应用。由众多金融机构联合组建的"金融科技创新联盟"以及"金融区块链专业委员会"的成立，对于促进金融区块链行业发展将发挥积极作用。随着区块链技术获得越来越广泛的关注以及越来越丰厚的资金投入，未来区块链技术将会更加成熟与稳定，区块链的应用将不断拓展，区块链的生态将逐步建立。

3. 区块链技术仍处于初级发展阶段，距大规模应用还有一段距离

尽管从长期来看区块链拥有光明前景，但是摩根士丹利的报告显示，金融机构广泛采用这项技术还需要 5～10 年的时间。目前区块链技术还需要在共识机制、智能合约、安全算法、隐私保护、扩容和速度优化等相关技术领域实现持续创新和突破，需要探索应用场景中落地方式是否能和现有技术相结合、切实解决行业中的痛点问题。随着区块链技术在各个领域的探索，未来将形成一个多链互联的价值网络，如何实现跨链交互与跨链交易、如何实现快速查询、如何支持多资产的发行等也是其大规模落地和商用面临的问题。此外，区块链与大数据、云计算、物联网技术紧密结合将推动信息升级和产业变革。大数据具备海量数据存储技术和灵活高效的分析技术，将极大地提升区块链数据的价值和使用空间；区块链以其可信任性、安全性和不可篡改性，让更多数据被解放出来，推进数据的海量增长。借助云计算服务资源弹性伸缩、快速调整、低成本、高可靠性等特质，可以实现快速低成本的区块链开发部署。物联网结合区块链可以实现自我治理和分布式控制。技术发展离不开专利保护，国外金融机构开始大量提交区块链专利，而我国尚未形成围绕区块链技术的专利热潮。未来如何更好地开展我国区块链专利布局不容忽视，针对区块链底层技术、扩容和速度优化技术、安全与隐私保护技术、创新商业应用模式等不同层次的专利申请或将开展，以期在该技术领域抢占先机。总之，区块链实现大规模商用仍旧任重道远。

4. 区块链标准化工作将加快推动，促进区块链应用的有序、健康和长效发展

区块链还处于探索和研究阶段，技术尚未完善，标准体系尚未确立，当前区块链应用面临的兼容性和互操作性差、安全风险缺乏有效防范、开发和部署缺乏标准化引导等一系列现实问题，引起了国内外标准化组织的广泛关注和讨论。工信部在制定区块链行业标准上已取得初步进展。2016 年 7 月，工信部信息化与软件服务司印发了《关于组织区块链技术和应用发展趋势研究的函》，并在 10 月 18 日指导成立了“中国区块链技术和产业发展论坛”，发布了《中国区块链技术和应用发展白皮书（2016）》。在文件中搭建了区块

链标准体系框架，将区块链标准分为基础、过程和方法、可信和互操作、业务和应用、信息安全五大类；确定了标准化实施方案的时间表：区块链标准体系的预研和研制将从 2016 年 10 月启动并持续到 2017 年，区块链标准试点推广和标准体系改进预计将分别在 2017 年 4 月及 10 月启动。

（二）我国金融区块链发展对策建议

为了推动我国区块链技术在金融行业的应用创新，加快形成金融区块链产业生态，本书从政府主管部门、金融机构、企业和科研机构、用户等角度对金融区块链的发展提出以下对策建议。

1. 出台相关的扶持政策，优化区块链发展环境

美国、欧盟、英国、澳大利亚、日本、新加坡等国家和地区政府采取了一系列政策措施推动区块链发展。我国区块链发展水平整体上与这些发达国家存在一定的差距。建议政府出台有益于区块链发展的政策，优化区块链产业发展的环境。例如，设立区块链专项基金，鼓励各类人才创新创业，通过税收优惠、投贷联动等方式支持区块链初创企业，力争在区块链技术的制高点和规则制定的话语权上有所作为。

2. 加强业务合规性监督管理，增强金融风险防范能力

区块链的发展既需要技术及应用创新，也必须符合我国技术创新不得击破监管红线的金融监管政策的基本原则，保证业务合法合规发展。从行业现状来看，利用区块链技术发行数字货币，绕开银行和支付公司，自己作为结算主体对外部商户提供支付结算功能的这一类创新，都面临着金融监管的合规问题；利用区块链技术进行跨境清算，并通过数字货币和法币的点对点兑换方式来进行外币结算的创新，可能直接违反我国外汇管理相关办法；使用区块链技术进行网贷银行存管、基金交易、金融交易的记账等解决方案，也需要和相关存管银行和监管部门进行仔细沟通，获得认可后方可合法投产。

3. 加强核心技术研发，推动区块链在金融领域应用落地

区块链在技术上尚不成熟，如计算能力的提高对密码算法的威胁、共识机制性能及安全性问题、智能合约安全性问题等。建议企事业单位、科研机构等在新型密码算法、分布式网络、数据库技术、共识机制、智能合约等核心技术研发方面加大投入力度，为推动区块链在金融领域应用落地提供有效技术支撑。

4. 组织多方协同合作，共建金融区块链示范应用

以产学研用为目标导向，建议成立区块链技术及应用协同创新中心，组织金融机构、企事业单位、科研院校等强强联合、优势互补，积极促进金融同业交流及区块链行业应用交流，推进区块链技术的研究及发展。此外，针对金融行业，选择典型区块链应用案例，搭建区块链应用测试平台、开展区块链应用示范，推动区块链产业发展。

5. 建立区块链技术人才培养体系

针对区块链技术和行业应用相交叉的人才缺失问题，建议部分院校可开设区块链相关教学课程，培养技术和应用相结合的复合型人才。为加强区块链学术交流，建议探索成立区块链相关学术组织，举办区块链相关学术会议，组织区块链相关学术期刊，推动区块链学术繁荣。为搭建基础研究和交叉学科研究创新平台，建议成立区块链技术相关实验室，如国家工程实验室等，增强区块链原始创新能力。

参 考 文 献

[1] 工业和信息化部信息化和软件服务业司. 中国区块链技术和应用发展白皮书(2016)[M]. 2016.

[2] 高航, 俞学劢, 王毛路. 区块链与新经济: 数字货币 2.0 时代[M]. 北京: 电子工业出版社,2016.

[3] 长铗，韩锋. 区块链:从数字货币到信用社会[M]. 北京：中信出版社, 2016.

[4] IBM Institute for Business Value. Leading the pack in blockchain banking[M]. 2016.

[5] IBM Institute for Business Value. Blockchain rewires financial markets: Trailblazers take the lead[M]. 2016.

[6] Markets and Markets. Blockchain Technology Market by Provider, Application (Payments, Exchanges, Smart Contracts, Documentation, Digital Identity, Clearing and Settlement), Organization Size, Vertical, and Region – Global Forecast to 2021[J/OL]. 2016(10). http://www.research and markets.com/reports/3927828/.

[7] 李政道，任晓聪. 区块链对互联网金融的影响探析及未来展望[J]. 技术经济与管理研究, 2016(10).

[8] Brett Scott. How Can Cryptocurrency and BlockchainTechnology Play a Role in Building Social and Solidarity Finance?[J]. The United Nations Research Institute for Social Development(UNRISD), 2016(2).

[9] 董屹，唐华云，张东. 近期国际金融基础设施机构区块链技术研究进展及重要观点[J]. 债券, 2016(7).

[10] 倪以理，曲向军，蔡建颖，齐丹，蔡容翎, Raphael Bick，崔起. 区块链——银行业游戏规则的颠覆者[J]. 麦肯锡报告, 2016(5).

[11] 庄晔. 区块链技术对金融业的主要潜在影响[J]. 环球市场信息导报, 2016(18).

[12] 周永林. 区块链与金融市场基础设施[J]. 金融市场研究,2016(06).

[13] 周永林. 央行数字货币实现模式[J]. 中国金融, 2017(5).

[14] 兴业证券. 区块链与数字货币：原理、特征和构想[R]. 2016-02-01.

第七章

金融网络安全

一、综述

（一）金融网络安全的内涵

当前，随着移动互联网的飞速发展和金融模式的不断创新，基于网络的金融交易日益活跃、交易规模急剧增加。金融网络安全日益成为金融交易活动的重要基石，由此产生的金融网络安全问题也成为目前关注的焦点。

金融网络安全主要是指金融网络参与主体的网络、软硬件系统、数据、人、IT 基础设施和环境受到保护，不受偶然或者故意等原因而遭到破坏、更改、泄露，保证系统持续、可靠、正常运行，实现网络所承载金融业务的连续性和安全性。金融网络安全从其本质上来讲就是基于网络的金融体系信息安全。从广义上说，凡是涉及网络中金融信息的保密性、完整性、可用性、真实性和可控性的相关技术和理论都是金融网络安全的研究领域。由于金融网络大部分采用广域网连接各参与主体，这些外部网络更容易受到攻击，是目前金融网络安全攻防的重点。本文的金融网络安全主要指外部网络安全。

网络安全是相对的，任何一个系统、网络都具有潜在的危险，没有绝对的安全，其安全程度随着时间的变化而发生改变。只要金融体系中有计算机的应用和网络的存在，金融网络安全就不容忽视。

（二）金融网络安全的构成

金融网络体系中，大部分场景为用户通过终端设备发起请求、经广域网访问金融机构服务端的资源、完成各项金融业务，并将金融活动中产生的重要用户数据、业务数据保存在服务端，部分数据保存在客户端。由此可见，金融网络安全由金融服务端和客户端之间的通信安全，服务端的基础架构安全、系统安全、应用安全、数据安全，以及客户端的系统安全、应用安全、数据安全等构成，任何环节的安全问题都将产生消极的影响。

1. 通信安全

通信安全主要指各通信终端之间的通信路径、通信方式、通信内容传输的安全性。凡是涉及通信网络上信息的保密性、完整性、可用性、真实性和可控性都属于通信安全的范畴。信息化和经济全球化相互促进，移动通信已经融入社会生活的方方面面，深刻改变了人们的日常消费、理财、投资等金融行为方式。处在这一大潮之中，无论是金融网络商业窃密，还是对金融网络发起黑客攻击，金融体系受到的威胁和影响都会越来越深。对于通信安全方面的违法犯罪行为防控，在网络的复杂和不断变化的条件下，将长期成为攻防双方的主战场。

2. 基础架构安全

基础架构安全是指系统所在环境的安全性，如区域保护、灾难保护、电力保障及电源保护、温度控制，设备的防盗、防毁、防电磁信息辐射泄露和电磁干扰、防止线路截获等。具有同城或异地数据中心、灾备中心、分支机构机房等大规模互联设施的金融机构面临更加复杂的安全管理挑战。基础架构安全构成了金融网络安全的根基。

3. 系统安全

系统安全主要指金融网络中存在的主机、存储等网络硬件平台、操作系统、基础软件的安全。随着硬件平台不断发展更新，目前主机、存储等设备方面的隐患已经明显减少，而操作系统、基础软件提供了很多的系统级管理功能，其自身的不安全性往往会影响所管理的软件资源和硬件资源。除了服务端软硬件系统，随着智能终端的普及，已有一些安全问题和隐患存在于移动端操作系统中。

4. 应用安全

应用安全主要指金融服务端（如 Web 服务）和配套应用程序、客户端应用的安全。如果应用程序存在设计开发方面的漏洞，常常成为黑客攻击的对象，从而造成服务安全性方面的巨大隐患。金融机构由于业务种类繁多、在金融网络上部署了众多服务，更容易成为受攻击的目标，蓬勃发展的互联网金融业务安全防护能力的提升速度也远远落后于业务发展速度，造成金融行业暴露的应用安全问题数量和威胁程度与其他行业相比更加突出。应用安全问题将直接导致金融服务不可用，影响金融机构的形象和声誉，严重的应用安全问题可能导致整个金融系统受损。

5. 数据安全

数据安全主要指金融网络中数据的存储、访问、使用、备份的安全。金融数据作为重要的金融资产，在业务决策、个人征信、风险控制、用户分析等方面发挥出越来越大的效用，随之对金融网络中数据安全方面的要求也越来越高，包括数据保密性，即信息不泄露给非授权用户、实体或过程，或供其利用；数据完整性，在存储或传输过程中保持不被篡改、不被破坏和丢失；数据可用性，可被授权实体访问并按需求使用，即合法用户的正常请求能及时、正确、安全地得到服务或回应；数据可控性，对信息的传播及内容具有控制能力；不可抵赖性，指发出数据交换请求者无法抵赖自己发出的信息；数据可审查，对出现的数据安全问题提供可调查、可追溯的依据和手段。数据泄露等数据安全问题一方面会直接导致金融机构或客户经济损失、极大降低客户的信任度、造成恶劣的社会影响，另一方面可能导致合规风险，遭到监管部门的处罚。数据安全防控是金融网络安全管控的重点内容。

金融网络安全构成复杂，是一个涉及计算机技术、网络技术、通信技术、密码技术、信息存储技术等多种技术的综合议题。只有通过对上述诸多技术和理论领域长期的知识和实践积累，才能提炼出系统、完整、协同的解决方案，从而提升金融网络资源和服务的安全性。

金融网络的便利性使得参与主体变得更加多元化、带来的影响难以预知，涉及各行各业，在社会各个领域产生复杂的耦合关系。在金融机构的混业经营趋势下，各类机构通过运用金融网络提供综合化服务。在激烈的竞争过程中业务相互渗透，机构之间的界限将被逐步打破；非金融机构通过网络技术也能提供高效便捷的金融服务，金融机构和非金融机构之间的界限也将逐渐消除，整个业态将变得更为复杂。网络互联技术高速发展使金融网络风险突破了原地域上的限制，一旦风险暴露，在短时间内便可能波及各个领域，极度渗透性和瞬时爆发性使风险的演化表现出迅速蔓延的特征，进而演变为大规模系统性风险。因风险传导路径上涉及多部门、多领域，跨行业、跨金融产品相互交错，面对这样一个庞大的共生体系，如果失去金融网络安全控制将对整个金融体系和社会正常运作带来难以预估的影响。

二、2016 年金融网络安全发展情况

（一）金融网络安全产业快速发展

近年来，国内外高度重视网络安全，在国家网络安全战略顶层设计、政策法律配套框架、国家网络安全基础设施、网络安全技术领域等方面重点投入，在此背景下，金融网络安全迎来了历史性的发展机遇，金融网络安全产业快速成长。

1. 各国高度重视金融网络安全，国外厂商仍掌控关键网络安全技术

在全球化、互联网化背景下，网络安全已经成为关注的焦点，世界各国

纷纷打响了网络安全保卫战。近10多年来，美国先后制定了《美国爱国者法案》、《网络空间国际战略》、《网络空间可信身份标识国家战略》、《网络空间安全国家战略》、《网络情报共享与保护法》等法律，美国国防部于2010年5月组建了网络战司令部（缩写为USCYBERCOM或CYBERCOM），其目的是统一和协调美国在全球安全环境中的网络作战行动。2015年，美国外汇行业连续遭遇了几起网络攻击事件，对此，美国全国期货委员会（NFA）宣布收紧所有成员的网络安全管控措施，提高对期货佣金商、掉期交易商、介绍经纪商、外汇交易商成员、商品池运营商和商品交易顾问等的网络安全要求。英国政府于2011年推出了网络安全战略，投资6.5亿英镑用来增强英国的网络防御，并重点提升企业的安全意识。韩国于2013年对金融部门的网络安全系统进行了彻底检查，保障这些部门在未来免受网络攻击的困扰。2014年11月，日本颁布实施《网络安全基本法》，该法令规定部分民生行业，如电力、金融等行业的运营商、相关企业和地方管理机构有义务向政府提供情报。2015年5月25日，日本制定了新的《网络安全战略》，提出了法治、主动遏制恶意行为的自律性、政府和民间多方面合作等原则，并明确提出要积极参与制定网络空间的国际规范。加拿大通过建立跨部门合作机制为公共部门和企业提供宽广的合作平台，对于潜在的和已显现的威胁分享精确的实时信息、防护技术和其他有效做法，加强与企业的网络威胁信息共享。

目前，国外厂商掌握着大量尖端及核心的技术，尤其是美国的IT企业在诸如微处理器、操作系统、数据库等方面仍是金融网络安全产业发展的主导者。英特尔在全球PC微处理器市场上的占有率已扩大到近80%，其中三分之一最终输出到中国。高通公司的手机芯片在移动设备中占有了相当大的优势地位，国内知名厂商联想、小米等大量使用高通芯片。思科在我国仍具有较大的市场份额，在金融骨干网中优势明显。美国奥森科技公司（AuthenTec）是世界领先的海量PC、无线设备以及访问控制市场指纹认证传感器和解决方案的提供商，能够读取皮肤表层下的活动层（即人的指纹真正所在之处），实现极其精确可靠的指纹成像，在世界范围内使用中的传感器超过3 500万个。世界杀毒软件十大品牌之一的德国小红伞公司（Avira）设置了多个病毒实验室对本地和全球出现的病毒威胁进行全天候处理，在跨系统网络保护方面处于世界领先地位。芬兰芬氏安全公司（Secure Corporation）研发的分布式防火墙技术，采用云端即时保护网络技术，以高侦测、低误判的特点成为了世界知名的计算机及网络安全提供商。另外，在新兴的物联网关键技术方面，包括 RFID、嵌入式系统技术，美国仍然处于世界领先地位，比如戴尔公司（Dell）提供各类物联网智能化软件、硬件和服务，并且推出了第一款物联网路由器。在 2017 年网络安全威胁趋势中，勒索软件、云安全、物联网安全防护被划为重点，国外厂商在这些领域拥有着雄厚的技术实力和先发优势，仍处于主导地位。

2. 我国网络安全提升至国家战略层面，金融网络安全管理体系日趋完善

2013 年“棱镜门”事件在震惊世界的同时，也为我们敲响了警钟，我国网络安全形势面临着空前压力和现实威胁。随后成立的中央网络安全和信息化领导小组体现了我国对于网络安全的高度重视，标志着网络安全已经上升到国家战略层面。2016 年年底发布的《国家网络空间安全战略》更是明确了我国网络空间安全战略的方针和主要任务。

为贯彻国家网络安全和信息化发展战略方针，金融行业进一步加强行业监管和自律，推进网络安全管理体系持续完善。2014 年中国人民银行会同银监会、证监会、保监会共同组织金融业机构研究编写了《金融业网络安全规划》，以搞好金融网络安全顶层设计，为形成网络安全保障合力打下基础；随之发布的金融行业信息安全等级保护《实施指引》、《测评指南》等文件，为具体落实相关保护措施提供了指导。同年 9 月，中国银监会、国家发改委、科技部、工信部联合下发《关于应用安全可控信息技术加强银行业网络安全和信息化建设的指导意见》，提出了建立应用安全可控技术的长效机制，大力推广能够满足银行业信息安全需求和技术风险可控的信息技术。

2015—2016 年，我国网络安全立法取得重大突破。2015 年 7 月 2 日新的《国家安全法》正式生效，第 24、25 条规定，“国家加强自主创新能力建设，加快发展自主可控的战略高新技术和重要领域核心关键技术”，“实现网络和信息化核心技术、关键基础设施和重要领域信息系统及数据的安全可控”。2016 年 6 月，全国人大常委会对《网络安全法》进行了修订完善。《网络安全法》强调在网络安全等级保护制度的基础上，对金融等若干重要行业和领域

实行重点保护。2016 年 7 月 15 日，中国银监会发布《中国银行业信息科技“十三五”发展规划监管指导意见（征求意见稿）》，对健全行业网络安全防护机制提供了指导。2016 年 12 月 12 日，银联正式推出《中国银联二维码支付安全规范》，对二维码受理设备、手机客户端、后台系统等关键系统环节提出具体安全要求。

通过国家层面立法监督和行业层面一系列具体措施的建立健全，我国金融网络安全管理体系日趋完善。

3．金融网络安全技术国产化进程不断提速，我国金融网络安全产业迎来爆发式发展

过去我国网络安全技术和产业发展和国外相比滞后严重，金融、通信等重要行业的安全产品方案长期依赖国外，存在巨大隐患。例如，加密技术领域最为著名的公钥加密算法（RSA 算法）是三位美国麻省理工学院教授提出的，该算法名称由三位教授姓氏开头字母组成，他们联合成立了同名的 RSA 公司，产品在国内金融企业应用广泛。但就是这样一家世界知名的密码技术企业，被爆出与美国国家安全局达成协议，被要求在部分加密技术中设置后门。

从网络安全乃至国家经济安全的长远战略出发，2014 年年底银监会联合多个部委发布的《关于应用安全可控信息技术加强银行业网络安全和信息化建设的指导意见》向金融机构明确提出了“安全可控”的要求，将安全可控信息技术应用纳入银行业战略规划。2015 年 1 月，中国人民银行印发了《关于推动移动金融技术创新健康发展的指导意见》，指导意见明确了移动金融技术创新健康发展的方向性原则，指导商业银行和银行卡清算机构应优先采用自主可控的产品及密码算法，加强移动金融账户介质标准符合性管理，增强移动金融安全可控能力，有效保障移动金融应用流程的安全性。另外，中央国家机关政府采购中心还提出了对基于云架构的 Windows 8 操作系统采购限制，相关国企和央企也积极推荐国产安全品牌，如中国建设银行、中国银行已经在重要业务系统上越来越多地使用国产化技术。

在国家安全政策及金融行业不断追求自主掌控的大趋势下，国产安全厂商迎来了历史性的发展机遇。据统计，2015 年国内网络安全产业规模超过

400亿元，比2014年增长26.1%，预计到2020年，我国网络安全市场规模将达687亿元以上，年均复合增长率超过20%。随着国家在科技专项上的支持加大、用户需求扩大、企业产品逐步成熟和不断创新，信息安全产业处于快速成长阶段，国内厂商也迎来了前所未有的发展机遇。

在网络通信方面，通过不断加大研发投入和渠道拓展，华为、新华三等中国企业生产的网络设备已经能够替代国外同类产品，并在安全性方面表现出色。华为下一代防火墙100%通过了“防火墙策略”、“应用控制”、“防躲避”、“稳定性与可靠性”等安全测试，获得业界公认的独立安全产品测评与研究领域领先者“美国NSS实验室”（NSS Labs）推荐级认证，标志着安全性达到国际最高水平。2016年11月中旬，国际无线标准化机构第三代合作伙伴计划（3rd Generation Partnership Project，3GPP）的无线物理层87次会议在美国拉斯维加斯召开，华为主推的极化码（Polar Code）方案从美国主推的低密度奇偶校验码（Low Density Parity Check Code，LDPC）、法国主推的并行级联卷积码（Turbo 2.0）两大竞争对手中胜出，成为第五代移动通信网络（5G）控制信道增强移动宽带场景编码方案。编码调制是5G通信技术中最底层、最核心的部分，“中国制造”意味着未来中国在5G网络通信安全领域将有更多的话语权。

在PC服务器和存储方面，浪潮可信服务器以可信计算模块为可信根，帮助客户构建从服务器基本输入输出系统（Basic Input Output System，BIOS）、主引导记录（Main Boot Record，MBR）、操作系统加载器（Operating System Loader）、操作系统内核（Operating System Kernel）、应用程序等完整的软硬件信任链，可及时发现固件及系统底层的高级恶意代码的入侵，防止服务器被恶意监控。华为服务器通过RAID控制器、固态硬盘（Solid State Driver，SSD）主控、输入/输出（Input/Output）控制芯片、快速节点互联（Quick Path Interconnect，QPI）控制器的升级强化安全控制技术。国产服务器通过构建安全稳定的业务运行环境以及良好的性能表现，目前已占据了国内超过60%以上的市场份额。在2016年中国互联网安全大会（Internet Security Conference，ISC）的高性能计算（High Performance Computing，HPC）排行榜上，中国机器TOP500上榜总量首次超越美国，成为全球第一超级计算大国，榜单上联想、曙光、浪潮的服务器表现抢眼。芯片是存储服务器磁盘阵列硬件的核心，国产存储服务器通过采用国产龙芯或飞腾芯片，实现了RAID

在内的关键算法的国产化，保障数据的安全与可控，海康、中科曙光的存储产品都是其中的典型，并且获得了市场的认可。目前存储市场国产品牌占据了超过50%左右的国内市场，和国际品牌形成了分庭抗礼之势。

在操作系统方面，浪潮推出自主知识产权的操作系统安全增强系统（Server Security Reinforcement，SSR），在系统层对服务器操作系统的网络核心进行安全加固，包括文件完整性保护机制、网络安全访问保护机制、主动的防御机制以及软件自我保护功能，保护了系统中重要数据和应用的安全，从根本上免疫了各种针对操作系统的攻击行为，防止病毒、蠕虫、黑客攻击等对操作系统和数据库的破坏。国产操作系统中标麒麟实现了包括管理员分权、最小特权、结合角色的基于类型的访问控制、细粒度的自主访问控制、多级安全（禁止上读下写）等多项安全功能，从内核到应用提供全方位的安全保护，成员产品“中标麒麟可信操作系统 V6.0”通过“公安部计算机信息系统安全产品质量监督检验中心”专家评审会的评审。广电运通金融电子股份有限公司与国防科技大学、恒银金融科技有限公司与深度科技有限责任公司先后就 ATM 使用国产操作系统达成战略合作，积极推动金融自助设备国产化进程，进一步加强金融自助设备的自主性、安全性、可控性。

在数据库和大数据方面，国内数据库安全厂商安华金和的安全产品可实时监控数据库，包括对 SQL 注入漏洞的攻击及时感知；构建访问模型监控重点对象，做到智能化的协议识别；实现对数据库中的敏感数据加密存储、访问控制增强，提升应用访问安全性。大数据安全分析能力使得安全设备可以快速处理安全数据，可以近乎实时地分析出异常行为数据，从而做出及时的响应。而基于安全大数据的威胁情报分析，则赋予安全设备更智能发现异常行为的能力。互联网安全领军企业奇虎 360 科技有限公司基于数字驱动安全的新兴理念和体系，实现包含漏洞挖掘技术、网络攻击技术、软件样本行为分析技术以及由网络地址解析数据库、网络访问日志数据库、文件黑白名单数据库等组成大数据系统与分析技术，实现互联网时代的大数据安全。

在云计算方面，云安全相关技术获得了长足发展，包括通过网络空间雷达，实时获悉区域网络空间资产及漏洞分布，利于进一步安全管制；结合大数据技术进行威胁检测，实时监测网络安全环境，洞悉和化解具有针对性的潜在威胁。最近国内兴起的云业务安全接入代理，通过位于云服务消费者和云服务提供商之间的安全策略执行点，提供单点登录、访问控制、行为监控、数据防护、安全合规等功能。执行点当云资源被访问时，组合并执行企业的安全策略。2016 年，国内安全厂商绿盟、启明星辰均已涉足云业务安全接入代理。另外，神州数码 2016 年建立了云安全中心和网站预警及防护平台，大力推进终端云安全管理和电子邮件云安全管理，以提供公共信息方面的各项安全服务。阿里收购瀚海源，为云计算用户提供更加全面的安全保护，共同建设更安全的互联网。百度全资收购安全宝，补充云安全实力，百度云安全成为最大的企业网络应用安全平台。腾讯投资北京知道创宇信息技术有限公司，增强云监测与云防御能力，在个人、企业和国家网络安全的多个层级做好安全产业布局。

在加/解密算法等应用方面，2016 年 3 月国家密码管理局正式公布了 SM9 算法，该算法是我国自主制定的密码算法标准，是一种区别于传统公钥算法的标识密码算法。2016 年 10 月 25 日，随着苹果新版本的发布，中国国产证书机构中国金融认证中心（CFCA）的 SSL 根证书加入了苹果的根证书库。

未来，随着网络安全产业链和生态环境的持续改善，网络安全技术的国产化进程将进一步提速，网络安全产业将迎来发展潜力。

4. 我国金融行业深化网络安全技术应用，积极提升金融网络安全保护能力

我国金融行业积极贯彻和落实网络安全建设工作，作为金融信息的运营者进一步明确了自身应当履行的责任和义务，不断加强对信息安全的投入，在组织架构、安全管理、安全技术等多个方面，有效推动金融行业网络安全建设，促进了金融行业整体安全防护水平的提升。

从国家信息技术安全研究中心对银行系统的抽查数据来看，金融系统的安全同比其他行业较好，具体表现在以下四个方面：一是认证体系基本完善，应用技术世界领先，我国的电子银行基本上是高强度的认证体系，双因子甚至三因子的身份认证；二是系统防御体系趋于成熟，防御能力较高。金融机构不断提高科技风险意识，将网络安全风险纳入全面风险管理框架，普遍建立专职部门和队伍，基本建立了主动防御的网络安全保障体系，不断提高网络安全保障能力；三是风险控制体系逐渐形成，安全防护维度多，风险控制

在第三方支付运用较为深入，这几年电子银行也开始在跟进；四是政策监管在加强，管理层安全意识强，银行系统的信息安全从宏观到微观都进行了双重监管。

中国银行作为国际业务领先的银行，在经济全球化、利率市场化、人民币国际化、金融脱媒化和风险弥散化的形势下，为防范日益加剧的网络安全风险建立了一套矩阵式管理架构，横向包括开发管理、测试管理、运维管理等；纵向包括需求与技术管理、质量管理、项目管理等。信息安全贯穿软件研发的全生命周期：在需求阶段包括安全需求分析、攻击分析等；在设计阶段包括安全设计原则、安全设计方案等；在实施阶段包括开发安全规范、静态分析等；在测试阶段包括安全基线测试、模糊测试、渗透测试等；在发布阶段包括应急响应、系统监控等。安全管理措施包括外包环境管理、信息安全环境保障、信息安全教育、安全技术讲解、安全测试原理研究、持续安全学习等。在 2016 年，中国银行以“产学研用”相结合的方式，与国家知名科研机构、高等院校紧密合作，成立“金融信息安全联合实验室”，对安全新技术开展跟踪研究和探索，持续加强中国银行的网络安全保障能力和自主可控能力。

随着全国分行与三方外联数量的增加，农业银行庞大的网络规模、繁杂的业务交易对网络安全提出了更高的要求。为了提升网络和数据安全，农行积极提升金融网络安全技术，构建金融网络安全体系。近期实施了一整套安全监控解决方案，在总行区域内部署流量的深度动态行为检测与全流量的回溯分析，不但可精准定位高级持续性攻击的路径与范围，还可发现和预警可能正在发生的各种攻击行为及其方式特点、网络的故障隐患等，为网络安全部门提供科学的决策依据。农行大数据平台以南大通用数据技术有限公司的国产数据库产品“GBase”为基础、硬件方面采用华为服务器，实现了对国密算法动态口令令牌及数学证书的支持。采用混搭融合架构、双活数据仓库、超大规模数据库集群这些先进技术，实现了运行环境的安全可控，应用在资产负债、电子银行、信用卡和个人金融等重要领域。

中国工商银行采用经过严格安全性测试验证的华为 RH 系列服务器，承担起多项核心业务。浦发银行信用卡中心在 2016 年以零不符合项通过 ISO 27001 信息安全管理体系（ISMS）的认证审核，成为国内首家通过该认证的信用卡中心。招商银行审计风控、华夏银行和北京农商银行的重要系统采用自主可控国产数据库，提升对业务数据的安全管理能力。光大银行私有云平台大量采用国产安全可控设备，并积极使用开源项目，在云核心组件上实现自主研发，走上自主可控道路。微众银行采用 X86 技术框架的 PC 服务器和开源产品，基于互联网架构建成了完全采用自主可控技术的全行级分布式架构的数据中心，有力地支撑了该行以互联网作为客户渠道的全新业务形态。

2016 年 1 月 9 日，中国证监会开展了年度证券期货行业信息安全联合应急演练，演练是在国家互联网信息办公室指导下，在工业和信息化部、公安部、国家能源局、国家信息技术安全研究中心等有关部门大力支持下进行的。演练以证券期货行业与网络通信、电力供应之间的跨行业应急处置，以及证券期货行业内跨机构业务连续性处置为重点，包括模拟上海证券交易所网上信息系统遭遇网络攻击、经营机构网上交易系统及门户网站被恶意攻击等 7 个场景的演练，检验了跨行业、跨机构、多部门联合应急响应机制的有效性，提高了对于网络攻击等突发事件的协同应急处置能力。证监会已经把行业应急演练工作常态化。自 2009 年以来，连续 8 年开展应急演练，逐步从行业内模拟演练，过渡到行业内真实演练，再到跨行业真实演练，有效提高了证券期货行业整体的网络安全保障能力。

2016 年，证券行业利用行业资源持续推进“两地三中心”灾备体系建设，提升了网络安全突发事件下的业务连续性保障水平。国泰君安始终高度重视网络安全保障能力建设，在较早通过 ISO 27001 信息安全认证的基础上，于 2016 年领先行业获得了全球公认的数据中心标准组织 Uptime Institute 授予的最高等级认证；同步实施了同城灾备机房机柜、电力、网络资源的扩容，基于深证通机房资源建设异地灾备中心，增强了集中交易系统的同城灾备切换和双活容灾能力。公司和外部机构合作建立了网络安全培训体系，形成提升员工网络安全能力的长效机制。2016 年，公司组织了面向全员的信息安全专项培训，加强对结构化查询语言（Structured Query Language，SQL）注入、蠕虫病毒、地址解析协议（Address Resolution Protocol，ARP）攻击等的防护意识和防护能力。另外，引入了外部机构开展新系统和所有对外网站的安全测试和漏洞扫描，有效提高了系统和网络的安全性。

中国银河证券股份有限公司（以下简称银河证券）作为较早开始信息化建设且经纪业务规模庞大的证券公司，在信息化建设过程中将信息安全作为首要考虑因素，并将信息安全贯彻到从需求、设计、开发到上线、运营、废弃的信息系统全生命周期管理中。比如在安全设备上，多年来银河证券大量选用优质国产厂商的安全设备，在交易网络，特别是在核心交易网络部署的安全设备全部采用国产设备，仅有部分互联网边界安全设备采购了国外厂商产品。

中国人民财产保险股份有限公司（以下简称中国人保）作为国内历史最悠久的保险企业之一，于 2016 年启用密码应用国产化改造，将国产化密码技术应用于安全服务平台，即统一账号（Account）管理、认证（Authentication）管理、授权（Authorization）管理和审计（Audit）管理的统一和集中，实现以 PKI/CA 为基础的身份认证和授权管理并加强系统管理员对应用系统访问人员的审计和管控，依据这些措施落实公司信息化的集中管控，保障信息系统和业务数据的安全。同时，以合法权威的第三方认证服务，包括鉴证服务、证据保全、电子取证等技术服务，满足电子保单业务高速发展的需求，确保线上业务的安全可信。为进一步贯彻和执行我国保险业信息系统安全管理制度，中国人保 2016 年启动防病毒网关建设工作，以防范新型网络攻击威胁，包括高级持续性攻击（Advanced Persistent Threat，APT）、网络勒索软件等。与亚信安全合作，采用多台亚信安全深度威胁安全网关（Deep Edge），通过云安全和大数据分析技术有效治理针对保险行业的高级网络威胁，取得了良好的安全防护效果。

中国太平洋保险（集团）股份有限公司严格遵循行业监管部门要求，根据《中国保监会关于印发保险业密码应用实施方案的通知》（保监发〔2015〕74 号）中相关建设规范，充分利用鉴证服务、证据保全、电子取证等技术，完成电子保单密码算法的升级改造工作。另外，搭建了信息安全管控平台，通过大量采集和分析不同的网络数据，并进行联动性比较分析，全面、及时地发现、识别、分析、处理网络安全事件。

2016 年，国内首家互联网保险企业众安保险成立子公司众安科技发力云安全、区块链技术，目标之一是全力保障互联网生态的安全性。

（二）金融网络安全仍面临威胁，形势严峻

当前，国际网络空间局势日趋紧张，黑客攻击活动日益猖獗，而伴随着互联网金融等新兴业务的迅猛发展，金融机构暴露在互联网体系中的威胁却越来越多，更是增加了金融网络安全工作面临的挑战。

1. 客户端攻击与个人信息窃取现象普遍

（1）恶意程序攻击

恶意程序通常是指带有攻击意图所编写的一段程序，恶意程序通过邮件、QQ、网盘分享等方式进行传播，隐匿在内存中，可以实现用户键盘记录（常用于用户名/密码盗用）、网页篡改、屏幕截取/录像、远程控制等功能。2016 年横行的“假面鬼”木马就是不法分子将木马伪装成知名下载软件组件，并在替换官方安装包中对应的原版文件后重新打包，通过色情网站和小型下载站进行传播。“假面鬼”木马运行后会在用户电脑执行恶意软件，窃取用户的支付账户、支付密码等信息，严重威胁用户的信息和财产安全。

（2）钓鱼网站欺诈

钓鱼网站通常指伪装成银行及电子商务，窃取用户提交的银行账号、密码等私密信息的网站。“钓鱼”指不法分子利用各种手段，仿冒真实网站的统一资源定位符（Uniform Resource Locator，URL）地址以及页面内容，或利用真实网站服务器程序上的漏洞在站点的某些网页中插入危险的超文本标记语言（Hyper Text Markup Language，HTML）代码，以此来骗取用户银行或信用卡账号、密码等私人资料。根据 12321 网络不良与垃圾信息举报受理中心接到的网民举报的短信、邮件、网站等信息，截至 2016 年 4 月，被举报最多的是假冒“建设银行”的钓鱼诈骗网站，举报量达 716 件次。2016 年 10 月，北京亿盾互联科技有限公司侦测的银行业钓鱼网站 13 414 例，涉及 454 家银行。其中，大型银行 5 家，共 6 337 例钓鱼网站；股份制和中小型银行 449 家，共 7 077 例钓鱼网站。

（3）手机恶意 APP

手机恶意 APP 指安装在智能手机上的恶意应用程序。恶意 APP 可以被伪装成知名应用混淆用户，诱骗下载，通过记录输入法窃取用户的电商以及第三方支付平台的账号和密码，同时，还会将支付验证码转发到指定手机。2015 年我国移动支付业务金额达 108.22 万亿，且相比去年增长 379.06%。然而，当越来越多的用户养成移动支付习惯时，手机恶意 APP 便有机可乘。报告显示，2016 年上半年，Android 新增手机支付病毒包高达 32.33 万个，相较于 2015 年增长了 986.14%；感染用户数达 1 670.33 万，增长 45.82%。以

2016 上半年变种最多、流传最广、影响最恶劣的“粗口木马”病毒案为例，犯罪分子通过伪基站伪装成运营商或银行等客服号码，向用户发送带有钓鱼网址的短信，用户一旦点开短信中带有病毒 APK 下载的链接，就会立即激活“粗口木马”。该木马可以在用户无感知的情况下截获包括验证码在内的所有短信，便于诈骗团伙实施用户隐私盗取和银行卡盗刷等犯罪行为。

2. 网络通信安全问题突出

（1）ARP 攻击

ARP 攻击就是通过伪造互联网协议（Internet Protocol，IP）地址和媒体访问控制（Media Access Control，MAC）地址实现 ARP 欺骗，能够在网络中产生大量的 ARP 通信量使网络阻塞，攻击者只要持续不断地发出伪造的 ARP 响应包就能更改目标主机 ARP 缓存中的 IP-MAC 条目，造成网络中断或中间人攻击。利用该攻击，黑客能监控受害用户上网设备发送和接收的数据，盗取用户账号密码等隐私信息。报告显示，平均每天遭受该攻击的用户数高达百万。遭遇 ARP 攻击的用户，其上网数据还会被黑客截取到，导致网银账号、支付密码、聊天记录等隐私信息被窃取。

（2）基于 TCP/IP 设计漏洞的攻击

传输控制协议因特网互联协议（Transmission Control Protocol/Internet Protocol，TCP/IP）作为因特网使用的标准协议集，互联网技术屏蔽了底层网络硬件细节，使得异种网络之间可以互相通信，这种基于地址的协议本身就会泄露口令，而且经常会运行一些无关的程序，这些都是本身的缺陷，这就给“黑客”们攻击网络以可乘之机，TCP/IP 的安全性问题会给网络带来严重的后果。

环球银行金融电信协会（SWIFT）作为国际银行同业间的合作组织，为 200 多个国家和地区超过 8 000 家金融机构提供国际贸易金融结算等服务，一贯以安全、可靠、高效为主要特点。然而近一年来，针对 SWIFT 系统发生的一系列网络安全问题引发了人们的普遍担忧。2015 年 1 月，黑客攻击了厄瓜多尔南方银行，利用 SWIFT 系统转移了 1 200 万美元；2015 年年底越南先锋商业股份银行也被曝出黑客攻击未遂案件；2016 年 2 月，孟加拉国中央银行的 SWIFT 系统遭到攻击，损失了 8 100 万美元，成为迄今为止规模最大的网络金融盗窃案，在业内掀起巨大震动。

3. 服务器端成为网络攻击的重灾区

（1）分布式拒绝服务攻击（DDos 攻击）

分布式拒绝服务攻击（DDos 攻击）就是攻击者在同一时间对目标网站发起大量的访问请求，使其大大超过服务器的承受能力，从而引起网站页面无法打开。对于金融平台而言，网络平台无法登陆会引起个体客户的流失、恐慌，甚至造成谣言扩散、挤兑等群体性不可控行为。由美国信息安全公司 Arbor Network 统计的信息安全报告显示，2016 年上半年期间，全球 DDoS 峰值记录突破了新高——突破了之前的 500 Gbps（2015 年年底）达到了 579 Gbps。2016 年 10 月，一场始于美国东部的大规模互联网瘫痪席卷全美。美国公共服务、社交平台、民众网络服务器等都遭到前所未有的严重攻击，半个美国的网络几乎陷入瘫痪。造成此次大规模网络瘫痪的原因是美国网络服务供应商迪恩公司的服务器遭到了“分布式拒绝服务攻击”（DDoS）。

（2）Web 漏洞

Web 漏洞通常是指网站程序上的漏洞，可能是由于代码编写者在编写代码时考虑不周全等原因而造成的漏洞。如果网站存在 Web 漏洞并被黑客攻击者利用，攻击者可以轻易控制整个网站，并可进一步提高权限获取网站服务器权限，控制整个服务器。

金融机构由于包含业务种类繁多，漏洞数量最高。新兴互联网金融，由于对业务的追赶速度和要求远高于安全需求，虽然业务发展不长，但暴露的安全数量和威胁却名列前茅。截至 2015 年 11 月底，全国范围内近 100 家互联网金融平台被爆出存在漏洞。2015 年 9 月至 11 月三个月的时间里，在国内著名的漏洞报告平台“乌云网”上汇总的金融行业已被确认的安全漏洞共 206 个。

（3）认证攻击

Web 认证攻击，主要过程是利用传统 web 认证机制的漏洞，以各种攻击形式获取合法用户的身份信息（如用户名/密码），或者利用漏洞来绕过 Web 认证，从而访问某些资源、盗取用户信息或者控制用户程序。

2016 年 3 月 24 日，美国司法部公开指责 7 名伊朗黑客入侵了纽约的一个小型防洪控制系统。幸运的是，经执法部门后期调查确认，黑客还没有完全获得整个大坝计算机系统的控制权，只是进行了一些信息获取和攻击尝试。这些伊朗黑客可能为伊朗伊斯兰革命卫队服务，他们还涉嫌攻击了包括摩根大通、美国银行、纽约证券交易所在内的46家金融机构，受攻击入侵的电脑系统未设置多因素认证。

（4）重放攻击

重放攻击又称重播攻击、回放攻击，是指攻击者发送一个目的主机已接收过的包，来达到欺骗系统的目的，主要用于身份认证过程，破坏认证的正确性。攻击者利用网络监听或者其他方式盗取认证凭据，之后再把它重新发给认证服务器。2016年中央电视台“3·15”晚会曝光了部分智能支付终端存在安全漏洞，当消费者在有漏洞的智能POS机上刷卡（磁条）消费，消费成功后就会收到短信通知，然后消费者离开。随后攻击者可以利用这个漏洞发起重放攻击，重放并不需要被盗刷者的银行卡、密码，只需要另外一张卡来触发POS机。

4．金融系统数据泄露问题日益严重

（1）拖库攻击

拖库攻击是一种入侵服务器后，非法下载网站数据库的攻击方式，其目标就是窃取存储于数据库中的敏感私密信息，成功之后黑客会对数据库进行深加工处理，根据其实用程度、透露信息的多少出售给相关需求方，从事进一步的违法行为。2016年6月，美国著名社交网站Myspace收到了警告，称大量的用户名和密码已被黑客窃取，并在一个黑客论坛上出售。全球最大的专注于披露泄露数据事件的网站LeakedSource的一份报告称，有超过3.6亿账户被泄露。尽管泄露的数据比较旧，但庞大的数据量使得此次泄露很引人注目。此次泄露可能是有史以来最大规模的数据泄露事件。

（2）APT攻击

APT（Advanced Persistent Threat）攻击指专门针对特定组织或目标进行有组织的持续渗透攻击。由于其复杂度较高，需要较长的攻击周期和团队协作，并对攻击者的素质提出了特殊的要求，因此，此种攻击不会针对低价值的目标。而金融平台上往往拥有大量投资额度较大、攻击价值较高的用户，他们很可能

会成为 APT 攻击的目标。一旦针对这类目标的 APT 攻击得以实施，将大大削弱金融平台的可信度，进而对整个行业造成负面影响。2016 年召开的安全分析师峰会上，来自卡巴斯基实验室全球研究与分析团队的研究人员们披露了由亚洲和欧洲等多个国家的黑客组成的网络犯罪团伙 Carbanak 再次死灰复燃，该团队曾在 2015 年从超过 100 家金融企业手中窃取到高达 10 亿美元资金。

（3）云服务信息泄露

在云计算的架构下，越来越多的业务在云端开展，越来越多的数据在云端存储，云计算开放网络和业务共享场景更加复杂多变，用户数据泄露或丢失使云计算信息安全面临巨大的安全风险，传统的信息安全技术无法满足云计算安全需求。2014 年 9 月，詹妮弗·劳伦斯等好莱坞明星裸照泄露于网上，经证实是黑客攻击了美国苹果公司（Apple Inc）提供的云端服务“iCloud”所致。

5. 金融系统内部安全隐患时有发生

（1）平台故障

目前，大多数互联网金融机构在系统建设和运行中，没有很好地执行按照业务运行应急计划，应对电力中断、地震、洪水等灾害不到位，一旦发生灾害，将带来巨大损失。如美国“9·11”事件，一些公司由于没有建立灾备系统，没有执行好应急演练计划，系统和数据全部丢失，造成公司彻底破产和消失。

互联网金融业务在快速发展过程中，由于机构相关人才不足，在系统开发、运行过程中，很多是通过购买第三方外部服务的方式提供互联网金融业务技术支持，在系统升级过程中，可能会造成系统冲突问题。

机构内部员工的错误操作、恶意操作可能会导致潜在的损失，机构员工对业务不熟悉，有可能导致互联网金融业务严重的操作风险，从而危及互联网金融业务的总体安全。

（2）内部人员泄密

金融平台的工作人员泄密，可以包括平台代码、核心流程、平台数据库、交易审核机制等层次。平台代码的泄露，可以帮助恶意攻击者了解数据存储和处理的基本框架、数据库的结构，进而分析系统或者平台的漏洞；核心流程的泄露，可以帮助恶意攻击者了解到整个系统或者平台的数据流向，进而实施旁路窃取或者中断冒认攻击；平台数据库的泄露，轻则可以让恶意攻击者获取金融平台客户的基本资料，重则会导致客户用户名与密码的泄露，从而导致客户的私人信息甚至资金安全受到损失；交易审核机制的泄露，为恶意攻击者利用被攻击者本能反应、好奇心、信任、贪婪等心理弱点，并采取欺骗、伤害等手段进行攻击带来便利。对于金融平台来讲，平台上的数字往往和真实的财富相关联，如果不能做好操作权限管理，就不能从制度层面来控制后台人员的违规风险，从而对客户的信息、财富构成威胁，对金融企业造成严重的影响。

2016 年，美国一家专业从事安全基准评估的企业 Security Scorecard 对全球 7 000 多家金融行业企业进行了网络安全评估。从结果来看，金融行业总体的安全评级排在榜单前列，仅落后于信息服务、技术公司、建筑企业。但具体来看，金融行业的网络安全得分、网格质量得分、IP 地址信用值等方面都要落后于 18 个行业的总体平均值，形势不容乐观。

三、行业案例

（一）中国建设银行股份有限公司

建设银行作为信息化最广泛、信息处理规模最大的商业银行之一，十分注重金融网络安全管理体系建设，从管理和技术两方面发力，进行了有益而务实的探索。建设银行借力业界成熟标准，经过横向对比和综合分析后推出《中国建设银行信息安全管理办法》，该办法是建设银行网络安全管理的纲领性文件，明确了管理政策、目标、范围和原则，指导全行开展网络安全制度建设以及具体管理工作。建设银行还制定了《信息系统安全建设标准体系》，该体系充分借鉴了 GB/T 22239—2008、GB/T 22240—2008 等国家信息系统安全等级保护标准，同时吸收总结了信息系统安全建设经验和技术积累，内容涵盖了信息系统安全等级划分、安全需求分析、安全技术实现等各环节的安全技术标准。

基于《信息系统安全建设标准体系》，建设银行建立了适应新一代信息系统的整体安全架构，采用面向对象服务架构和组件化设计的方法，将安全功能从应用中解耦，设计实现了功能独立、部署灵活、简便易用的标准化安全组件，包括：用户认证、客户认证、信息加解密、密钥管理、安全策略管理、安全审计监控等，可通过参数化配置管理实现灵活安全控制，统一为上层应用系统提供全面安全服务。为增强代理上网、用户身份识别、内外网隔离、防泄密、安全套接层（Secure Sockets Layer，SSL）解密，提升网络安全性，建设银行和北京网康科技有限公司合作，使用网康产品为用户提供丰富的业务代理功能，支持多种方式代理上网，作用相当于业务的中转站，在帮助用户获取网络资源的同时，全方位屏蔽内网用户信息；与轻量目录访问协议（Lightweight Directory Access Protocol，LDAP）联动识别上网用户的信息，实现实名制上网，确保上网人员身份真实；通过单臂代理的方式，与沙盒部署在同一局域网内，代理地址通过沙盒的映射作为内网用户实际的代理地址，先登录沙盒才能通过代理上网；将内网用户的上网数据以特定协议发送和传递，经过专门的模块过滤决定数据流是否被允许发送外网，实现内网的数据防泄露和互联网访问控制；另外，对一些加密邮箱和加密网页，通过网康的代理服务器进行解密，并对解密后的数据进行过滤，实现对加/解密数据的控制和审计，如图 7.1 所示。

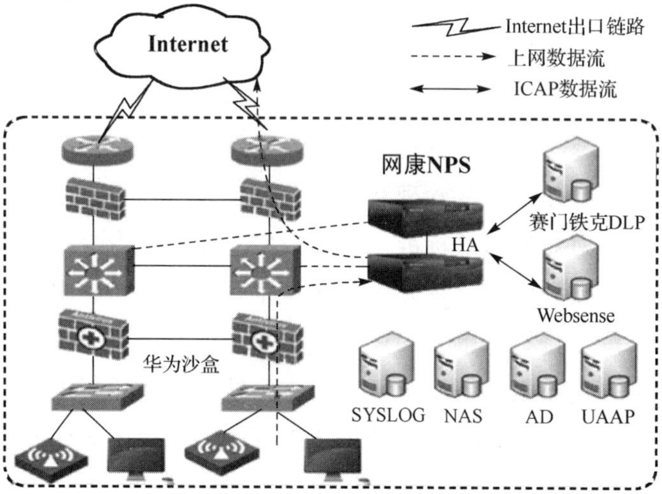

图 7.1　中国建设银行安全代理上网架构

（二）国泰君安证券股份有限公司

国泰君安在网络安全领域持续深化，充分运用大数据分析技术对来源于网络、硬件、操作系统、服务、程序等各类日志进行整合化、关联化分析。

当前金融机构部署在因特网上的服务已经成为网络攻击的重要目标。当这些服务遭受攻击时，系统日志中会留有非法访问和攻击情况的痕迹，因此在开展金融网络安全事件分析定位时，最直接有效的数据来源即日志，在金融信息系统日志中蕴含了丰富的信息。但由于技术限制，这些零散和庞大的信息长期以来对金融网络安全风险防范起到的作用并没能发挥出来。

通过建模推理、机器学习等智能化手段，国泰君安基于特征分析深入挖掘和洞察用户行为和系统行为，有效发现并阻止了多起攻击行为和网络安全隐患。从偏于应急、响应式的网络安全防护工作模式，逐步转向主动感知、预防为先、更为有效的安全防护工作模式。

大数据日志分析平台的构建是基础。国泰君安搭建了涵盖全网设备和系统日志的采集、处理、整合、存储、分析平台，将 3 个重点物理区域、8 个安全域全部纳入，不仅包括了主生产中心，还包括同城灾备中心和主要办公地点，总共近 3 000 台设备、主机和近千台网络设备。并基于网络安全防护需求定制了 17 个关键的安全防护场景用例、设计了 19 个关联分析规则、28 套仪表板，以及针对安全管理员、系统管理员、开发人员等不同视角的安全分析报表，形成了对内外部攻击、蠕虫爆发、暴力破解、僵尸网络、服务器异常连线、潜在威胁和攻击、DDoS 攻击、网站服务器海量访问攻击等安全事件的防护能力，提升了针对虚拟专用网络（Virtual Private Network，VPN）账号盗用、跳过堡垒机的违规访问、非法违规操作、柜台系统异常访问、门禁异常访问等安全管理能力。国泰君安以数据驱动安全的实践，如图 7.2 所示。

平台运行以来，成功防范了非法调用高权限服务、非法的内部网络端口扫描、对隐含地址的嗅探访问、DDoS 攻击、病毒和僵尸网络等上百起安全事件。国泰君安应用大数据技术发现的风险，如图 7.3 所示。目前，国泰君安已启动基于大数据、人工智能的网络安全态势感知的专项研究工作，为面对未来严峻的金融网络安全挑战和威胁做好充分的准备。

图 7.2　国泰君安以数据驱动安全的实践

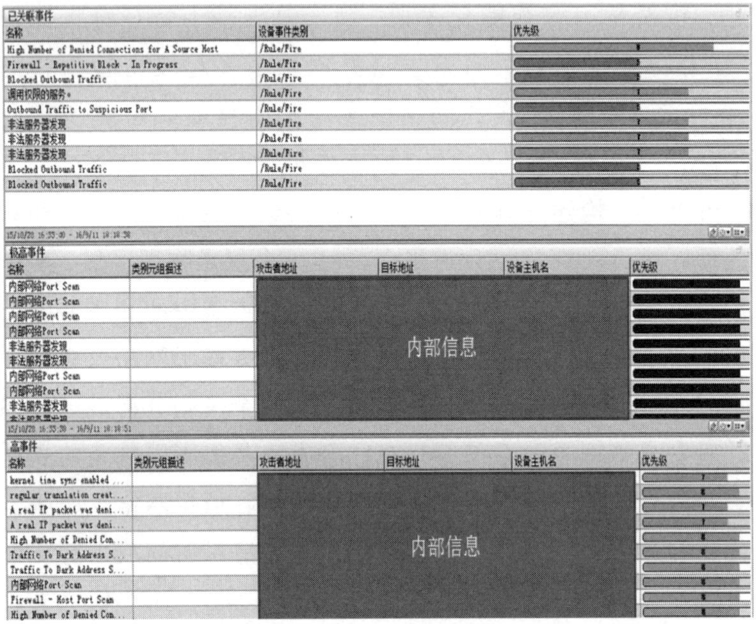

图 7.3　国泰君安应用大数据技术发现的风险

（三）中国银联股份有限公司

中国银联股份有限公司（以下简称中国银联）应用国产密码技术提升银行卡产业安全自主掌控能力，在联网联合技术和 IC 卡技术方面实现了对国产密码的支持。国产密码指国家密码局认定的国产商用密码算法，在金融领域目前主要使用公开的公钥算法（简称 SM2 算法）、密码杂凑算法（简称 SM3 算法）、对称加密算法（简称 SM4 算法）三类算法，分别是非对称算法、哈希算法、对称算法。密码技术是金融信息安全的核心技术，在银行卡领域应用国产密码算法，有利于提升银行卡产业信息安全的自主可控能力。2014 年国务院办公厅印发了《国务院办公厅转发密码局等部门关于金融领域密码应用指导意见》（国办发〔2014〕6 号文），工作目标中明确定义了要建立以国产密码为主要支撑的金融信息安全保障体系，实现金融领域信息安全核心产品及系统的自主可控，力争 2015 年初步实现国产密码在金融 IC 卡（集成电路卡）、网上银行、移动支付、网上证券、电子保单等重点领域中的广泛应用，到 2020 年实现国产密码在金融领域中的全面应用。2014 年 12 月，中国银联正式面向成员机构发布《中国银联银行卡联网联合技术规范 V2.1（SM 算法试点技术指引）》、《中国银联 IC 卡技术规范——产品规范　第 11 部分：国产密码应用指南》，在银行卡核心技术规范层面支持国产密码算法，支持银行按照国产密码算法接入银行卡跨行交易系统，并支持银行发行国产密码金融 IC 卡。《中国银联银行卡联网联合技术规范》是银行卡跨行交易的基础性规范，为银行实施跨行交易系统改造提供基础性指导和支持。《中国银联 IC 卡技术规范》是在《中国金融集成电路（IC）卡规范》金融行业标准下为支持银行发行金融 IC 卡的银联企业标准。

中国银联两项技术规范，在兼容最新国际通用技术标准的基础上支持国产密码，丰富了安全算法体系，为提升银行卡产业安全自主可控水平打下基础，促进信息安全及金融服务相关产业的发展。2016 年，中国银联组织了全国 89 家银行开展 SM 算法的试点应用，通过实施金融 IC 卡、网上银行等领域的改造，形成 SM 算法金融 IC 卡发卡的规模化效应。SM 系列算法作为自主可控核心技术成果，具有国家自主知识产权，由国家密码管理局发布。目前中国银联的银行卡跨行交易系统已经全面支持该算法，各金融机构采取该算法联网接入均可获得支持。

中国银联联合了产业各方研发制定了可信服务管理（TSM）、嵌入式安全芯片（eSE）、支付标记（Token）、生物识别等新兴支付技术与模式的相关标准规范，并推动产业链合作伙伴探索开发符合相关标准规范的各类创新支付产品。2016 年 10 月 18 日，华为麒麟 960 成为中国银联全球首款通过银联卡芯片安全认证的手机芯片产品，这标志着国产手机芯片已能够达到金融级安全认证水准，中国银联联合产业各方推动移动支付自主化的进程又向前推进了一大步，在网络安全和使用便捷的角度上进一步满足了用户需求。

（四）浙江蚂蚁小微金融服务集团有限公司

蚂蚁金服作为高度依赖数据资产的领先互联网金融企业，在数据安全管控、利用产业资源形成安全防护合力方面积极探索。蚂蚁金服有超过 200 人的团队从事数据安全工作，每年投入上亿资金，以保证每一位用户的信息不被滥用。在数据安全组织架构上，分为 4 个层面：策略层、管理层、控制层与执行层。策略层负责集团整体层面数据安全的决策与规范的制定；管理层则负责数据策略的落地及日常组织运营；控制层由各个风险控制点的负责人负责，把控所在控制点的日常管理；执行层全员参与，遵循整个流程制度。

在数据的产生、存储、使用、传输、传播、销毁等各个环节，蚂蚁金服都建立了严格的风险控制机制。例如，在数据产生环节，要有数据安全等级的控制，敏感数据需脱敏控制；在数据使用环节，比如大数据的建模分析，要在公司内的安全环境，并且要求这个环境是独立的，在这一环境中数据无法流传到外部。为了保证用户的信息不被滥用，蚂蚁金服的员工在开展业务必须要使用数据时严格执行“最小授权”原则，这意味着仅满足业务开展过程中最小的那部分数据可提供给申请人。同时，对员工的操作行为建立严格的审计机制；内部工作人员所有的业务操作，都会沉淀到后台的风险日志库。在风险日志库里，有不同的风险规则及算法模型，判断每一步操作是否存在风险。若确认有风险，则输出到业务操作的风险大盘。

此外，对于高风险的行为，会输出到审计平台，自动化发起审计，询问工作人员为何进行这一步操作，工作人员需要对此及时反馈，这一反馈还会反馈至工作人员的主管，以及部门内审内控人员。这一整套审计机制贯穿了蚂蚁金服内部数据安全管控的整体体系。

2015 年 6 月，由蚂蚁金服发起，联合国内外设备厂商、芯片厂商、算法厂商、安全厂商、标准机构和检测机构联合成立了互联网金融身份认证联盟（IFAA）。一年多以来，IFAA 会员数已经超过 60 余家，覆盖了国内外绝大部分的主流手机终端生产商、主芯片厂商以及安全操作系统提供商、标准组织、测试认证检测机构。目前国内外 22 家手机厂商均已经支持 IFAA 标准，覆盖机型数超过 100 款，从蚂蚁金服数据来看，IFAA 标准已经为超过 6 000 万用户提供了安全便捷的身份认证服务。2016 年 1 月 11 日，蚂蚁金服安全应急响应中心（AFSRC）正式上线。该平台旨在集合安全领域的专家、白帽子、社会团体及个人，共同发现潜在的漏洞信息，并据此建立漏洞统计分析中心，预知并自查风险，及时修复漏洞，帮助提升自身产品及业务的安全性，同时为用户营造一个更安全的互联网生态圈。

四、金融网络安全发展趋势分析

（一）发展趋势

1. 金融数据中心持续云化，促进金融网络安全产品和服务向云端转型

云计算具有易用性、高扩展性和开放性等优点，基于云计算的新型数据中心为金融行业带来了节省成本、拓展应用、更加充分利用资源的全新思路。《国务院关于促进云计算创新发展培育信息产业新业态的意见》（国发〔2015〕5 号文）指出，要充分发挥云计算对数据资源的集聚作用，实现数据资源的融合共享，推动大数据挖掘、分析、应用和服务。2016 年 7 月中国银监会发布的《中国银行业信息科技“十三五”发展规划监管指导意见（征求意见稿）》，指出银行业应稳步实施架构迁移，到“十三五”末期，面向互联网场景的重要信息系统全部迁移至云计算架构平台，其他系统迁移比例不低于 60%。Gartner 分析预测，到 2020 年全球企业中没有用到云战略的现象，将与今天“无互联网”的态势一样罕见，数据中心将普遍采用云架构。

随着个人资料和业务信息越来越多地以数字方式存储在云端，云平台也面临着越来越多因云的特性而产生的安全威胁。企业越能知道如何在云环境内进行安全地部署，并且意识到可以像在本地传统数据中心那样去安全地进行云端操作，就越能加速企业有关云计算的应用和实施。然而，如果一个组织对其云环境缺乏安全措施，或者践行宽松的安全策略，那么可以预见更多

的云安全泄露事件会接踵而至。在这种情况下，金融机构如何从“传统数据中心安全”向“云安全”转型，是不得不面对的严峻挑战。目前，包括绿盟、启明星辰、天融信等传统安全厂商开始通过自主研发、投资并购、战略合作等多种方式逐渐向云安全方向转型。此外，以云计算安全作为业务主要切入点的厂商也开始在整个网络安全厂商中占据越来越多的席位，这其中既包括云计算提供商旗下的云安全产品，比如阿里云、腾讯云、360 企业安全等；又包含了其他云安全初创厂商，比如网藤、青藤云安全等。金融云的使用场景已经越来越广泛，也促进了金融网络安全产品和服务向云端转型。

2. 适应业务的数字化、智能化发展，金融网络安全技术将日趋智能化

金融的数字化、智能化将是未来金融的重要发展方向，长期来说会对传统金融带来革命性影响。通过人工智能技术，可以对原先难以加工和处理的信息进行识别、分析、预判、决策、行动，从而有利于打造数字化、模型化，智能化的金融业务体系，推动金融行业的发展。届时，现代化的威胁智能反馈、混合 IT 环境、安全监控与管理的活动已经超越了人类本身的能力，智能化的金融网络安全技术应用势在必行。当前许多安全供应商和服务提供商致力于发掘人工智能、机器学习、深入学习、先进算法和数据可视化等领域的特性，帮助企业识别和应对各类攻击，诸如大数据、人工智能、区块链等金融科技需要不断适应金融服务向数字化、智能化发展。传统的依赖于边界防御的静态安全控制措施将逐渐被基于大数据分析、人工智能的智能化安全手段所取代。

目前，大数据分析技术已经开始应用于安全和风险管理领域。例如，基于大数据进行网络安全行为分析，通过海量数据特征分析和机器学习，可以发现那些逃过技术防范如防火墙、反入侵系统、杀毒软件的攻击行为，对于偏离正常行为基准的现象进行预警。一种比较典型的应用方法是在网页服务器（Web Server）前做一个镜像，记录并分析所有用户访问网站的行为，从 IP、用户 session 的角度建立起一个网页间的连接关系模型，也就是进行用户访问行为分析；然后，通过这个模型确立基线，去识别异常的用户行为，进而识别攻击行为。国家安全机关就是利用行为分析发现其私有云系统威胁的

使用者之一，目前该技术在一些国内领先的金融企业中也得到了实际应用并已主动侦测预防多起安全隐患。近日，由解放军信息工程大学联合中国科学院信息工程研究所等科研团队承担的国家“863 计划”重点项目研究成果“网络空间拟态防御理论及核心方法”通过验证，测评结果与理论预期完全吻合。这标志着我国在网络防御领域取得重大理论和方法创新，将打破网络空间“易攻难守”的战略格局。

3. 万物互联和金融生态的延展将进一步丰富金融网络安全的内涵

随着物联网技术的进步和万物互联生态的形成，新的金融生态体系即将建立并影响人们的金融行为和日常生活。目前，物联网已经在动产融资、保险等领域得到了应用。在动产融资领域，银行利用物联网技术监控抵押物的实时状况；保险领域，车险公司利用车联网技术了解驾驶员驾驶习惯；供应链金融业务中，银行利用物联网技术监控物流信息和企业的货物销售状况；租赁业务中，租赁公司利用车联网技术监控车辆信息。

当前移动设备和可穿戴设备开始大量地进入工作场所，每个设备都为网络犯罪分子提供了一个新的潜在的侵入方式。未来，网络安全的内涵和范围将进一步扩大，延展到加入万物互联生态圈中的每一个对象及对象之间的连接，这些对象和连接可能是形态各异的，并涉及我们生活和工作中的每一个角落。金融机构确保数据入口和数据流的安全这项任务将变得越来越具有挑战性。

物联网世界有着各种各样的协议和标准方面的问题，以及如何进行有效监管。那些缺乏物联网系统相关技能和风险防范措施的金融企业会面临着架构过于复杂、安全特性薄弱、安全措施缺乏及运营不成熟等问题，而所有这些问题将会循环导致出更多的安全问题，将会随着物联网的逐渐成熟而引起日益广泛的重视。虽然物联网可能预示着一些令人兴奋的商业机会，但必须确保访问是受限的、安全的。敏感数据应该被加密，访问必须受到限制，并且受到监督。能够做到对万物连接的有效管理并且在必要时阻止访问金融服务和产品的设备和网络是非常重要的。

（二）强化我国金融网络安全的建议

1. 在“网络强国”战略指导下，进一步完善金融网络安全法治建设

（1）应对金融网络安全新形势，部分法律法规需进行适用性调整

金融网络安全作为网络安全的重要组成部分，其重要性也得到国家在战略层面的高度重视，各相关监管部委也已陆续出台监管法律法规和条例。习近平总书记曾多次强调网络安全的重要性，指出“没有网络安全就没有国家安全，没有信息化就没有现代化”，“网络和信息安全牵涉到国家安全和社会稳定，是我们面临的新的综合性挑战”。《国家网络空间安全战略》在战略层面阐明了我国关于网络空间发展和安全的重大立场，为我国金融网络安全工作提供了指导性原则和主张；《国家安全法》、《保守国家秘密法》、《全国人大常委会关于维护互联网安全的决定》、《互联网安全保护技术措施规定》、《突发事件应对法》等一系列网络安全法律法规则构成了金融网络安全法治建设基础；《电子签名法》、《商用密码管理条例》、《信息网络传播权保护条例》、《电信和互联网用户个人信息保护规定》等一系列更为具体的法律条例发布则使金融网络安全法律法规框架有了重要的参考依据。

目前的金融网络安全法律法规也存在一些问题：一是其中部分监管办法发布时间较早，与飞速变化的金融网络安全形势相比有一定滞后性，现今互联网生态圈新金融业态层出不穷，现行网络安全法制难以对不断涌现的新商业模式的网络安全进行规制；二是法律法规由低层级的规章或者规章以下规范性文件构成，高位阶的立法还不够丰富；三是这些立法尚未能在保障安全的基础上，对金融行业的应用、创新、权利与发展等给予同等的考虑。

针对金融网络安全与信息化法制建设方面面临的实际问题，建议在立法、执法、司法、守法、法律监督等不同环节全面推进法治建设，进一步完善金融网络安全方面的法律法规，结合金融发展的最新形势，对《网络安全法》、《电信法》、《电子商务法》、《个人信息保护法》、《信息化推进基本法》、《互联网信息内容服务与管理法》、《密码法》等法律法规进行适应性调整，对其中

不具操作性或实际效果较差的监管要求加以修订，如在原有密码、一次性密码、数字证书、电子签名等身份验证方式的基础上，结合生物识别快速发展的趋势，将生理特征也作为验证方式纳入法律范围统一监管，实现金融网络安全法律与金融网络安全新形势的匹配。

（2）加强对危害金融网络安全行为的联合执法力度，落实相关法律责任

在法律法规不断健全的基础上，应加强对违法行为的联合执法力度，形成打击危害金融网络安全行为的合力，对危害金融网络安全的企业或个人形成震慑态势。由于金融网络安全涉及金融监管部门，也涉及网络安全监管部门，各部门应调配资源强化联合执法力度，加强相互协同协作，提高联合执法效率，形成长效的联合监管机制。

（3）发挥自律组织的规范监督和前瞻引导作用，形成监管部门重要助力

在国家监管部门的指导下，各相关行业自律组织应进一步发挥规范监督作用，以维护国家安全稳定和保护消费者利益为核心，规范和引导金融行业各机构落实相关法律法规。

同时行业自律作为政府监管的必要补充，可以更为灵活地适应金融创新的不断变化。一些问题在尚难准确判断时，完全可以先由行业自律，等到成熟后再由监管部门制定规则。因此，建议在行业自律组织的指导下，行业各机构应共同推动完善统一的金融行业安全标准，针对行业内问题机构发出预警，并配合监管部门加以处置，积极履行社会责任。

2. 构建金融网络安全协同保护机制，发挥行业和生态圈合力

（1）加强行业联动，发挥金融行业网络安全风险防范合力

随着金融创新的进一步提速，金融机构之间的合作将变得更加频繁和深入。在向用户提供更加丰富和多元化的金融服务的同时，其中任一家金融机构网络安全风险爆发，短时间内便可能会影响到与其开展合作的其他金融机构。为了有效防范安全风险的传递，需要在行业内树立起统一的金融网络安全意识，各金融机构从自身出发，积极对标领先的案例和实践，强化自身对

于网络安全风险的防控能力；建立网络安全风险即时通告机制，以第一时间联合其他机构采取应对措施；形成风险事件总结分享机制，相互学习弥补短板，携手建立起安全风险防范方面的金融行业合力。

（2）促进各方合作，打造适用于移动互联网生态圈的防御体系

基于移动互联网的金融服务在给用户带来便利体验的同时，其安全性问题也日益显现。金融网络安全问题的发生，通常是跨地域、跨平台、跨业务的，覆盖了存、贷、流通的各个层面，渗透到了用户日常生活中的各类应用场景，对金融机构、电商、安全企业、运营商等都构成巨大挑战，单独仅从产业链的某一个环节、互联网生态圈的某一类参与者入手保障金融网络安全往往困难重重。只有通过金融网络产业链和生态圈中相关各方的紧密合作，打造由政府、金融企业、商家、安全技术供应商等全面协同参与的金融网络安全保护链条，充分发挥各类安全联盟的效用，建立起各方高效协同的机制和体系化的防御部署，并形成系统性的安全解决方案，才能切实保护金融网络安全不受侵害。

3. 金融机构不断加强内部安全管理体系建设与网络安全专业人才培养以及用户教育

（1）树立正确的金融网络安全观念

金融机构必须将安全观上升为企业价值观。从宏观角度看，中国的金融机构，无论大小，都是整个金融体系的有机组成部分，应以建立民族品牌为己任，维护国家的金融网络安全；从微观角度看，金融服务以消费者、投资者权益保护为核心，安全是金融消费者的基本要求，金融网络应将安全作为首要目标，以充分保护用户交易安全和利益。

（2）建立企业金融网络安全管理体系

金融网络安全包括系统和数据两个层面，而管理体系也包括对内安全管理和对外安全管理。以数据安全管理为例，一是应对数据分级分类管理，指导和规范数据安全规范使用。针对内部数据泄露风险，对隐私数据进行脱敏或加密，所有加密文件只能在安全终端上才能打开；对数据传输进行实时敏感扫描，发现风险时自动警告、即时阻止。二是建立统一日志系统记录所有

员工操作，确保数据源头可追溯。三是加强对外安全技术防护。针对外部网络攻击和窃取或破坏数据的风险，采用全生命周期安全管理技术提升安全性，组建和招募专门的高水平技术对抗队伍进行漏洞挖掘和入侵测试，优化基础网络结构减少攻击途径，全面启用通信加密防止网络窃听和劫持，建立专业的威胁情报团队进行攻击溯源分析并即时预警采取针对性措施等。

（3）加强技术研究和技术应用的人力和资金投入

金融机构在长期发展规划中应加强相关技术研究和应用投入，其中既包括人力投入，也包括资金投入。人力投入方面，正如习近平总书记所指出的："网络空间的竞争，归根结底是人才竞争"，"要有高素质的网络安全和信息化人才队伍"。加强金融网络安全相关人才引进的同时，也应加强对人才的激励机制。建立灵活的人才激励机制，让做出贡献的人才有成就感、获得感。应以建设自主可控、安全可靠的金融网络为生命线，长期持续投入技术研究和技术应用的资金。除企业内部研究外，也可加强与研究机构的合作，形成包括自主知识产权在内的理论成果和包括安全系统升级在内的实践成果，产研结合，共同提升行业安全壁垒。另外一方面，金融机构需要重视在网络安全方面的用户教育，通过和用户的沟通提升用户在金融网络安全方面的意识，帮助用户建立起网络安全防护能力。

4. 提高金融网络安全技术保障和技术防范能力

（1）巩固网络系统安全基础

增强系统安全手段，包括银行（证券）系统、第三方支付系统、网络支持系统。主要体现在技术方面，有两层防火墙技术（保证核心数据库不受攻击）、网络数据传输加密（保证口令、数据和控制信息的安全）、权限控制（内部权限控制和外部网络访问权限控制）、备份与灾难恢复、入侵检测等。

（2）增强客户信息安全保障能力

由网上银行和第三方支付服务提供商为客户提供，具体包括客户动态密码、电子签名、数字证书（含第三方认证证书）、短信服务、预留信息验证、128 位安全套接层通信协议、图形码动态密码键盘等。其中，客户动态密码和数字证书为物理移动设备，难以被盗用，安全特征明显；短信服务是让客户了解账户变动情况；数字证书第三方认证是个人用户使用的电子签名安全认证，由第三方机构提供，主要是增强对交易过程中行为和责任的认定。通过几种方式的组合，增强了非法入侵和盗用的难度。

（3）构建稳定可靠的金融网络架构

随着云计算的市场规模快速增长，云计算安全已经成为广义网络安全的重要组成部分。与传统安全不同的是，云安全是在云计算的环境下解决虚拟化安全、多租户复杂环境、用户隐私保护等问题。

2016 年 7 月 15 日，中国银监会发布《中国银行业信息科技“十三五”发展规划监管指导意见（征求意见稿）》（以下简称《意见》），这是关于银行业信息科技最为重要、全面、系统的监管办法。《意见》指出，银行业应稳步实施架构迁移，到“十三五”末期，面向互联网场景的重要信息系统全部迁移至云计算架构平台，其他系统迁移比例不低于 60%。在这种情况下，传统金融机构如何从“传统数据中心安全”向“云安全”转型，是未来金融机构面临的一个严峻挑战。目前，因为资金壁垒、技术壁垒、人员壁垒等方面的原因，国有银行、股份制银行在云计算与云安全等领域的转型速度比城市商业银行、农村商业银行等规模较小的金融机构要快得多。

（4）完善网络安全风险预警体系

在大数据领域，将传统安全情报与大数据分析有效结合，实时预知企业敏感数据，帮助用户主动识别海量数据中的潜在威胁，动态监控分析攻击行为，提前判断某次网络攻击，实现基于大数据分析的主动防御安全。

未来，国际网络空间的博弈将日趋激烈，网络安全产业是否壮大已经成为衡量国家网络安全综合实力的重要标准。我国将进一步加大投入，促进网络安全产业链和金融网络安全体系持续改善，不断突破关键的网络安全技术，在金融网络安全领域争取更大的发展和突破。

参 考 文 献

[1] 李奎. 网络安全态势感知体系初探[C]. 决策论坛——区域发展与公共政策研究学术研讨会, 2016.

[2] 黎文娜. 我国互联网金融安全法律保障制度研究[D]. 绵阳: 西南科技大学,2015.

[3] 吴瑶. 计算机网络安全的研究与探讨[J]. 通讯世界, 2015(6):136-137.

[4] 李晨. 数据加密技术在计算机网络安全中的应用价值分析[J]. 信息化建设, 2016(7).

[5] 安生. 金融网络安全形势严峻各国加紧防范[J]. 信息安全与通信保密, 2016(4).

[6] 李纪峰. 云平台安全架构剖析[J/OL]. IT168 云计算频道, 2016(10). http://cloud.it168.com/a2016/1028/3001/000003001497.shtml.

[7] 赵志国. 做好大数据时代的网络安全工作[J/OL]. 网易新闻，2016(5). http://news.163.com/16/0518/10/BNBDUKBC00014AED.html.

第八章

2017 年中国金融科技监管

一、互联网金融监管现状评析

（一）现状概览

2015 年 7 月 18 日，中国人民银行等十部委联合发布的《关于促进互联网金融健康发展的指导意见》（以下简称《指导意见》）明确提出对互联网金融行业的十六字总体要求，即“鼓励创新、防范风险、趋利避害、健康发展”。对于互联网金融监管提出了“要遵循‘依法监管、适度监管、分类监管、协同监管、创新监管’的原则，科学合理界定各业态的业务边界及准入条件，落实监管责任，明确风险底线，保护合法经营，坚决打击违法和违规行为”。

根据《指导意见》，对各类互联网金融机构的监管有了比较明确的职责划分和各类业务应当遵守的基本业务规则，见表 8.1。其中，中国人民银行负责互联网支付业务的监督管理；银监会负责包括个体网络借贷和网络小额贷款在内的网络借贷、互联网信托、网络消费金融的监管；证监会负责股权众筹和互联网基金销售的监管；保监会负责互联网保险的监督管理。

表 8.1　《指导意见》基本原则一览

业务类型	主要监管机构	基本原则
互联网支付	中国人民银行	坚持服务电子商务发展和为社会提供小额、快捷、便民小微支付服务的宗旨；支付机构应建立有效的风险隔离机制和客户权益保障机制。要向客户充分披露服务信息，清晰地提示业务风险，不得夸大支付服务中介的性质和职能

续表

业务类型	主要监管机构	基本原则
P2P网络借贷	银监会	相关从业机构应遵守合同法、民法通则等法律法规以及最高人民法院相关司法解释，相关从业机构应坚持平台功能，不得非法集资
股权众筹	证监会	应通过股权众筹融资中介机构向投资人如实披露企业的商业模式、经营管理、财务、资金使用等关键信息，不得误导或欺诈投资者

此外，《指导意见》还对完善互联网金融行业秩序，提出了具体明确的监管规范，见表8.2。

表8.2 《指导意见》监管规范一览

规范互联网金融秩序相关要求	具体内容	监管部门
加强互联网行业管理	任何组织和个人开设网站从事互联网金融业务的，除应按规定履行相关金融监管程序外，还应依法向电信主管部门履行网站备案手续	工信部
建立客户资金第三方存管制度	从业机构应当选择符合条件的银行金融机构作为资金存管机构，对客户资金进行管理和监督	人民银行
健全信息披露、风险提示和合格投资者制度	及时向投资者公布其经营活动和财务状况的相关信息，进行充分的风险提示	一行三会分别负责
强化消费者权益保护	研究制定互联网金融消费者教育规划，及时发布维权提示；加强互联网金融产品合同内容、免费条款规定等与消费者利益相关的信息披露工作；构建多元化纠纷解决机制；细化完善互联网金融个人信息保护的原则、标准和操作流程；严禁网络销售金融产品过程中的不实宣传、强制捆绑销售	一行三会分别负责
加强网络与信息安全	从业机构切实提升技术安全水平，妥善保管客户资料和交易信息	相关部门分别负责
履行反洗钱义务	从业机构应当采取有效措施识别客户身份，主动监测并报告可疑交易，妥善保存客户资料和交易记录，协助公安和司法机关防范和打击互联网金融犯罪。金融机构在和互联网企业开展合作、代理时，不得因合作、代理关系而降低反洗钱和金融犯罪执行标准	人民银行

1. P2P 网络借贷监管现状

P2P 网络借贷在我国长期处于“无门槛、无准入、无监管”的“三无”状态，造成了该业务管理较为混乱。根据《指导意见》P2P 网络借贷由银监会负责监管。2016 年 8 月 24 日，银监会等四部委联合发布了《网络借贷信息中介机构业务活动管理暂行办法》(以下简称《暂行办法》)，P2P 网络借贷业务有了“基本法”。

《暂行办法》明确了网络借贷系个体和个体之间通过互联网平台实现的直接借贷，并进一步明确个体的范围既包括自然人，也包括法人和其他组织。在此基础上，将 P2P 平台定义为专门从事网络借贷信息中介业务活动的金融信息中介企业，为实现直接借贷提供信息搜集、信息公布、资信评估、信息交互、借贷撮合等服务。

《指导意见》明确规定网络借贷由银监会负责监管，但是《暂行办法》由银监会、工信部、公安部、国家互联网信息办公室共同起草，共同对网络借贷行业监管，同时还规定地方金融监管部门（即各地金融局/办）做好网络借贷的机构监管和风险处置工作，具体监管架构，见表 8.3。

表 8.3　网络借贷业务监管职能一览

银监会	制定网络借贷信息中介机构业务活动监督管理制度，并实施行为监管，指导和配合地方人民政府做好网络借贷信息中介机构的机构监管和风险处置工作，建立跨部门跨地区监管协调机制
地方金融局/办（接受银监会指导）	负责本辖区网络借贷信息中介机构的机构监管，包括对本辖区网络借贷信息中介机构的规范引导、备案管理和风险防范、处置工作
工信部	对 P2P 机构业务活动涉及的电信业务进行监管（即 ICP 和 EDI 备案）
国家网信办	对金融信息服务、互联网信息内容等业务进行监管
公安部	对 P2P 机构业务活动进行互联网安全监管，依法查处违反网络安全监管的违法违规活动，打击网络借贷涉及的金融犯罪及相关犯罪

《暂行办法》明确了网贷行业监管的总体原则：以行为监管为主，机构监管为辅；坚持底线思维，实行负面清单管理；实行分工协作，协同监管。根据《暂行办法》的规定，对于 P2P 网贷行业日常监管职责实际上由银监会委托至各个地方金融局（办）。

《暂行办法》以负面清单形式划定了业务边界，列明 P2P 平台不能从事的十三项禁止性行为；严格实行客户资金由银行业金融机构第三方存管制度；P2P 平台需采用电子签名等技术手段防范交易风险；强化信息披露监管，创造透明、公开、公平的网贷经营环境等规定。

2. 股权众筹监管情况

根据《指导意见》的规定，股权众筹业务由证监会负责监管，目前证监会尚未出台相关监管意见，我国关于众筹的监管近乎空白，而一直负责股权众筹规则制定的证监会创新部已经撤销，股权众筹监管规则的推出暂时没有时间表。部分企业利用股权众筹监管空白的阶段，采用监管套利的方式，发起众筹项目，针对社会广大公众发售，在一定程度上存在非法集资或非法发行股票的风险。对投资者而言，如果产品出现风险，面临着难以维护权益的风险，但是一直未有监管部门对相关行为提出监管要求。

《指导意见》规定“股权众筹融资主要是指通过互联网形式进行公开小额股权融资的活动。股权众筹融资必须通过股权众筹融资中介机构平台（互联网网站或其他类似的电子媒介）进行”。2015 年，证监会发布《关于对通过互联网开展股权融资活动的机构进行专项检查的通知》（证监办发〔2015〕44 号），规定“未经国务院证券监督管理机构批准，任何单位和个人不得开展股权众筹融资活动”。2015 年 8 月 10 日，中国证券业协会发布了关于调整《场外证券业务备案管理办法》个别条款的通知，通知指出，根据中国证监会《关于对通过互联网开展股权融资活动的机构进行专项检查的通知》精神，将《场外证券业务备案管理办法》第二条第（十）项“私募股权众筹”修改为“互联网非公开股权融资”。因此，目前市场上的股权众筹平台均不得进行公开股权融资活动，从狭义上理解，这些平台不能视为《指导意见》所规定的股权众筹机构。

根据 2014 年 11 月 9 日国务院常务会议“建立资本市场小额再融资快速机制，开展股权众筹融资试点”的要求，以及 2015 年全国“两会”上政府工作报告关于“开展股权众筹试点”的内容，可以分析出，股权众筹融资将经国务院批准，采取试点的方式开展。

3. 互联网支付监管情况

目前，我国互联网支付领域的监管最为完善也最为成熟。中国人民银行作为互联网支付的监管机构，早在 2010 年就开始对互联网支付行业加强监管，坚持循序渐进、统筹兼顾，市场主导与政府推动相结合，鼓励创新与防范风险并重的基本原则，推动互联网支付行业健康发展。中国人民银行陆续颁布了《非金融机构支付服务管理办法》、《非金融机构支付服务管理办法实施细则》、《支付机构客户备付金存管办法》、《支付机构反洗钱和反恐怖融资管理办法》、《支付机构跨境电子商务外汇支付业务试点指导意见》、《关于加强商业银行与第三方支付机构合作业务管理的通知》等一系列办法对互联网支付机构进行管理。

2015 年 12 月 28 日，中国人民银行颁布了《非银行支付机构网络支付业务管理办法》，清晰界定互联网支付机构定位。坚持小额便民、服务于电子商务的原则，有效隔离跨市场风险，维护市场公平竞争秩序及金融稳定；坚持支付账户实名制；兼顾支付安全与效率。根据交易验证安全程度的不同，对使用支付账户余额付款的交易限额做出了相应安排；突出对个人消费者合法权益的保护；健全客户损失赔付、差错争议处理等客户权益保障机制，有效降低网络支付业务风险，保护消费者的合法权益；实施分类监管，建立支付机构分类监管工作机制，对支付机构及其相关业务实施差别化管理，引导和推动支付机构在符合基本条件和实质合规的前提下开展技术创新、流程创新和服务创新，激发支付机构活跃支付服务市场的动力。

中国人民银行目前比较完备的互联网支付监管制度及措施，为我国互联网支付业务的良好发展，达到世界领先水平，奠定了良好的基础。

（二）监管存在的问题

1. 立法缺失或立法层级较低，造成行业监管存在一定的真空和制度缺陷

目前，除了网络支付业态监管规则较完善外，其他互联网金融业态特别是股权众筹方面的监管规则几乎空白，相关业务一直处于“三无”状态，即

无门槛、无标准、无监管的状态。而《指导意见》出台后，关于互联网金融的专门监管规定一直迟迟未能出台，对于相关平台准入、资金监管、业务管理、消费者权益保护、信息披露等一系列问题没有明确规定。相关业务职能援引民事、刑事法律规定，造成很多机构一旦违约即面临刑事法律制裁，使得整个行业面临较大的政策风险。

同时，由于法律定位不明、业务边界模糊、行业内对业务开展没有达成统一的标准，监管长期缺位，存在“真空地带”，造成了 P2P 网络借贷和股权众筹行业存在鱼龙混杂、良莠不齐现象，部分平台直接涉嫌非法集资、设立资金池，严重侵害金融消费者的合法权益，无法有效市场出清，甚至出现了“劣币驱逐良币”的现象，大大降低了政府监管的公信力。

对于互联网支付行业，虽然监管制度比较齐备，但相关制度立法层级较低。我国《行政许可法》规定，设立行政许可的法律位阶必须在行政法规以上，而且行政处罚法规定部门规章设定的行政处罚仅为警告和三万元以下的罚款。中国人民银行对于互联网支付行业的监管政策法律位阶仅仅为部门规章，因此在从业资格准入、高管任职资格、行政处罚标准方面均受制约，造成了违规成本过低，与获得的收益不成比例；而对于支付机构法律定位、支付机构破产的清偿次序、电子支付资金流转和权属界定、支付诈骗的司法处理、支付账户管理等方面也需要更高位阶的法律制度做出更明确和权威的界定。

2．监管与市场在创新与风险的博弈中缺乏有效的平衡，监管的前瞻性、有效性不足

互联网金融是金融行业与互联网相结合，由于互联网企业创新意识强，特别是互联网金融企业多数处于创业期，必须依靠强大的创新维持其生命力，因此创新产品层出不穷。一般认为，政府监管往往落后于市场创新，管制实际上总是通过限制经营机构的某些商业机会来实现的。在这种情况下，企业就会想出各种办法，设法逃避监管过程以获得最大利润，于是产生了金融创新。目前，我国互联网金融业务影响力非常大，服务的消费者数以亿计，一旦出现风险，可能就是区域或系统性金融风险。由于互联网金融业务领域创新不断，出于对金融风险的担忧，金融监管部门在鼓励创新与防范风险的博弈中，往往趋于保守，造成我国互联网金融监管的前瞻性不足。要想达到监

管与创新的有效平衡需要极高的监管水平以及监管艺术，互联网金融监管尚未做到通过风险评估、监测预警机制，能够及时识别、防范和化解互联网风险，达到风险防范和鼓励创新的平衡，需要更加注重对监管的前瞻性规划和设计，尽量避免出现“追认式”的监管或者“纠正式”的监管。

3. 缺乏技术支撑，监管的有效性和执行力不足

互联网金融的技术性和互联互通决定了互联网金融监管的难度。对于传统金融机构，监管部门有很多业务系统对其监管，如中国人民银行的账户管理系统、反洗钱监测系统、银监会的统计监测系统等。但是，目前针对互联网金融业务监管措施的执行和落实缺乏有力抓手，加之互联网金融机构互联网基因强、机制灵活、利益驱动强，传统的对金融行业的监管对这类机构的监管难度大。例如，对于客户资金存管目前缺乏有效的监督手段，互联网金融机构通过虚假交易报文可以轻松规避金融机构的监督；对于互联网支付业务账户分类管理、交易限额等措施的落实，缺乏技术手段予以监测。如果没有有效的技术手段对互联网金融业务加以监管，即使出台了相应的监管政策，也是无源之水，缘木求鱼。

4. 互联网金融监管“九龙治水”的特点，在一定程度上造成监管协调成本高企，实际无人负责的局面

互联网金融业务是典型的跨市场业务，很多互联网金融企业同时经营支付业务、网络借贷业务、网络基金销售、网络保险代销、消费金融分期、私募股权、信托受益权转让、资产证券化结构性交易等业务，传统的按照机构监管的分业监管模式并不适合于互联网金融的监管。互联网金融的不断创新，渠道融合、机构合作、跨界发展的趋势日渐显现，给传统的分业监管体制带来了巨大挑战，迫切需要加强监管协调，建立协同监管体系。

按照《指导意见》的规定，互联网金融行业监管涉及多个监管部门，虽然《指导意见》规定了协同监管的原则，但基于我国实践，协同监管往往会出现“过度监管”或“监管不足”的情况，况且多部门监管协调难度比单纯协调“一行三会”更大，成本高企。

5. 互联网金融监管资源、方式与市场现状严重不匹配

目前我国仅网络借贷企业就超过 3 500 家，而网络借贷的监管主体银监会编制有限，各地银监局、银监分局均未设立普惠金融处（科），不可能完成对网络借贷企业日常监管的责任。在《暂行办法》中银监会也将网络借贷日常的机构监管职能移交给了各地金融局（办），但是各地金融局（办）一方面编制严重不足，人力上并未做好监管网络借贷业务的准备，另一方面金融局（办）的工作人员在一定程度上缺乏金融监管经验，从目前的监管思路上看，监管部门的人力等资源以及所采取的监管方式与互联网金融市场发展现状并不匹配。

6. 金融监管对于互联网的“聚集效应”带来的负外部性缺乏控制

随着金融机构连接的日益广泛，互联网金融对证券、货币等市场的延伸，增大了风险传染的可能性。例如“e 租宝”事件后，由于投资人对网络借贷整体行业产生不信任感，集中提现，造成多家网络借贷企业出现问题，产生了“多米诺骨牌”效应。互联网因为具有很强的“聚集效应”，一旦出现风险问题，很容易加倍放大。现在微信、微博、新闻 APP 等多种信息传播渠道，使得某一信息无论真伪均可以在短时间内迅速传播，“羊群效应”明显，等到监管部门发现问题并了解清楚时，已经度过了危机处理的最佳时期。金融监管部门对这一问题，缺乏有效的控制手段，短期内难以解决。

（三）互联网金融监管实践对金融科技的监管启示

对金融科技的监管，通过中国互联网金融的监管实践可以得到以下三点主要启示。

一是科技驱动金融发展不是金融科技或者互联网金融的“专利”，监管理念不应发生跳跃式波动。以唯物史观看，互联网金融经历了互联网技术在传统金融体内孕育、验证、发展、成熟进而外溢到互联网公司等非金融机构的连续演变，那么监管理念的变化也应连续，针对传统金融部门的监管理念既不应照搬到金融科技上，也不会完全与金融科技的实际脱节，这对矛盾是对立统一的，不会产生谁颠覆谁的结果。

二是科技再“炫”，也不会改变金融科技或者互联网金融是金融中介的事实，监管部门应有定力。金融科技也好，互联网金融也罢，其从事的活动都是金融中介，发挥的功能都是金融功能，“科技”、“互联网”只是表象，道德风险与逆向选择是问题的实质。诸如国内学者、媒体与互联网金融从业机构一起鼓吹的“软法监管”就是典型的避实就虚，严重影响了监管部门的监管定力。

三是金融科技与互联网金融往往从“小而无视”直接到“大而不倒”，监管与市场应持续有效沟通。例如，“余额宝”在不到 9 个月时间里，就从籍籍无名的小型货币型基金迅猛发展成数千亿规模的大型公募基金，这种指数级别增长的能力表明，金融科技和互联网金融能够实现超常规发展，其规模从初创时期的被监管部门“小而无视”直接变成“大而不倒”，监管部门则经历了“看不起”、“看不懂”到“看不住”的尴尬过程。

二、境外金融科技监管政策

（一）代表性国家和地区监管政策一览

当前，相当一部分国家和地区对于金融科技的发展采取支持或者较为宽容的态度，在金融科技发展速度较快的北美、亚洲、欧洲尤甚，见表 8.4。如前述，我国从 2013 年开始，互联网金融逐渐升温，政府基本采取鼓励创新和较宽容的政策；2015 年开始，相关监管政策相继出台，见表 8.5。

表 8.4　海外国家和地区对 FinTech 的监管政策

时　间	国家/地区	主 要 措 施
2014/10	英国	金融服务监管局（FCA）推出“创新计划”（Project Innovate），强调支持创新并保护消费者利益；协助政府和英国金融服务管理局为金融科技创业公司提供税收激励以及其他优惠政策。国家网络安全项目有 8.6 亿英镑的款项用于保护和鼓励英国实体公司以及网络公司，25 万英镑的项目用来给网络安全技术发展领域的创业公司提供建议和支持
2014	卢森堡	金融科技作为其“数字卢森堡”战略六大重点领域的一部分，大力打造支持金融科技发展的生态系统，政府对于来卢森堡开发金融科技产品和服务的公司提供巨大的支持和世界一流的 IT 基础设施

续表

时　间	国家/地区	主 要 措 施
2015/08	新加坡	开展多个项目，有目的地为金融科技创业公司和孵化器打通融资通道。 新加坡金融管理局（MAS）设立新的金融科技和创新组，并承诺在未来五年投入 2 亿 2 500 万元支持金融科技和创新，政府成立金融科技署
2016/09	中国香港	金管局建立金融科技研究平台——“金融科技创新中心”，推出“金融科技监管沙盒”，可为银行推出金融科技产品提供弹性监管；2.5 亿美元创新与技术基金用于 VC 在当地技术创业公司上面的花费。1 300 万美元用于和中国内地国家附属工程实验室的合作

（数据来源：网络公开资料）

表 8.5　国内互联网金融相关支持政策

发布时间	文　件　名	颁布部门	文　件　号	主 要 内 容
2015 年				
1 月	关于促进云计算创新发展培育信息产业新业态的意见	国务院	国发〔2015〕5 号	全球云计算处于发展初期，我国面临难得的机遇。促进云计算创新发展，培育信息产业新业态，使信息资源得到高效利用
7 月	关于促进互联网金融健康发展的指导意见	中国人民银行等十部门	银发〔2015〕221 号	按照“鼓励创新、防范风险、趋利避害、健康发展”的总体要求，提出了一系列鼓励创新、支持互联网金融稳步发展的政策措施，积极鼓励互联网金融平台、产品和服务创新，鼓励从业机构相互合作，拓宽从业机构融资渠道，坚持简政放权和落实、完善财税政策，推动信用基础设施建设和配套服务体系建设
8 月	国务院关于印发促进大数据发展行动纲要的通知	国务院	国发〔2015〕50 号	充分利用我国互联网、移动互联网用户规模居全球第一、拥有丰富数据资源和应用市场优势，全面推进我国大数据发展和应用，加快建设数据强国
2016 年				
3 月	关于加大对新消费品领域金融支持的指导意见	中国人民银行、银监会	银发〔2016〕92 号	创新金融支持和服务方式，促进大力发展消费金融，更好地满足新消费重点领域的金融需求，发挥新消费引领作用，加快培育形成经济发展新供给新动力

续表

发布时间	文件名	颁布部门	文件号	主要内容
4月	关于支持银行业金融机构加大创新力度开展科创企业投贷联动试点的指导意见	银监会、科技部、人民银行	银监发〔2016〕14号	通过开展投贷联动试点，推动银行业金融机构基于科创企业成长周期前移金融服务，为种子期、初创期、成长期的科创企业提供资金支持，有效增加科创企业金融供给总量，优化金融供给结构，探索推动银行业金融机构业务创新发展
7月	关于印发“十三五”国家科技创新规划的通知	国务院	国发〔2016〕43号	发挥金融创新对创新创业的重要助推作用，开发符合创新需求的金融产品和服务，大力发展创业投资和多层次资本市场，完善科技和金融结合机制，提高直接融资比重，形成各类金融工具协同融合的科技金融生态
7月	中国银行业信息科技“十三五”发展规划监管指导意见（征求意见稿）	银监会	征求意见稿	全面推进银行业信息化发展提质增效，积极面对新兴技术带来的机遇与挑战，主动开展架构转型，建立开放、弹性、高效、安全的新一代银行系统，深化信息科技治理成效，完善科技研发运维体系，强化信息安全和风险管理，以信息科技引领创新发展、转型升级，提升支持实体经济发展能力，促进普惠金融大发展，为社会和公众提供更加丰富、安全和便捷的金融服务

（资料来源：政府网站资料整理）

（二）境外金融科技监管存在的问题

如何促进金融科技健康发展，确保金融体系稳定，是各国监管者最为关心的问题。金融科技无疑有助于经济与金融发展，在其发展萌芽的初期特别需要政策关注。然而从另一个角度看，金融科技展现出来的强大力量和影响力，对于整个金融行业可能产生变革，也意味着它拥有着更大的破坏性潜力。现在，绝大多数国家和地区都要求金融科技创新必须遵循现有金融监管基本原则，以确保标准的一致性。因此，面对日新月异的金融科技，各国政府也在积极调整监管战略，以保证金融科技能够健康快速发展。

1. 金融科技监管政策尚未达成共识

在全球范围内，一方面由于各个国家和地区金融科技发展不均衡；另一方面各国金融科技的界定尚未达成共识，各国对具体金融科技类别的监管存在较大差异。金融科技的发展与国家监管政策出台之间彼此“赛跑”是普遍现象。金融科技日新月异，让监管方显得越来越被动，同时也显得越来越必要。金融科技越智能化、越技术化，越需要相应的治理和配套机制，以确保“科技”与“金融”很好地融合在一起，进而提升金融服务效率。

2. 监管合作滞后于金融科技的国际化发展

当前，金融科技聚集了传统金融机构、金融科技创新企业等主体，有些领域已经展开正面竞争。目前这一情况已经蔓延到国际金融市场，但是对于金融科技的跨境监管合作却明显滞后于金融科技的发展。由于金融科技全球市场之间的跨境合作还处于初级阶段，目前遇到的监管问题集中在市场准入领域。金融科技产业迅速扩张，部分“巨无霸”企业也向着全球化的方向发展。以蚂蚁金服为例，国际化脚步日益加快，目前其业务已经覆盖全球 200 多个国家和地区，并且在印度、韩国以及一些东南亚国家都投资了相应的业务，设立了支付分支机构。因此，国家之间的监管合作以及国际性监管组织制定相关监管办法就显得相当重要，必须对全球范围内金融科技形态进行联合评估，并且在评估的基础上采取相关的监管措施。

2016 年 3 月 16 日，金融稳定理事会（FSB）在日本召开第 16 届全会，首次正式讨论了金融科技的系统性风险与全球监管问题，这标志着金融科技的监管告别了各国各行业单打独斗的局面，正式迈入全球协调协作的新阶段，金融稳定成为重要的考量因素。

此次 FSB 全会，审议了题为“金融科技的全景描绘与分析框架”的报告，初步评估了各主要类别金融科技的微观和宏观影响，认为从金融稳定角度出发，的确有一些潜在的监管关注点，需要各国监管者之间协调一致共同应对。因此，FSB 要求各监管机构既要积极监测国内金融科技的发展，也要与国际组织和制定国际规则的机构在业务监测、风险分析和共同应对等方面展开合作。巴塞尔银行监管委员会（BCBS）也成立了相应的工作小组，专门推动这方面的国际研究和合作。

3．监管机构正在探讨金融科技的监管模式

面对日新月异的金融科技，各国政府也在积极调整监管战略，以保证金融科技在正确的方向快速发展。总体来说，各国政府与时俱进摸索出来的金融科技监管方式主要有以下三大类。

（1）限制型监管

限制性监管的代表性国家是美国，美国金融体系历史悠久，经历百年来多次金融风暴的洗礼，金融法规和监管相对成熟。面对新型的金融科技领域，虽然现有的法律法规无法覆盖到，凭借完善的监管体系和立法系统，政府也能及时调整立法，让其在规定的范围内活动。美国采用功能性监管，即不论金融科技以何种形态出现，抓住金融科技的金融本质，把金融科技所涉及的金融业务，按照其功能纳入现有金融监管体系。例如，美国 P2P 行业代表 Lengding Club 的业务涉及资产证券化，因此某些业务也由美国证券交易委员会（SEC）监管。2012 年，奥巴马政府又签署了《创新企业融资法案》，填补了股权众筹的监管空白。总体来说，金融科技在美国受到的监管是比较严格的。

（2）主动型监管

主动型监管的代表性国家是英国和新加坡。这个类型的国家典型特征是金融体系完善，有着大量的金融人才，相应的法规建设也非常成熟。没有市场和技术驱动，政府政策驱动成为这类国家发展金融科技的主导力量。英国伦敦和新加坡都在争当新一轮的全球金融科技中心，因此监管手段也是推陈出新，引导和促进金融科技在本国的发展。英国金融行为监管局（Financial Conduct Authority，FCA）开展了一项金融“创新计划”（Project Innovate），旨在促进金融创新，并在 2015 年 11 月开创性提出对金融科技实施“监管沙盒”（Regulatory Sandbox）计划，筹划 6 个月后，正式于 2016 年 5 月推出；新加坡金融管理局（Monetary Authority of Singapore）也在研究英国 FCA 的计划后，于 2016 年 6 月推出新加坡版的“监管沙盒”，即只要任何在沙盒中注册的 FinTech 公司，允许在事先报备的情况下，从事和目前法律法规有所冲突的业务，并且即使以后被官方终止相关业务，也不会追究相关法律责任。澳大利亚联邦政府，中国香港和台湾地区也跃跃欲试，正在积极筹备各自版

本的“监管沙盒”，紧密追随英国和新加坡。通过这种“沙盒”机制，能够让政府在可控范围内，进行多种金融创新，并且也能够让创业者放心尝试各种相关的创新业务。通过“监管沙盒”机制，监管一改以往被动、滞后的形象，主动积极参与金融科技的发展，为金融科技公司缩短创新周期、节省合规成本提供重要的帮助，同时也让监管机构从一开始就能监控和引导金融科技对金融系统的潜在风险，把系统风险扼杀在萌芽而不是事发之后的“亡羊补牢”。

（3）被动型监管

在一些发展中国家，金融体系法规相较于欧美国家还不太完善。在资本和市场驱动下，金融科技发展主要依靠市场和商业模式驱动。监管行为大部分都是在经过金融科技企业试错之后，倒逼监管部门出台相应的监管措施。

（三）金融科技监管的基本思路

要应对监管挑战，最好的办法就是加强、改进监管的同时加强科技监管的力量。正如英格兰银行首席经济学家安迪•哈当斯（Andy Haldance）所言，随着金融服务产业越来越多地使用科技，监管部门也获得了机会以评价之前无法测量的金融风险，并使得风险管理全局化、全体系化成为可能。的确，金融服务业大规模地使用科技是“道高一尺”，监管部门也必须充分运用科技手段才能实现“魔高一丈”。

事实上，全球的金融监管部门都在达成这种共识并在行动。香港证券及期货事务委员会已经成为香港政府金融科技领导小组的成员（FinTech Steering Group）；澳大利亚证券投资委员会（ASIC）推出了与初创型科技金融公司联合办公的“Innovation Hub”计划；新加坡金融管理局（MAS）计划投资2.25亿新元用于FinTech研究。中国也召开了数字货币座谈会，成立了数字货币研究小组。英美等主要发达国家的监管部门提出了监管科技（RegTech）的构想，主要是监管部门的技术系统直连每个金融机构的后台系统，实时获取监管数据，运用“大数据”分析、数据可视化等技术手段完成监管的报告、建模与合规等工作。

具体而言，监管科技的应用体现在以下四点。

一是监管资料的数字化。将与监管工作相关的全部资料，包括影像、音频、图片、文字等进行数字化处理与存储。

二是预测编码（Predictive Coding）。将被监管对象的一系列非正常行为数字化标记后，视作一串离散信号，利用前面或多个信号预测下一个信号，然后对实际值和预测值的差进行编码，这适用于监管部门遇到一些缺损数据，如影像、音频等，辅助判断是否要对被监管对象进行关注。

三是模式分析与机器智能（Pattern Analysis and Machine Intelligence）。运用模式识别与智能化的研究成果，将计算机视觉和模式识别、图像和视频处理、视频跟踪和监控、鲁棒统计学和模型拟合等先进技术运用于判别、抓取、分析监管对象的非正常行为。

四是“大数据”分析。要消除监管与被监管之间的“信息孤岛”，运用先进算法、网络科学等方法侦测范围更加广泛的全网络中的可疑金融交易与行为，并进行追溯，找到可疑的被监管对象。同时还能分析整个金融网络的特征，以修补网络的脆弱性。

在监管科技的条件下，对于实质从事金融中介业务的金融科技公司，特别是初创型金融科技公司，监管政策就有了调整的空间，即可以不强制对该公司施行牌照监管，但要求该公司接入监管部门的技术系统，满足实时合规（Real-time Compliance）的技术要求，这实质上就是创建了监管部门与被监管主体的非现场“联合办公”机制。

（四）“监管沙盒”的启示

作为 P2P 网络借贷的发源地，自 2005 年 3 月世界上第一家 P2P 网络借贷企业 Zopa 问世以来，金融科技产业在英国快速发展。目前该产业规模已达 200 亿英镑，伦敦金融城内从事金融科技类服务的人数超过 4 万人。英国政府也认识到金融科技产业对投资和经济增长的重要作用，专设机构支持金融科技发展，并在税收和投资方面给予初创企业适当优惠，尤其提出英国金融监管环境要有助于促进金融科技行业创新。

“监管沙盒”项目正是在这种背景下被提出的，其核心是为金融科技等新兴业态提供“监管实验区”，支持初创企业发展。监管沙箱以实验的方式，创造了一个“安全区域”（Safe Place），适当放松参与实验的创新产品和服务的监管约束，激发创新活力。具体来看，FCA 将对拟参与监管沙箱的企业进行筛选，筛选的条件包括企业的规模、产品是否具有创新性、创新的产品或服务能否促进消费者福利的提升等。然后，根据拟参与企业测试的创新产品和服务选取合适的消费者，并要求拟参与企业设定消费者保护计划，包括适当的赔偿等。在筛选条件合格的前提下，FCA 允许参与实验的企业向客户推出创新产品和服务，测试期一般为 3～6 个月。FCA 将根据测试的结果进行监管政策的制定或完善，在促进金融科技等新兴业态发展的同时，防范金融风险。

“监管沙盒”这一思路对我国如何有效监管金融科技具有一定启示。一是充分认识金融科技等新兴业态对促进经济增长、拉动就业等方面的作用，在风险可控的前提下，鼓励其发展。二是逐步完善互联网金融的监管框架，在防范风险和鼓励创新中寻求平衡。欧美等发达国家对金融科技的监管都经历了一个从观察到行动，并动态调整的过程。如美国对众筹的监管、英国对 P2P 的监管，都经历了若干次调整。我国可适当借鉴这些国家在监管创新方面的经验。三是积极参与金融科技等新兴业态国际监管规则的制定，为我国互联网金融健康发展提供有利的监管环境。目前多个国家和地区金融监管当局都已推出了创新中心或金融科技接洽点，如英国金融行为监管局、新加坡货币当局、澳大利亚证券和投资署、日本金融厅等，总体上都是为金融科技业适应当前监管体制、监管当局追踪金融科技发展提供便利。

三、结语

在这个持续、复杂和破坏性技术创新喷涌的信息时代，基于概念定义、时机选择和具体方法为基本监管方法论的政府及监管部门面临越来越大的困难，现有的法律框架、既有做法已经日益难以适应、调整和规制破坏性创新技术对社会经济的影响，政府及监管部门陷入“缺位”与“错位”的两难境地。对于金融科技而言，情况也如此。相关法律规制和监管政策的制定与执行需要更加主动、动态与负责任。监管者如何达到这样的目标，如何促进创新并维护民众在这些层出不穷的技术、商业创新中的权益，提升民众的福利水平是摆在政府和监管部门面前的重大挑战。

参 考 文 献

[1] 赵鹞. 什么是金融科技(二): 用科技监管金融科技[J/OL]. 财新网, [2016-07-19].

[2] 李放. 监管沙箱促金融科技创新发展[N]. 中国城乡金融报, 2016-06-20.

[3] IIF. RegTech in Financial Services: Technology Solutions for Compliance and Reporting[R]. March 2016.

[4] The UK Government Chief Scientific Adviser. Fin Tech Futures—The UK as a World Leader in Financial Technologies[R]. 2016.

[5] PWC. Blurred lines: How Fin Tech is shaping Financial Services. Global FinTech Report[R]. March 2016.

[6] Ernst & Young. UK FinTech on the cutting edge: an evaluation of the international FinTech sector[R]. 2016.

[7] Accenture. The Future of FinTech and Banking[R]. 2015.

[8] H2 Ventures, KPMG. 2016 FinTech 100—Leading Global FinTech Inventors[R]. 2016.

[9] 毕马威中国. 中国领先金融科技公司 50[R]. 2016(9).

[10] PWC. Blurred Lines: How FinTech is Shaping Financial Services. Global Fin Tech Report[R]. March 2016.

[11] 陈静. 历史的脚步——互联网金融服务及其在我国的发展(1998-2001)》[M]. 北京: 中国金融出版社, 2015.

[12] 中国人民银行. 中国金融稳定报告 2014[R]. 2014.

[13] 廖岷. 全球金融科技监管的现状与未来[J]. 中国中小企业, 2016(10).

[14] 蔡凯龙. 各国是如何监管金融科技的[J/OL]. 新浪专栏, 2016.

反侵权盗版声明